개정증보판

베트남 세법

김준석 · 한경배 · 이준석 공저

VIETNAM TAX LAWS

SAMIL | 삼일인포마인

머리말

　이 책은 베트남에서 사업을 영위하는 기업을 위해 필요한 베트남세법을 소개하기 위한 것입니다. 이 책은 또한 베트남세법을 깊이 이해하고자 하는 외국의 조세전문가나 학자, 또는 국제거래에 대한 베트남세법의 전반적인 사항을 파악하고자 하는 사람들을 위하여 만들었습니다.

　책을 만드는 데 정확성을 기하기 위하여 최선의 노력을 기울였지만, 베트남세법의 경우 법, 시행령, 시행규칙이 체계적으로 연관되어 관리되지 않으며 사실상 재무부에서 수시로 발표하는 시행규칙이 지배를 한다는 점에서 상당한 어려움이 있었습니다. 그러한 이유 때문에 책에 오류나 결점이 있다는 것은 인정할 수밖에 없으며, 다음 판에서 이러한 오류를 성실하게 수정할 것을 약속드립니다.

　이 책은 2019년 초판을 개정한 것으로 그 동안 베트남세법의 변화를 반영하였습니다. 베트남 S&S 회계법인 및 세무법인 광장리앤고의 구성원들에게 감사의 뜻을 전합니다.

2021년 12월

김준석, 한경배, 이준석

이 책에서 사용한 세법의 약어는 다음과 같다. 예를 들면, 법인세법은 CITA, 그 시행령은 CITd, 그 시행규칙은 CITc로 표기한다. 각 세법, 시행령 및 시행규칙은 아래 일자(법령 공표일)까지 개정사항을 최종 반영하였다.

A. Act; d. Prime Ministerial Decree; c. Ministerial Circular	
TA. Tax Administration	A : Law 71/2014/QH13, 11.26, 2014 c : Circular 119/2014/TT-BTC, 8.25, 2014
CIT. Corporate Income Tax	A : Law 71/2014/QH13, 11.26, 2014 d : Decree 218/2013/ND-CP, 12.26, 2013 c : Circular 96/2015/TT-BTC, 6.22, 2015 c13 : Circular 45/2013/TT-BTC, 4.25, 2013 (Depreciation)
PIT. Personal Income Tax	A : Law 04/2007/QH12, 11.21, 2007 c : Circular 92/2015/TT-BTC, 6.15, 2015
VAT. Value Added Tax	A : Law 71/2014/QH13, 11.26, 2014 d : Decree 92/2013/ND-CP, 8.13, 2013 c : Circular 25/2018/TT-BTC, 3.16, 2018
FCT. Foreign Contractor Tax	c : Circular 103/2014/TT-BTC, 8.6, 2014
TP. Transfer Pricing	d : Decree 20/2017/ND-CP, 2.24, 2017 c : Circular 41/2017/TT-BTC, 4.28, 2017

제 3 장	소득세법 / 131

제 4 장   부가가치세법 / 188

제 5 장　외국인계약자세 / 236

제1장 조세관리법

① 조세관리법 및 과세관청

1.1 조세관리법

(1) 베트남 세법의 구성

베트남 세법에는 아래와 같은 것들이 있다. 베트남의 세법은 본법을 제정한 후 개정법을 보충적으로 제정하여 본법의 규정을 수정하거나 폐지하는 방식으로 개정된다. 본법을 기준으로 개정법에 따른 수정이나 추가 규정이 있는지 확인하여야 한다. 베트남 세법은 법률, 시행령(ND), 시행규칙(TT)의 체계로 구성되며 그에 대한 공문(Cong Van) 및 문서(Van Ban)도 법원(法源)으로 인정된다. 그렇지만 재무부가 제정하는 시행규칙이 현실적으로 지배한다.

1. 조세관리법
2. 소득세법(개인소득세법)
3. 법인세법(법인소득세법)
4. 부가가치세법
5. 특별소비세법
6. 환경보호세법
7. 자원세법
8. 비농업용토지 사용세법
9. 관세청법
10. 수출수입세법

(2) 조세관리법의 역할

① 조세관리법

조세관리법은 과세관청이 법률의 규정에 따라 징수관리하는 조세, 국고에 해당하는 기타 징수항목에 관하여 규정한다.(TAA §1) 조세관리법은 세법의 공통사항을 규정하며 한국의 국세기본법, 국세징수법 및 조세범처벌법을 합친 것과 같다.

② 조세관리

조세관리란 납세등록·납세신고·납세·부과고지, 조세환급·감면공제, 조세·벌금의 감면, 납세자 정보의 관리, 세무검사·세무조사, 체납처분, 세법위반행위의 처리, 이의신청 및 고발의 처리를 말한다.(TAA §3)

세법규정에 따른 납세는 모든 단체 및 개인의 의무이자 권리이며, 기관이나 단체 및 개인은 조세관리에 순응할 의무가 있다. 조세관리는 조세관리법 및 세법의 규정에 따라 이루어진다. 조세관리는 공정성, 투명성 및 평등성을 보장하여야 하며 납세자의 합법적 권리 및 이익을 보장하여야 한다.(TAA §4 ①~③)

1.2 과세관청

(1) 과세관청의 임무

과세관청이란 국세기관 및 관세기관으로 구성된다. 국세기관은 국세총국, 지방성의 국세국, 국세국 산하의 국세지국을 말하고, 관세기관은 관세총국, 지방성의 관세국, 관세국 산하의 관세지국을 말한다. 세무공무원에는 국세공무원 및 세관공무원이 있다.(TAA §2 ②, TAc §2 ②)

과세관청은 세수조달을 담당하며, 세법을 공개하고 보급하며 안내하고, 과세관청의 사무소, 웹페이지 및 대중매체에 조세절차를 공표하며, 다음과 같은 업무를 수행한다.(TAA §8)

1. 납세자를 위해 납세의무확정과 관련된 정보제공
2. 가족사업자 및 개인사업자가 납부하여야 할 조세부담 안내
3. 납세자 정보의 비밀 유지
4. 조세감면 및 조세·가산세의 결손처분, 조세환급 업무
5. 신청이 있을 경우 납세자의 납세의무이행내역 확인
6. 조세이의신청 및 탈세제보의 처리
7. 세무검사, 범칙세무검사의 수행
8. 납세자에 대하여 손해배상
9. 관할국가기관의 요구에 따라 납세자의 납부할 세액을 확정하기 위한 감정

(2) 과세관청의 권리

과세관청은 납세자에게 납세의무확정과 관련된 정보나 자료, 시중은행, 기타 금융기관에 개설된 예금의 잔액 및 거래내용을 제공하도록 요구할 수 있으며, 관련 있는 법인이나 개인에게 납세의무의 확정과 관련된 정보나 자료의 제공 및 세법을 이행하는데 협력하도록 요구할 수 있다. 또한, 과세관청은 기관이나 단체 및 개인에게 조세를 징수, 납입하도록 위임할 수 있다.(TAA §9)

조세관리에 있어 재무부는 조세관리의 시행을 지도하며, 이의신청청구, 고발을 처리한다.(TAA §10) 각급 인민위원회는 지방에서 세법의 시행을 감독한다.(TAA §11) 읍, 면, 동에 조세자문위원회를 설치하여 인민위원회, 조국전선, 공안의 대표, 사업자의 대표, 국세지국의 대표로 구성한다.(TAA §12)

(3) 조세징수의 위탁

과세관청은 법인이나 개인에게 아래와 같은 조세를 징수하도록 위탁할 수 있다. 또한, 과세관청은 재무부장관의 승인을 얻어 법인이나 개인에 대한 조세들도 징수하도록 위탁할 수 있다.(TAc §36)

1. 가계 및 개인의 농지에 대한 조세
2. 가계 및 개인의 비농업토지에 대한 조세
3. 일정세율을 납부하는 가계의 사업에 대한 조세
4. 소득세

② 납세자

(1) 납세자의 범위

납세자의무자는 다음과 같다.(TAA §2 ①, TAc §2 ①)

① 법에 따라 국가에 조세, 공과금이나 기타 수수료를 지급하는 법인, 가계 및 개인
② 국가예산으로 구분되는 수수료나 부과금을 징수하는 법인
③ 세무용역을 제공하는 법인
④ 아래와 같이 소득에서 조세를 원천징수하는 법인이나 개인

    ⓐ 베트남에서 사업을 하거나 베트남에서 소득을 수취하는 외국기업과 계약을 체결한 내국법인, 직접방법으로 부가가치세를 납부하거나 법인세를 납부하는 법인
    ⓑ 소득세를 납부하여야 하는 개인의 소득에서 원천징수하는 법인이나 개인

⑤ 다음과 같은 원유 탐사나 추출에 종사하는 법인이나 개인

    ⓐ 생산물 배분의 방식으로 계약을 체결한 원유생산업자
    ⓑ 공동사업방식으로 원유생산계약을 체결한 공동사업자
    ⓒ 파트너십계약이나 정부계약의 방식으로 원유생산계약을 체결한 동업자
    ⓓ 베트남석유공사 및 원유 탐사와 추출에 종사하는 베트남석유공사의 관계회사

(2) 납세자의 권리 및 의무

① 납세자의 권리

납세자는 조세에 관한 의무나 권리를 이행하기 위한 정보나 자료를 제공받는다. 과세관청에 세액계산, 부과고지에 관한 설명을 요구할 수 있다. 관세기관에 통관수속 전에 수출이나 수입 재화의 HS코드, 관세과세가격 확정, 원산지확인을 요구할 수 있으며, 기관이나 단체에 수출이나 수입 재화의 수량, 품질, 종류의 감정을 요구할 수 있다. 또한, 납세정보의 비밀을 보장받으며, 과세관청, 세무공무원이 야기한 손해를 배상받을 수 있다. 납세자는 행정결정, 행정행위에 이의신청 및 소송을 제기할 수 있으며, 세무공무원 및 단체, 기타 개인의 위법행위를 고발할 수 있다.(TAA §6)

② 납세자의 의무

납세자는 납세등록을 하고 납세번호를 사용하여야 한다. 납세자는 실제 공급가격에 따라 매입자에게 계산서 및 영수증을 작성·교부하여야 하며, 금융예금계좌의 거래내용을 신고하여야 한다. 대리인이 세법규정에 맞지 않게 납세절차를 수행하는 경우, 납세자가 책임을 진다.(TAA §7)

납세자가 정보처리시스템이 설치된 지역에 있는 사업자인 경우, 전자거래에 관한 법률의 규정에 따라 과세관청과 전자적 수단을 통하여 신고 및 납부를 이행하여야 한다.(TAA §7 ⑩)

(3) 납세자 정보관리

① 납세자 정보시스템

납세자에 관한 정보시스템은 납세자의 납세의무와 관련된 정보 및 자료를 축적한다. 납세자에 관한 정보시스템을 왜곡, 남용, 불법적 접근, 훼손하는 행위를 금지한다.(TAA §69)

② 납세자 정보의 제공

납세자, 과세관청, 시중은행, 국가기관은 납세자에 대한 정보를 과세관청에 제공하여야 한다.(TAA §72) 과세관청은 국가기관이나 조세조약이 체결된 외국 과세관청에 정보를 제공하여야 한다.(TAA §73 ②)

과세관청, 세무공무원(퇴직자 포함), 세무대리인은 납세자 정보의 비밀을 준수하여야 한다.(TAA §73 ①)

③ 납세자 정보의 공개

과세관청은 탈세 및 체납의 경우, 또는 과세관청 요구의 불이행의 경우 납세자의 세법위반에 대한 정보를 공개할 수 있다.(TAA §74)

(4) 세무대리인

납세자는 법률에 따른 대리인 또는 납세자를 대신하여 조세에 관한 절차를 수행하

는 위임에 따른 대리인을 둘 수 있다.(TAA §5 ①)

세무대리인이란 납세자의 위임계약에 따라 조세에 관한 절차를 수행하는 사업자를 말한다. 세무대리인은 납세자 관할 과세관청에 납세절차대행 계약을 보고하여야 한다. 세무대리인은 다음의 요건을 충족하여야 한다.(TAA §20)

> 1. 납세절차대행 사업의 사업자등록 또는 영업등록을 할 것
> 2. 납세절차대행 자격증을 취득한 2명 이상의 직원을 채용할 것. 납세절차대행 자격증을 취득하는 자는 경제, 금융, 회계 및 감사, 법률을 전공하고 2년제 전문대학 이상 졸업증을 가지며, 해당분야에서 2년 이상의 경력이 있어야 함

③ 납세등록 및 납세지

(1) 납세등록 시기 및 제출서류

납세자는 다음 날로부터 10 근무일 이내에 납세등록을 하여야 한다.(TAA §21, §22)

> 1. 사업자등록증, 영업등록증, 설립운영허가서(비영리단체), 투자허가서가 발급된 날
> 2. 사업등록 대상이 아닌 단체, 또는 사업자등록증을 발급받지 아니한 사업등록대상에 해당하는 가계 가족, 개인이 사업활동을 시작한 날
> 3. 조세를 공제 및 대신 납세할 책임이 발생한 날
> 4. 소득세 의무가 발생한 날
> 5. 조세환급 요구가 발생한 날

납세등록을 하는 경우 다음 서류를 제출하여야 한다.(TAA §23)

> 1. 납세등록 신고서
> 2. 사업자등록증, 영업등록증, 설립운영허가서, 투자허가서의 사본
> 3. 사업등록 대상이 아닌 법인이나 개인의 경우 : 납세등록 신고서, 단체(설립결정서 또는 투자결정서 사본) 개인의 경우, 인민증명서(주민증록증), 여권 사본

(2) 납세등록서류의 제출 및 납세등록증의 교부

영리 법인이나 개인은 그 법인이나 개인의 본사소재지의 과세관청에서 납세등록하며, 징수 및 대리납부 의무가 있는 법인이나 개인은 그 법인이나 개인의 사무소가 있는 곳의 과세관청에서 납세등록 한다. 개인은 과세소득발생하는 곳, 주소 또는 거소를 등록한 곳 또는 일시거주하는 곳의 과세관청에서 납세등록한다.(TAA §24) 납세자의 사무소라 함은 납세자가 사업활동의 일부 또는 전부를 진행하는 장소로 본사, 지점, 매장, 제조장소, 재화창고, 제조판매를 위해 이용하는 재산 적치장소를 말하며, 사업활동이 없는 납세자의 경우 거주장소 또는 납세의무 발생장소를 포함한다.(TAA §5 ②)

납세등록 서류가 과세관청에 직접 제출되는 경우, 세무공무원은 서류를 접수하여 날인하며 접수시간을 기재하고 서류에 자료수량을 기재한다. 납세등록 서류가 우편으로 발송된 경우 세무공무원은 서류도착일을 기록하는 날인을 하고 과세관청의 우편문서대장에 기입한다. 납세등록 서류가 전자적으로 제출된 경우, 과세관청에 의한 납세등록 서류의 접수, 검사, 승인은 전자데이터 처리시스템으로 이루어진다. 서류의 보충이 필요한 경우, 과세관청은 서류를 직접 받았으면 서류 받은 날에, 우편 또는 전자적으로 서류를 접수하였으면 그 날로부터 3 근무일 이내에 납세자에게 통지하여야 한다.(TAA §25)

과세관청은 요건에 맞는 납세등록 서류를 받은 날로부터 10 근무일 이내에 납세자에게 납세 등록증을 발급한다. 납세등록증을 분실하거나 훼손한 경우, 과세관청은 납세자의 요구를 받은 날로부터 5 근무일 이내에 재발급한다. 납세등록증은 다음 정보를 포함하여야 한다.(TAA §26)

---

1. 납세자 성명
2. 납세번호
3. 영리 단체 및 개인의 경우, 사업자등록증 또는 설립운영 허가서 또는 투자허가서의 번호, 일, 월, 년
4. 비영리 단체의 경우 설립결정서 또는 사업하지 않는 개인의 경우 인민증명서 또는 여권의 번호 일, 월, 년
5. 관할 과세관청
6. 납세자등록증의 발급일

납세등록정보의 변경이 있는 경우, 납세자는 정보변경이 있는 날로부터 10 근무일 이내에 과세관청에 통지하여야 한다.(TAA §27)

(3) 납세번호의 사용

납세자는 사업거래 수행 ; 납세신고, 납세, 조세환급 및 조세에 관한 거래 ; 시중은행, 기타 금융 기관에서 예금계좌 개설 시 계산서, 영수증, 서류에 발급된 납세번호를 기재하여야 한다. 과세관청 및 국고는 조세관리 및 국고에 세수납입 시 납세번호를 사용한다. 시중은행, 기타 금융기관은 납세자의 계좌개설 서류 및 계좌를 통한 거래영수증에 납세번호를 기재하여야 한다.(TAA §28) 납세번호란 과세관청이 납세자에게 발급한 번호를 말한다.(TAA §5 ③)

영리 법인이나 개인이 활동을 종료하거나, 개인이 사망, 실종, 민사행위능력을 상실하는 경우 납세번호를 사용할 수 없다. 납세번호의 효력이 종료하는 경우, 법인이나 개인 또는 납세자의 대리인은 납세번호를 사용할 수 없으며 그 사실을 관할 과세관청에 통지하여야 한다. 과세관청은 납세번호의 효력 종료를 공지하며, 납세번호는 과세관청이 납세번호의 효력 종료를 공지한 날로부터 경제거래에서 사용할 수 없다.(TAA §29)

(4) 납세지

납세자가 납세의무를 이행하는 납세지는 다음과 같다.(TAc §10 ⑥)

① 소득세, 농업용 또는 비농업용 토지의 토지세, 토지 임차료 및 등록수수료, 관할 지역 밖의 부가가치세, 일정세율의 신고는 납세자 또는 토지의 소재지의 관할 세무서

② 광업세는 납세자의 주사무소가 광구 소재지와 같은 지역인 경우 해당지역의 관할 세무서. 그렇지 않은 경우 광구 소재지의 관할 세무서에서 납세지를 결정한다.

③ 부동산양도에 대한 법인세는 납세자의 주사무소가 부동산 소재지와 같은 지역인 경우 해당지역의 관할 세무서. 그렇지 않은 경우 부동산 소재지의 관할 세무서에서 납세지를 결정한다.

④ 납세자가 주사무소 소재지가 아닌 다른 지역에 특별소비세 과세대상 재화의 제조시설을 보유하는 경우, 제조시설 소재지에 특별소비세를 납부하여야 한다.

⑤ 과세관청이 동일지역에서 전자신고(single window system)를 통한 세무신고를 승인하는 경우, 세무신고의 납세지는 전자신고의 승인에 따른 지역으로 한다.

④ 납세신고 및 조세납부

4.1 납세신고

(1) 납세신고서의 제출

납세자는 납세신고서의 내용을 정확하고 정직하게 모두 신고하고, 납세신고서에서 정하는 영수증 및 기타서류를 과세관청에 모두 제출하여야 한다. 납세자는 납부하여야 할 세액을 계산하여 신고하여야 하며, 다만 법에 따라 과세관청이 세액계산을 하는 경우는 제외한다.(TAA §30) 납세신고서란 납세자로 하여금 납부할 세액을 확정하기 위한 정보를 신고하는 데 사용하는 서식을 말한다. 세관신고서는 수출 수입 재화에 대하여 납세신고 하기 위하여 사용된다.(TAA §5 ⑤) 납세신고서는 다음과 같다. 세부사항은 시행령에서 정한다.(TAA §31)

---

1. 월별 또는 분기별 신고납부의 경우
   - 월별 또는 분기별 납세신고서
   - 매출 재화 · 용역의 계산서 집계표(분기별 신고는 있는 경우만)
   - 매입 재화 · 용역의 계산서 집계표(분기별 신고는 있는 경우만)
   - 납부할 세액과 관련된 기타자료
2. 연간 신고납부의 경우
   - 연간 납세신고서 : 납세신고서 및 납부할 세액확정과 관련된 기타서류
   - 분기별 예정납세신고서 : 예정납세신고서 및 예정세액확정과 관련된 기타서류
   - 연말 세액결산신고 서류 : 세액 결산신고서, 재무보고서 및 기타서류
3. 납세의무 발생 시마다 신고납부하는 경우
   - 납세신고서
   - 계산서, 계약서 및 법률의 규정에 따른 납세의무와 관련된 영수증
4. 수출이나 수입 재화의 경우 : 통관서류

---

5. 활동종료, 계약종료, 기업소유형식 변경, 기업구조조정의 경우
   - 세액 결산신고서
   - 활동종료 또는 계약종료 또는 기업소유형식 변경 또는 기업구조조정 시기까지 재무보고서
   - 세액결산과 관련된 기타서류

(2) 납세신고서 제출기한

① 납세신고서의 제출기한

납세신고서는 다음 기한까지 제출하여야 한다.(TAA §32 ①~⑤, TAc §10 ③)

1. 월별, 분기별 신고납부의 경우
   - 월별 신고납부 : 납세의무 발생하는 달의 다음 달 20일
   - 분기별 신고납부 : 납세의무가 발생하는 분기의 다음 달 30일
2. 연간 신고납부의 경우
   - 연간 납세신고 : 역년 또는 회계연도의 개시일이 해당하는 달의 30일
   - 비농업용토지 사용세 및 토지임대료 납세신고 : 비농업용토지 사용세에 관한 법률 및 토지임대료에 관한 법률의 규정에 따름
   - 분기별 예정납세신고 : 납세의무 발생한 날이 해당하는 분기의 다음 분기 최종 월의 30일
   - 연간 세액결산 : 역년 또는 회계연도가 끝나는 날로부터 90일
3. 납세의무 발생 시마다 신고납부 하는 경우 : 납세의무 발생일로부터 10일
4. 토지소득, 토지등록비의 경우 : 관련법의 규정에 따름
5. 수출이나 수입 재화의 경우 : 세관신고서 제출기한
   - 수입재화 : 재화가 국경세관에 도착하는 날 이전, 또는 세관에 도착한 날로부터 30일 이내
   - 수출재화 : 운송수단이 출국하기 8시간 이전
   - 입국자, 출국자의 수출세, 수입세 과세대상에 해당하는 휴대재화 : 운송수단이 입국 국경세관에 도착하는 날, 또는 운송회사가 승객을 출국 운송수단에 탑승시키는 수속을 종료하기 전
6. 활동종료, 계약종료, 기업소유형식 변경, 기업구조조정의 경우 : 해당일로부터 45일 이내

기한이 '날'로 표시되는 경우 휴일을 포함한 계속되는 역년의 날수를 말한다. 기한이 '근무일'로 표시되는 경우 휴일을 제외한 국가기관의 근무일수를 말한다. 기한이 '특정일'인 경우 기한의 만료일은 그 특정일의 다음 날이다. 기한이 휴일인 경우 기한은 그 휴일의 다음 날로 한다. 서류를 제출한 날은 과세관청이 완전하고 유효한 서류를 받은 날을 말한다.(TAc §8)

② 사업을 중단하는 경우

납세자의 사업이 중단되어 조세가 발생하지 않는 경우, 납세신고서를 제출하지 않을 수 있다. 역년 또는 과세연도 중에 납세자의 사업이 중단된 사실이 없는 경우, 납세자는 납세신고서를 제출하여야 한다. 납세자는 사업의 중단 15일 이전까지 관할 세무서에 그 사실을 신고하여야 한다. 중단기간이 끝나면 납세자는 납세신고서를 제출하여야 한다. 납세자가 신고한 중단기간 이전에 사업을 재개하는 경우 사업재개의 신고와 납세신고서를 관할 세무서에 제출하여야 한다.(TAc §10 ① dd)

(3) 납세신고서의 제출 및 접수

① 납세신고서의 제출

납세신고서 제출은 다음과 같이 이루어진다.(TAA §32 ⑥)

---

1. 납세자가 직접 관리 과세관청에 납세신고서를 제출
2. 납세자가 정보처리시스템을 통해 제출
3. 수출이나 수입 재화에 대한 납세신고서 제출은 관세청법의 규정에 따름
4. 기타 납세신고서 제출방법은 시행령에서 구체적으로 규정. 여러 사업활동을 하는 경우, 여러 지역에서 사업활동을 하는 경우, 건별로 신고납부하는 세목의 경우, 토지소득의 경우, 전자적으로 신고납부하는 경우 등

---

② 납세신고서의 접수 및 보완통지

과세관청은 납세신고서를 접수하여야 하며, 납세신고서가 충분하지 않은 경우 3 근무일 이내에 납세자에게 서류를 보완하도록 통지하여야 한다. 다만, 수출 또는 소득에 대한 납세신고서의 경우 세관공무원이 서류를 검사하여 즉시 불승인하고 그 이유를 통지할 수 있다.(TAA §35)

(4) 납세신고서 제출기한의 연장

납세자가 천재, 화재, 갑작스런 사고로 기한 내에 납세신고서 제출이 불가능한 경우 관할 과세관청은 납세신고서의 제출기한을 다음과 같이 연장할 수 있다. 납세자는 과세관청에 납세신고서 제출기한 종료 이전에 납세신고서 제출기한 연장신청서를 제출하여야 하며, 관할 인민위원회 또는 공안의 확인을 받은 기한연장 신청사유를 기재하여야 한다. 과세관청은 납세신고서 제출기한 연장신청서를 받은 날로부터 3 근무일 내에 문서로 납세자에게 납세신고서 제출기한연장의 승인여부를 통지하여야 한다.(TAA §33, TAc §10 ④)

1. 월별 납세신고, 분기별 납세신고, 연간 납세신고, 예정 납세신고, 납세의무 발생시 제출하는 납세신고서의 경우 : 30일까지
2. 세액 결산신고 서류의 경우 : 60일까지

(5) 납세신고서의 수정신고

① 수정신고

신고기한 이후에 납세자가 제출한 납세신고서에 오류를 발견하는 경우 수정신고를 할 수 있다. 매년 제출하여야 하는 연간 납세신고서를 제출하지 않은 경우, 납세자는 월별 또는 분기별 납세신고서의 오류를 수정하여 연간 납세신고서에 그 사실을 포함하여 신고할 수 있다. 연간 납세신고서를 제출한 경우에는 연간 납세신고서의 오류만을 수정신고 할 수 있다. 연간 납세신고서의 수정신고로 납부세액이 감소하는 경우, 월별 또는 분기별 납세신고서의 수정이 이루어지며 지연납부이자를 재조정하여야 한다. 수정신고서는 과세관청이나 관할당국이 납세자에 대한 조사를 통지하기 전까지 제출할 수 있다. 과세관청은 수정신고에 대하여 다음과 같이 처리한다.(TAc §10 ⑤ a)

1. 조사 대상기간 및 범위에 해당하지 않는 신고분에 대한 오류는 경정되며 지연납부 이자를 부과한다.
2. 조사대상기간에 해당하지만 조사범위에 해당하지 않는 신고분에 대한 오류는 경정 되며 지연납부이자를 부과한다.
3. 조사 대상기간 및 범위에 해당하는 신고분에 대한 오류로 납부세액이 증가하거나 환급세액이 감소하거나 또는 초과납부세액이 감소하는 경우 경정된다. 이 경우, 과 세관청이 오류를 발견한 때에는 과태료를 부과한다.
4. 과세관청이 부가가치세 매입세액을 증액결정하는 경우 납세자는 해당 과세기간의 신고분을 경정할 수 있다.(수정신고 필요 없음)

② 수정신고 방법

수정신고로 납부세액, 공제세액 또는 환급세액의 변동이 없는 경우 수정신고서와 설명자료를 제출한다. 수정신고로 납부세액 등의 변동이 있는 경우, 납세자는 수정 신고를 하면서 추가납부세액, 지연신고일자 및 이자율에 따라 계산한 지연납부이자 를 계산하여 추가하여 신고하여야 한다. 납세자가 지연납부이자를 계산하지 않거나 잘못 계산하는 경우 과세관청은 납세자에게 지연납부이자를 통지한다.(TAc §10 ⑤ c 1·c2)

> **Case** 증액 수정신고의 경우
>
> (1) 2014년 8월 A법인은 2014년 1월분 부가가치세를 수정신고하여 부가가치세 1억동을 추가납부하게 되며, 이 경우 A법인은 지연납부이자를 함께 납부하여야 한다. A법인 은 2014년 1월분 부가가치세 납부세액의 증액계산 신고서에 설명서를 포함하여 제 출하여야 한다.
> (2) 2014년 8월 B법인은 2013년도분 법인세를 수정신고하여 법인세 1억동을 추가납부 하게 되며, 이 경우 B법인은 지연납부이자를 함께 납부하여야 한다. A법인은 2013 년도분 법인세 납부세액의 증액계산 신고서에 설명서를 포함하여 제출하여야 한다.

수정신고로 납부세액이 감소되는 경우, 수정신고를 할 수 있다. 감액경정세액은 다음 과세기간의 납부세액과 상계하거나 환급된다.(TAc §10 ⑤ c3)

감액 수정신고의 경우

(1) 2014년 8월 C법인은 2014년 1월분 특별소비세의 수정신고를 하여 1억동의 특별소비세가 감소된다. 이는 과다납부세액으로 다음 과세기간의 납부세액에서 상계되거나 환급된다. C법인은 과세관청에 수정신고서와 설명서를 제출하여야 한다.

(2) 2014년 8월 D법인은 2014년 1월분 부가가치세의 수정신고를 하여 1억동의 부가가치세가 감소된다. 이는 과다납부세액으로 다음 과세기간의 납부세액에서 상계되거나 환급된다. C법인은 과세관청에 수정신고서와 설명서를 제출하여야 한다.

(3) 2014년 8월 E법인은 2013년도분 법인세의 수정신고를 하여 1억동의 법인세가 감소된다. 이는 과다납부세액으로 다음 과세기간의 납부세액에서 상계되거나 환급된다. C법인은 과세관청에 수정신고서와 설명서를 제출하여야 한다. 납세자가 아직 2013년도분 법인세를 납부하지 않았다면, 납세자는 수정신고를 할 때 2013년도 분기신고서를 수정하여 제출할 수 있다.

수정신고로 부가가치세만 증액되는 경우, 해당 수정신고서에 '이전 과세기간의 부가가치세 증액'이라고 표시하여 제출한다.(TAc §10 ⑤ c4)

부가가치세 증액의 경우 수정신고

2014년 8월 G법인은 2014년 1월분 부가가치세의 수정신고를 하여 5억동의 부가가치세가 증가된다. G법인은 과세관청에 수정신고서와 설명서를 제출하여야 한다. 5억동의 부가가치세 추가납부세액은 2014년 1월분(신고기한이 경과하지 않은 경우) 또는 2014년 8월분의 부가가치세 신고서에 '이전 과세기간의 부가가치세 증액'으로 표시하여 제출하여야 한다.

부가가치세 공제세액이 감액되는 경우, 수정신고할 수 있다. 납세자가 해당 수정신고서에서 세액을 공제하지 않고 환급신청을 하는 경우, 해당 수정신고서에 '이전 과세기간의 부가가치세 감액'이라고 표시하여 제출한다.(TAc §10 ⑤ c5)

> **Case** 부가가치세 감액의 경우 수정신고
>
> (1) 2014년 8월 H법인은 2014년 1월분 부가가치세의 수정신고를 하여 부가가치세 납부세액을 2억동에서 1억동으로 감소시킨다. 이 경우, 납세자는 2014년 1월분(신고기한이 지나지 않은 경우), 8월분의 수정신고에서 1억동을 감액하여(이전 과세기간의 부가가치세 감액으로 표시) 신고한다. H법인은 과세관청에 수정신고서와 설명서를 제출하여야 한다. 납세자가 납부세액에서 공제하지 않고 환급을 청구하는 경우 과세관청은 환급경정을 검토하여야 한다.
>
> (2) 2015년 1월 부가가치세 신고에서 H법인은 매입세액공제를 하지 않고 9억동을 환급청구 하였다. 2015년 3월에 H법인은 1월분에 대한 수정신고를 하여 공제대상 매입세액을 조정하여 환급세액을 9억동에서 8억동으로 감액하였다. 과세관청이 환급경정을 하지 않은 경우 납세자는 환급세액 감액분 1억동과 지연납부이자를 납부할 필요가 없다. 2015년 1월분의 환급신청에 대하여 과세관청은 8억동을 환급하는 결정을 할 수 있다. 납세자가 환급신청을 하기 전에 환급을 받는 경우 납세자는 수정신고 증액분과 함께 환급결정일부터 기산한 지연납부이자와 함께 납부하여야 한다. 납세자가 과다환급분을 납부하지 않거나 지연납부이자를 잘못 계산한 경우 과세관청은 해당 세액 및 지연납부이자를 경정하여 통지한다.
>
> (3) 2014년 8월 H법인은 2014년 1월분 부가가치세의 수정신고를 하여 부가가치세 납부세액을 2억동에서 1억동으로 감소시킨다. 납세자는 이미 환급신청을 하였고 과세관청은 2014.4.25. 환급을 결정하였다. 이 경우, 납세자는 1억동과 함께 2014.4.25.부터 추가납부일까지 지연납부이자를 계산하여 납부하여야 한다.

납세자의 잘못으로 부가가치세 납부세액이 감소하거나 증가하는 경우, 수정신고를 할 수 있다. 납세자는 납부세액 증가분에 대하여 지연납부이자를 계산하여 납부하여야 한다. 부가가치세 납부세액 감소의 경우 해당 수정신고서에 '이전 과세기간 부가가치세 납부세액 감소'로 표시한다.(TAc §10 ⑤ c6)

> **Case** 부가가치세 감액의 경우 수정신고
>
> 2014년 8월 I법인은 2014년 1월분 부가가치세의 수정신고를 하여 매입세액 공제액 2억동이 감소하고 납부세액 1억동이 감소한다. 이 경우, 납세자는 부가가치세 증액분 1억동 및 지연납부이자를 납부하여야 하며, 2014년 1월분 신고서(신고기한이 지나지 않은 경우) 또는 8월분 신고서에 불공제 매입세액 2억동을 표시하여야 한다. H법인은 과세관청에 수정신고서와 설명서를 제출하여야 한다.

납세자의 잘못으로 부가가치세 납부세액이 증가하거나 감소하는 경우 수정신고를 할 수 있다. 납세자는 해당 수정신고서에 '이전 과세기간의 납부세액 증가'로 표시하여 제출하여야 한다.(TAc §10 ⑤ c7)

납세자는 환급세액을 수령하지 않았거나 환급청구를 하지 않은 경우 수정신고를 통하여 환급세액을 감액할 수 있다. 이 경우 납세자는 해당 수정신고서에 '이전 과세기간의 납부세액 증액'으로 환급세액 감액분을 표시한다.(TAc §10 ⑤ c8)

> **Case** 부가가치세 증액의 경우 수정신고
>
> K법인은 2014년 6월 부가가치세 신고에서 2억동의 부가가치세 환급세액을 신고하였으나 환급신청을 하지 않았다. 2014년 8월 K법인은 6월분 신고에 오류를 발견하여 환급세액을 감액시키고 2014년 7월분(신고기한이 지나지 않은 경우) 또는 8월분 신고에서 납부세액을 증액시켰다. K법인은 과세관청에 수정신고서와 설명서를 제출하여야 한다.

4.2 조세의 납부

(1) 납부기한

납부기한은 다음과 같다. 아래에서 금융기관의 보증기간이 종료된 후에도 납세자가 세금 및 연체가산금을 납부하지 않은 경우, 보증한 금융기관이 납세자를 대신하여 세금 및 연체가산금을 납부하여야 한다.(TAA §42 ①~③)

1. 납세자가 신고납부하는 경우 : 납세신고서 제출기한의 마지막 날
2. 과세관청이 부과고지하는 경우 : 납부통지서에 기재한 기한
3. 토지소득, 토지 등록비의 경우 : 관련법률의 규정에 따름
4. 수출이나 수입 재화의 경우
   ㉮ 수출재화 생산을 위한 수입 원료, 물자인 경우
   - 베트남 내에 수출품 생산공장이 있고, 세관신고서 등록일로부터 소급하여 2년 이내에 무역사기, 탈세, 체납, 연체가산금, 벌금이 없었으며, 회계나 통계에 관한 법률을 준수하고, 은행을 통한 결제를 하는 경우 : 세관신고서 등록일로부터 275일
   - 금융기간이 납부할 세액을 보증하는 경우 그 보증기한까지 연장되며, 다만 세관신고서를 등록일로부터 275일을 초과하지 않음. 이 경우, 보증기간 동안 연체가산금이 없어야 함 : 금융기관의 납세보증기한

- 위 2가지 조건을 충족하지 못하는 경우 : 통관되는 때 또는 재화 반출일 이전
㉯ 일시수입 후 재수출 판매재화
- 재화 일시수입 통관절차 완료 이전
- 금융기관이 납부할 세액을 보증하는 경우 : 그 보증기한. 다만, 일시수입 후 재수출 기한 종료일로부터 15일. 이 경우, 연체가산금이 없어야 함
㉰ 위 ㉮ 및 ㉯에 해당하지 않는 경우
- 통관 또는 재화반출 이전
- 금융기관으로 하여금 납부할 세액을 보증하게 한 경우 : 재화의 통관 또는 반출은 허용되나, 통관 또는 반출되는 날로부터 세금납부일까지 연체가산금을 납부하여야 한다. 보증기한은 세관신고서 등록일로부터 최대 30일이다.

(2) 납세통화 및 납부장소

납세통화는 베트남 동(VND)이며 다만, 시행령의 규정에 따라 외화로 납세할 수 있다.(TAA §43) 납세자는 다음 장소에서 세액납부를 이행한다.(TAA §44 ①)

1. 국고
2. 납세신고서를 접수하는 과세관청
3. 과세관청이 조세징수를 위임한 단체
4. 시중은행, 기타 금융기관 및 법률의 규정에 따른 용역단체

국고는 납세자가 적시에 세액을 납부할 수 있도록 편의를 보장하는 세액수납 장소, 수단, 직원을 배치하여야 한다. 기관이나 단체가 세액을 인수 또는 세액을 징수할 때는 납세자의무자에게 세액수납 영수증을 발급하여야 한다. 세액을 인수한 기관이나 단체는 납세자의 세액수납 시로부터 8 근무시간 내에 국고에 금액을 이체하여야 한다. 다만, 오지, 원격지, 도서지역, 접근애로지역에서 현금으로 세액을 수납한 경우 국고에 대한 세액이체 기한은 재무부령으로 규정한다.(TAA §44 ②~④)

(3) 세액, 연체가산금, 벌금의 충당 및 정산

납세자가 미납세액, 추징세액, 신고세액, 연체가산금, 벌금을 동시에 가지고 있는 경우 다음 순서로 납부한 것으로 본다.(TAA §45)

1. 국세관리기관에 의한 세목의 경우 : 조세채무세액 ⇒ 추징세액 ⇒ 연체가산금 ⇒ 신고세액 ⇒ 벌금
2. 관세기관에 의한 세목의 경우 : 체납처분 대상 기한경과 미납세액 ⇒ 체납처분 대상 연체가산금 ⇒ 체납처분 대상이 아닌 기한경과 미납세액 ⇒ 체납처분 대상이 아닌 연체가산금 ⇒ 신고세액 ⇒ 벌금

세금을 납부한 날로부터 10년 이내에 세목별로 납부할 세액, 연체가산금, 벌금 보다 더 많이 납부한 세액, 연체가산금, 벌금이 있는 경우 과다납부 세액, 연체가산금, 벌금 미납부 세액, 연체가산금, 벌금과 상계할 수 있으며, 다른 세목과도 상계할 수 있다. 미납부 세액 등이 없는 경우, 다음 납세기간에 납부할 세액, 연체가산금, 벌금에 충당하거나 또는 환급받을 수 있다. 납세자가 과다납부 세액, 연체가산금, 벌금의 환급을 신청하는 경우 과세관청은 환급결정을 하거나 환급신청서 접수일로부터 5 근무일 내에 환급할 수 없는 이유를 기재한 문서로 답변하여야 한다.(TAA §47)

(4) 지연납부이자의 계산

납세자가 신고납부기한, 연장된 납부기한 또는 고지서의 납부기한까지 조세를 납부하지 않는 경우, 또는 과태료의 납부기한까지 과태료를 납부하지 않은 경우 지연납부이자를 추가하여 납부하여야 한다. 납세자가 납부세액, 감면세액 또는 환급세액을 잘못 계산하여 납부세액을 과소납부하는 경우에도 마찬가지이다. 징수의무자가 징수한 세액을 납부기한까지 정부에 납부하지 않은 경우에도 지연납부이자를 추가하여 납부하여야 한다. 지연납부이자는 다음과 같이 계산한다.(TAc §34)

일 5/10,000(0.05%) : 납부기한의 다음 날부터 90일까지(2016.7월 이후 건 0.03%)
일 7/10,000(0.07%) : 91일부터(2016.7월 이후 건 0.03%)

자연재해, 화재, 전염병, 심각한 질병 또는 기타 불가항력의 경우 지연납부이자를 납부하여야 하는 납세자는 면제를 신청할 수 있다. 이 경우, 면제금액은 손실이나 질병치료비를 초과하지 아니한다.(TAc §35 ① · ②)

(5) 납부일

납부일은 다음과 같이 확인한다.(TAA §46)

1. 계좌이체로 납세한 경우 : 국고, 시중은행, 기타 금융기관 또는 용역기관은 납세자의 납세 영수증에 확인한다.
2. 현금으로 직접 세액을 납부한 경우 : 국고, 과세관청, 또는 조세기관이 세금수납을 위임한 기관이 세액수납 영수증을 발급한다.

(6) 이의신청, 소송 중의 세금 납부

과세관청이 세액계산 또는 부과고지 한 세액에 관하여 납세자가 제기한 이의 또는 소송의 처리기간 중에도 납세자는 그 세액을 납부하여야 한다. 다만, 관할국가기관이 과세관청의 세액계산 또는 부과고지의 시행을 일시 정지한 경우를 예외이다.(TAA §48 ①)

납부한 세액이 권한있는 기관의 이의신청결정, 법원의 판결 또는 결정에 따라 확정된 세액보다 큰 경우, 납세자는 과다납부세액과 그에 대한 이자상당액을 환급받을 수 있다.(TAA §48 ②)

(7) 납부기한의 연장

① 납부기한의 연장

다음의 경우에 납세자는 납부기한의 연장을 신청할 수 있다.(TAA §49 ①)

1. 천재, 화재, 갑작스런 사고로 생산, 경영에 직접적 영향을 미치는 물질적 피해를 입은 경우
2. 생산, 사업 결과에 영향을 미치는 관할국가기관의 요구로 생산, 사업 공장을 이전하여 운영을 중단하게 된 경우
3. 국가예산에 따른 기본 건설투자자금이 아직 지급되지 않은 경우
4. 시행령의 규정에 따른 기타 특별 애로에 직면하여 기한에 맞게 납세할 가능성이 없는 경우

납세자가 납부할 세액의 일부 또는 전부에 대하여 납부기한이 연장될 수 있다. 납부기한 연장기간은 납부기한의 종료일로부터 2년을 초과할 수 없다.(TAA §49 ② · ③) 납세자는 납부기한 연장기간 중에 조세채무에 대하여 계산하는 연체가산금이나 벌금을 납부하지 아니한다.(TAA §49 ④)

② 납부기한 연장신청서

납부기한을 연장하려는 납세자는 과세관청에 납부기한 연장신청서를 제출하여야 한다. 납부기한 연장신청서는 다음을 포함한다.(TAA §51)

> 1. 연장사유, 세액, 연장시한을 기재
> 2. 납부기한 연장사유를 입증하는 서류
> 3. 납부하여야 할 발생세액 및 조세채무 내역

과세관청은 납부기한 연장신청서를 접수한 날로부터 10 근무일 내에 납세자에게 납부기한 연장 여부를 문서로 통지하여야 한다. 납부기한 연장신청서에 보완할 내용이 있는 경우, 과세관청은 신청서를 접수한 날로부터 3 근무일 내에 납세자에게 서류를 보완하도록 통지하여야 한다. 납세자는 과세관청의 서류보완 통지서를 받은 날로부터 5 근무일 내에 서류를 보완하여야 한다. 납세자가 과세관청의 요구에 따라 서류를 보완하지 않을 경우 납부기한 연장은 이루어질 수 없다.(TAA §52)

(8) 분할납부

① 분할납부

다음과 같은 경우 납세자는 납부기한으로부터 12개월이 넘지 않는 범위 내에서 조세를 분할납부할 수 있다.(TAc §32 ①)

> 1. 과세관청이 납부고지서를 발부하였으나 납세자가 세액 및 지연납부이자의 전부 또는 일부를 납부하지 않았으며,
> 2. 신용보증법에 따라 설립된 신용보증기관이 보증서를 발급하였으며,
> 3. 납세자가 체납하는 경우 납세자를 대신하여 조세를 납부하겠다는 보증서를 해당 과세관청에 제출한 경우

② 납세자와 보증인의 의무

납세자는 분할납부세액에 대하여 일 0.05%(2016.7월 이후 건 0.03%)의 이자를 가산하여 납부하여야 한다. 보증인은 납세자가 분할납부세액을 납부하지 아니하는 경우 납부기한까지 일 0.05%(2016.7월 이후 건 0.03%), 납부기한 이후에는 일 0.07%(2016.7월 이후 건 0.03%)의 이자를 가산하여 납부하여야 한다.(TAc §32 ②)

4.3 특별한 경우 납세의무의 이행

(1) 출국하는 경우

외국에 정주하기 위해 출국하는 베트남인, 외국에 정주하는 베트남인, 외국인은 베트남을 출국하기 전에 납세의무를 완료하여야 한다. 출입국관리기관은 과세관청의 통지에 따라 납세의무를 완료 하지 못한 경우 개인의 출국을 정지시킬 책임이 있다.(TAA §53, TAc §40 ①)

(2) 해산, 파산, 활동종료의 경우

기업이 해산하는 경우 납세의무는 기업법, 금융기관법, 보험사업법 및 기타 관련법의 규정에 따라 이행되어야 한다. 기업이 파산하는 경우 납세의무는 파산법에서 규정하는 절차에 따라 이행되어야 한다. 활동을 종료하는 기업이 납세의무를 이행하지 않은 경우 기업소유주가 남아 있는 조세채무를 납부하여야 한다. 사업활동을 종료하는 가족 또는 개인이 납세의무를 이행하지 않은 경우, 남아 있는 조세채무는 호주(戶主) 또는 개인이 납부하여야 한다.(TAA §54, TAc §41)

(3) 기업 구조조정 등의 경우

분할되는 기업은 기업분할이 이루어지기 전에 납세의무를 이행하여야 한다. 분할되는 기업이 납세의무를 이행하지 않은 경우, 신설분할기업이 납세의무를 이행하여야 한다. 물적분할, 분할합병 또는 합병 기업은 합병 등의 이전에 납세의무를 이행하여야 한다. 납세의무를 이행하지 않은 경우 신설 합병 등 기업이 납세의무를 이행하여야 한다. 소유변경기업은 변경 전에 납세의무를 이행하여야 한다. 소유변경기업이 납세의무를 이행하지 않은 경우 소유변경 이후의 기업이 납세의무를 이행하여야 한다.(TAA §55 ①~③, TAc §42)

기업구조조정은 구조조정되는 기업의 납부기한을 변경시키지 아니한다. 구조조정되는 기업 또는 신설기업이 해당 납부기한까지 납세의무를 하지 않은 경우 세법의 규정에 따라 처벌된다.(TAA §55 ④)

(4) 사망자, 행위무능력자, 실종자의 경우

법률에 의해서 사망한 것으로 간주되는 자의 납세의무는 사망자의 잔여재산 또는 상속된 피상속인의 재산을 한도로 상속인이 이행한다. 상속인이 없거나 상속인이 재산의 상속을 원하지 않는 경우 사망자의 납세의무는 민사법률의 규정에 따라 이루어진다. 실종자 또는 법률규정에 따른 행위무능력자의 납세의무는 실종자 또는 행위무능력자의 재산관리인이 그 사람들의 재산을 한도로 이행한다.(TAA §56 ①·②, TAc §43)

관할국가기관에 의해 사망자, 실종자 또는 행위무능력자의 결정이 취소되는 경우, 제65조의 규정에 따른 조세채무의 탕감은 철회되지만 사망자, 실종자 또는 행위무능력자로 간주된 기간에 대한 연체가산금은 계산되지 아니한다.(TAA §56 ③)

5 조세의 부과고지

(1) 조세의 부과고지

조세의 부과고지는 세법의 규정을 정확히 준수하여 이루어져야 한다. 과세관청은 납부세액을 고지하거나, 납부세액의 확정과 관련된 사실을 고지할 수 있다.(TAA §36) 베트남의 경우, 납세자가 자발적으로 조세를 계산하여 납부하는 '납세신고'가 원칙이며 과세관청이 조세를 결정하여 고지하는 '부과고지'는 예외적으로 적용된다.

(2) 무신고, 과소신고의 경우

다음과 같은 경우 납세자에게 부과고지할 수 있다.(TAA §37 ①)

1. 납세등록을 하지 않은 경우
2. 납세신고서를 제출하지 않은 경우, 납세신고 불이행, 과세관청의 요구에 따른 납세서류 보충 미제출, 또는 세액계산 근거가 정확, 정직, 충분하지 않은 납세신고의 경우
3. 납세의무 확정을 위한 회계장부 상에 미반영, 또는 성실하지 않은 반영의 경우
4. 기한 내에 납부할 세액 확정과 관련된 회계장부, 계산서, 영수증 및 서류를 제출하지 않는 경우
5. 시장에서의 통상 거래가격에 따르지 않은 재화·용역 가격으로 구매, 판매, 교환 및 결산한 경우
6. 납세의무를 이행하지 않기 위하여 재산을 빼돌리거나 소홀히 관리하는 징후가 있는 경우

조세의 부과고지는 다음과 같은 자료에 근거하여 이루어져야 한다.(TAA §37 ②)

1. 과세관청의 데이터베이스
2. 사업자의 납부할 세액을 동종 재화, 사업분야, 규모와 비교
3. 아직 효력 있는 세무검사, 세무조사 서류 및 결과

관세기관은 다음과 같은 경우 수출 및 수입 재화에 대하여 부과고지한다. 이 경우, 관세기관은 수출·수입재화, 세액계산근거, 세액계산방법, 납부세액의 고지와 관련된 정보에 근거하여야 한다.(TAA §39)

1. 납세신고자가 세액계산근거의 보고 또는 납부세액의 계산 및 신고를 위하여 적법하지 않은 서류에 의존하거나, 세액계산의 기초가 되는 세액계산 근거를 신고하지 않거나 불충분, 부정확하게 신고하는 경우
2. 납세신고자가 납부할 세액을 정확히 확정하기 위하여 관세기관에 관련서류의 제공을 기한을 경과하여 제출하거나, 거부 또는 지연하거나, 연장하는 경우
3. 관세기관이 실제 거래가격과 맞지 않는 가격신고에 관한 충분한 입증자료를 가지고 있는 경우
4. 납세신고자가 납부할 세액을 스스로 계산할 수 없는 경우

(3) 추계 과세

과세관청은 다음의 경우에 일정세액수준에 따라 납부할 세액을 확정한다.(TAA §39 ①)

> 1. 회계, 계산서, 영수증 제도를 이행하지 않고 있거나 충분하지 않게 이행하고 있는
>   가족사업자, 개인사업자
> 2. 납세등록 하지 않은 가족사업자, 개인사업자

과세관청은 가족사업자, 개인사업자의 신고서류, 과세관청의 데이터베이스, 지역의 조세자문위원회의 의견에 근거하여 일정세액수준을 결정한다. 추계세액 수준은 매년 산정하며, 지역별로 공개되어야 한다. 사업분야, 기술, 규모의 변경이 있는 경우 납세자는 일정세액수준의 조정을 위하여 과세관청에 보고하여야 한다. 재무부는 가족사업자, 개인사업자에 대한 확정된 일정세액수준을 세부적으로 안내한다.(TAA §39 ②~④)

(4) 과세관청 및 납세자의 책임

과세관청은 부과고지의 이유 및 근거, 부과세액, 납부기한에 관하여 납세자에게 문서로 통지한다. 과세관청의 부과고지세액이 실제 납부할 세액보다 큰 경우, 관할 국가기관의 이의신청절차의 결정, 또는 법원의 판결이나 결정에 따라 과세관청은 과다납부세액 및 손해배상액을 환급하여야 한다.(TAA §40)

납세자는 과세관청의 부과고지세액을 납부하여야 한다. 과세관청이 부과고지하는 세액에 대하여 동의하지 않는 경우에도 납세자는 그 세액을 납부하여야 하며, 과세관청에 대한 설명요구, 이의신청, 소송제기를 할 수 있다.(TAA §41)

⑥ 조세의 환급 및 충당

6.1 조세의 환급

(1) 조세환급 대상

과세관청은 다음의 경우 조세를 환급하여야 한다.(TAA §57)

1. 부가가치세 조세환급의 대상에 해당하는 법인이나 개인
2. 수출세, 수입세, 수입세 조세환급의 대상에 해당하는 법인이나 개인
3. 소득세 조세환급의 대상에 해당하는 개인
4. 특별소비세 조세환급의 대상에 해당하는 영리 법인이나 개인
5. 기타 세액을 과오 납부한 법인이나 개인

(2) 조세환급의 절차

납세자는 조세환급신청서 및 조세환급과 관련서류를 관할 과세관청 또는 관세기관에 제출하여야 한다.(TAA §58) 과세관청은 조세환급신청서를 접수하며, 조세환급서류에 보완할 사항이 있는 경우 접수한 날로부터 3 근무일 내에 납세자에게 보완하도록 통지하여야 한다.(TAA §59)

조세환급신청서는 다음과 같이 분류하여 처리한다.(TAA §60 ①) 과세관청의 잘못으로 처리기한을 경과하여 조세환급결정이 이루어지는 경우, 조세환급액에 더하여 지연이자상당액을 지급하여야 한다.(TAA §60 ⑤)

① 조세환급 후 서류검사 대상

세법을 잘 준수하고, 시중은행 또는 기타 금융기관을 통해 거래의 결제를 하는 납세자의 경우 조세환급 후 검사를 한다.(TAA §60 ① a) 이 경우, 조세환급신청서를 접수한 날로부터 6 근무일 이내에 조세환급을 결정하여야 한다. 환급요건을 충족하지 못하는 경우 납세자에게 검사 후 조세환급대상으로 변경한다는 사실을 문서로 통지하거나, 조세환급하지 않는 이유를 통지한다.(TAA §60 ②) 조세환급 후 서류검사 기한은 다음과 같다.(TAA §60 ③)

1. 환급결정이 있은 날로부터 1년 이내에 검사하는 경우
   • 2년 연속 손실을 신고하거나, 소유자본금을 훨씬 초과하여 손실액이 발생된 사업체
   • 부동산업, 무역이나 용역 사업으로 환급이 발생된 사업체
   • 환급결정이 있는 날로부터 과거 12개월 동안 2번 이상 사무소를 변경한 사업체
   • 환급결정이 있는 날로부터 과거 12개월 사이에 수입금액과 환급세액 사이에 특이한 변동이 있는 사업체

2. 위 1 이외의 경우 : 조세환급 후 검사는 환급결정이 있은 날로부터 10년 내에 위험관리원칙에 따라 이루어진다.

② 서류검사 후 조세환급 대상

아래의 경우 검사 후 조세환급을 한다.(TAA §60 ① b) 검사 후 조세환급의 경우, 과세관청은 조세환급서류를 받은 날로부터 40일 이내에 환급결정을 하거나, 환급하지 않는 이유를 납세자에게 문서로 통지하여야 한다.(TAA §60 ④)

㉮ 조세조약의 규정에 따른 조세환급

㉯ 납세자가 처음으로 조세환급을 신청하는 경우. 다만, 소득세 조세환급 신청의 경우를 제외한다.

㉰ 납세자가 탈세 및 조세사기 행위로 처분된 때로부터 2년 이내에 조세환급을 신청하는 경우

㉱ 은행을 통하여 결제가 이루어지지 않은 재화·용역

㉲ 합병, 분할, 해산, 파산, 소유방식변경, 활동종료의 경우, 또는 국가기업을 위탁, 매각, 교환, 임대하는 경우

㉳ 과세관청이 통지한 보충기한이 종료되었으나 납세자가 조세환급서류를 설명하거나 보충하지 않는 경우, 또는 설명이나 보충이 있었으나 신고한 세액이 적정하다는 것을 입증하지 못한 경우

㉴ 시행령의 규정에 따른 검사 후 조세환급 대상에 해당하는 수입재화

6.2 환급세액과 납부세액의 상계

과세관청은 환급세액을 환급하거나 납부세액과 상계하는 결정을 할 수 있다. 환급세액을 납부세액과 상계하는 경우, 남은 환급세액은 납세자에게 현금으로 지급하거나 납세자의 계좌로 송금한다.(TAc §59 ② a)

납세자가 여러 지역에서 조세를 납부하지만 하나의 관할 세무서에 신고서를 제출하고 환급을 신청한 경우, 해당 세무서는 환급결정을 하거나 납부세액과 상계하는 결정을 하여 국고에 통지한다. 국고는 납세자가 소득세의 신고를 하고 환급을 신청하는 경우 소득세를 환급할 수 있다.(TAc §59 ② c)

7 조세의 감면, 조세 및 벌금의 탕감

(1) 조세의 감면

① 조세의 감면

과세관청은 세법에서 규정되는 면세 및 감세 대상에 해당하는 경우 조세를 감면한다.(TAA §61) 조세를 감면하는 경우 다음 서류를 제출하여야 한다.(TAA §62)

> 1. 납세자의 신고에 의하여 감면세액이 확정되는 경우 : 납세신고서, 감면세액과 관련된 서류
> 2. 과세관청이 감면결정을 하는 경우 : 감면신청서(감면신청 세목 및 세액, 감면사유 기재), 감면세액의 확정과 관련된 서류

② 감면신청서의 제출 및 접수

납세자가 신고하여 감면세액을 확정하는 경우, 감면신청서의 제출 및 접수는 납세신고서의 제출 및 접수와 동시에 이루어진다.(TAA §63 ①) 과세관청이 감면결정을 하는 경우, 감면신청서의 제출은 다음과 같이 이루어진다.(TAA §63 ②)

> 1. 수출세, 수입세 및 수출이나 수입 재화와 관련된 세목의 경우 : 처리관할관세기관에 제출
> 2. 위 1 이외의 세목의 경우 : 관할 과세관청에 제출

과세관청은 감면신청서를 접수하며, 감면신청서에 보완할 사항이 있는 경우 접수일로부터 3 근무일 내에 납세자에게 서류를 보완하도록 통지하여야 한다.(TAA §63 ③)

과세관청은 신청서 접수일로부터 30 근무일 이내에 납세자에게 감면결정, 또는 감면거부결정을 통지한다. 검사가 필요한 경우 감면결정의 기한은 60 근무일로 연장된다.(TAA §64)

(2) 세액, 연체가산금, 벌금의 탕감

① 세액, 연체가산금, 벌금의 탕감

다음과 같은 경우 조세 및 벌금을 탕감한다. 이 경우 관할 과세관청에 탕감신청서를 제출하여야 한다.(TAA §65, §66)

> 1. 파산법 규정에 따라 파산 선고되어 변제가 이루어졌으나 조세 또는 벌금을 납부할 재산이 남아있지 않은 기업 : 파산기업의 세액 결산신고서
> 2. 법률에 따라 사망, 실종, 행위능력상실로 간주되었으며 조세 또는 벌금을 납부할 재산이 없는 개인 : 세액, 연체가산금, 벌금 탕감 관련서류

② 세액, 연체가산금, 벌금의 탕감절차

재무부장관은 세액, 연체가산금, 벌금을 탕감한다.(TAA §67) 관할 과세관청은 세액, 연체가산금, 벌금 탕감서류를 작성하여 상급 과세관청에 보고한다. 상급 과세관청은 탕감서류에 보완할 사항이 있는 경우 접수일로부터 10 근무일 내에 서류를 작성한 과세관청에 서류를 보완하도록 통지한다.(TAA §68 ① · ②)

탕감서류를 접수한 날로부터 60일 내에 탕감결정 또는 탕감거부결정을 통지하여야 한다.(TAA §68 ③)

⑧ 세무검사 및 세무조사

(1) 세무검사 및 세무조사의 개요

세무검사(kien tra thue) 또는 세무조사(thanh tra thue)는 납세자와 관련된 정보를 기초로 수행하며, 납세자의 일상적 활동을 방해하지 않아야 하며, 조세관리법의 규정 및 관련 법률의 규정을 준수하여야 한다.(TAA §75)

세무검사 또는 세무조사의 결과에 따라 과세관청은 세액 및 행정위반처벌의 결정을 내리거나, 권한있는 기관에 조세분야의 행정위반처벌의 결정을 내리도록 건의한다. 세무검사나 세무조사 과정에서 탈세행위에 범죄혐의가 있음을 발견한 경우, 발견한 날로부터 10 근무일 내에 과세관청은 권한있는 기관에 형사소송법의 규정에 따

라 조사하도록 서류를 이관한다. 조세에 관한 범죄조사의 경우 과세관청은 조사기관에 협조하여야 한다.(TAA §76)

(2) 세무검사

① 과세관청 내에서의 세무검사

과세관청 사무실 내에서의 세무검사는 납세서류의 정보, 입증서류의 충분성, 정확성, 납세자의 조세법률 준수정도를 평가하기 위하여 납세서류에 대하여 이루어진다. 납세서류 조사의 경우, 세무공무원은 납세서류의 내용을 관련 정보나 자료, 세법규정, 필요한 경우 수출이나 수입 재화에 대한 재화검사 결과와 대조하고 비교한다. 세무검사는 다음과 같이 이루어진다.(TAA §77)

1. 납부할 세액, 감면세액, 조세환급세액과 관련하여 납세서류에 소명하여야 할 부분이 있는 경우, 과세관청은 납세자가 해명하거나 정보 및 자료를 보완하도록 요구할 수 있다. 납세자가 신고세액이 적절함을 해명하고 입증하는 정보 및 자료를 보완한 경우 납세서류는 인정된다. 해명이나 서류보완 후에도 신고세액이 적정하다는 증거가 충분하지 않다면, 과세관청은 납세자에게 수정신고하도록 요구할 수 있다.
2. 과세관청의 통지에 따른 기간이 종료되었음에도 납세자가 해명, 정보나 자료의 보완을 하지 않거나, 납세신고서 수정신고를 하지 않거나, 해명이나 납세서류 수정신고가 부적절한 경우, 관할 과세관청은 납부할 세액을 고지하거나 납세자 사무소에 세무검사결정서를 통지한다.
3. 통관된 수출 또는 수입 재화에 대한 납세의무, 감면세액, 조세환급세액과 관련하여 분명하지 않은 부분이 있는 경우, 관세기관은 납세자에게 해명하거나 정보 및 자료를 보완하도록 요구할 수 있다. 납세자가 해명하고 세액이 적정하다는 것을 입증하는 정보나 자료를 보완한 경우 납세서류는 인정된다. 세액이 적정하다는 것을 입증할 수 없거나 기한이 지났음에도 해명하지 못하는 경우, 관세기관장은 납부할 세액을 고지 하거나 납세자 사무소에 세무검사결정서를 통지한다.
4. 세무검사결정서는 서명한 날로부터 3 근무일 내에 납세자에게 송부되어야 한다. 세무검사결정서를 받은 날로부터 5 근무일 내에 납세자가 신고세액이 적정함을 입증하거나 납부할 세액을 전부 납부하는 경우, 과세관청은 세무검사결정서를 철회한다.

② 납세자 사무소 내에서의 세무검사

납세자 사무소 내에서의 세무검사는 다음과 같은 경우 이루어진다.(TAA §78 ①) 세무검사의 결정은 서명한 날로부터 3 근무일 내에 납세자에게 송부되어야 한다. 납세자가 세무검사결정서를 받은 날로부터 5 근무일 내에 신고한 세액이 적정함을 입증하거나, 납부할 세액을 완납한 경우 과세관청은 세무검사결정을 철회한다.(TAA §78 ②)

1. 위 ①의 3 및 4에 해당하는 경우(TAA §77 ③ c 및 d)
2. 통관후 조사. 이에는 기획조사, 조세법률 준수정도를 평가하기 위한 샘플조사 및 세법의 위반징후가 있는 통관된 수출 또는 수입 재화에 대한 조사를 포함한다.
3. 통관후 조사에서 탈세 및 조세사기 혐의를 발견한 경우
4. 납세자의 법률준수의 분석 및 평가를 바탕으로 조세위험평가기준에 따라 검사대상을 확정하는 경우, 세무검사 또는 기획조사 대상으로 선정되었다가 상급 과세관청의 결정에 따라 세무검사로 전환된 경우. 이 경우, 과세관청은 1년 1회를 넘지 않는 범위에서 납세자의 사무소에서 세무검사를 수행한다.

납세자 사무소 내에서 세무검사는 다음 절차로 진행된다.(TAA §78 ③)

1. 세무검사를 개시할 때 세무검사결정서를 통지한다.
2. 세무검사결정의 범위 내에서 신고내용과 회계장부, 회계서류, 재무보고서, 관련서류 및 실물상태를 대조한다.
3. 세무검사기간은 조사결정을 통지한 날로부터 5 근무일을 초과하지 아니한다. 수출 및 수입 재화에 대한 기획조사의 경우 기간은 15일을 초과하지 아니한다.
4. 필요한 경우, 세무검사결정은 1회 연장할 수 있으며, 그 연장기간은 15일을 초과하지 아니한다.
5. 조사기간 종료일로부터 5 근무일 내에 세무검사보고서를 작성한다.
6. 권한에 따라 처리하거나, 조사결과에 따라 처리할 관할부서로 이관한다.

③ 세무검사 시 납세자의 권리와 의무

납세자 사무소에서 세무검사를 하는 경우 납세자는 다음 권리와 의무를 가진다.(TAA §79)

■ 납세자의 권리
1. 세무검사결정서가 없는 경우 조사를 거부한다.
2. 세무검사 내용과 관련 없는 정보나 자료, 기타 법률이 규정하는 경우를 제외한 국가 비밀에 해당하는 정보나 자료의 제공을 거부한다.
3. 세무검사보고서를 접수하고 세무검사보고서 내용에 대한 설명을 요구할 수 있다.
4. 세무검사보고서 상에 의견을 제시하고 반영한다.
5. 이의신청이나 소송을 하고, 법률의 규정에 따라 손해배상을 요구할 수 있다.
6. 세무검사 과정에서 세무공무원의 위법행위를 고발한다.

■ 납세자의 의무
1. 과세관청의 세무검사 결정을 수용하여 이행한다.
2. 세무검사반의 요구에 따라 조사내용과 관련된 정보나 자료를 적시에 제공한다. 제공한 정보나 자료의 정확성, 정직성에 관하여 책임을 진다.
3. 조사종결일로부터 5 근무일 내에 세무검사보고서에 서명한다.
4. 세무검사결과를 수용하여 이행한다.

④ 세무검사 시 과세관청 및 세무공무원의 의무와 권한

세무검사 시 과세관청은 아래와 같은 의무와 권한을 수행한다.(TAA §80 ①)

1. 세무검사결정서에 기재한 내용과 기한을 적절하게 이행하도록 지도한다.
2. 조세관리법 제90조에서 규정하는 탈세 및 조세사기 행위와 관련된 자료나 증거를 유치하는 조치를 취한다.
3. 필요한 경우 조사기간을 연장한다.
4. 조세의 경정, 행정위반처벌의 결정을 하거나 관할기관에 건의한다.
5. 세무공무원의 행정 행위나 결정과 관련된 이의신청, 고발을 처리한다.

세무공무원은 세무검사를 수행할 때 아래의 의무와 권한을 수행한다.(TAA §80 ②)

1. 세무검사결정서에 기재한 내용과 기한을 적절하게 이행한다.
2. 납세자에게 조사내용과 관련된 정보나 자료를 제공하도록 요구할 수 있다.
3. 세무검사보고서를 작성한다. 조사결과를 보고하며 보고서의 정확성, 정직성, 객관성에 대하여 책임을 진다.
4. 행정위반을 처벌하거나, 행정위반 처벌결정을 관할기관에게 건의한다.

(3) 세무조사

① 세무조사 대상

과세관청은 다음과 같은 경우 세무조사를 할 수 있다.(TAA §81) 조세관리법의 세무조사규정이 심층조사법의 규정과 다른 경우 심층조사법의 규정이 우선한다.(TAA §2 ②)

> 1. 기업이 여러 사업분야 또는 사업범위를 가진 경우, 년 1회를 넘지 않도록 정기적으로 세무조사를 한다.
> 2. 세법위반 혐의가 있는 때
> 3. 이의신청, 고발이나 제보의 처리, 또는 각급 과세관청 또는 재무부장관이 요구하는 경우

세무조사를 실시하기 전에 다음 내용을 확정하여야 한다. 세무조사결정서는 세무조사 결정이 내려진 날로부터 15일 내에 대상자에게 통지되어야 한다.(TAA §82)

> 1. 세무조사의 법적 근거
> 2. 세무조사의 대상, 내용, 범위 및 임무
> 3. 세무조사의 진행기간
> 4. 세무조사 팀장 및 반원

② 세무조사 기간

세무조사 기간은 세무조사 결정을 통지한 날로부터 30일을 초과하지 아니한다. 필요한 경우, 세무조사 기간을 연장할 수 있으며 연장기간은 30일을 초과하지 아니한다.(TAA §83)

③ 세무조사 결정권자의 임무 및 권한

세무조사 결정권자는 아래의 임무 및 권한을 수행한다.(TAA §84)

> 1. 세무조사반이 세무조사결정서에 기재한 내용과 기한을 적절하게 이행하도록 지도하고 확인한다.
> 2. 세무조사 대상자에게 세무조사 이유에 대하여 정보나 자료를 제공하고, 문서로 답변

하고 설명하도록 요구할 수 있다. 세무조사 내용과 관련된 정보나 자료를 가진 기관, 법인이나 개인에게 그 정보나 자료를 제공하도록 요구할 수 있다.

3. 세무검사(TAA §89, §90, §91)의 경우를 준용하여 조치를 취한다.
4. 세무조사 관련사항들에 대한 감정평가를 의뢰한다.
5. 조사행위가 국가 이익, 기관, 법인이나 개인의 합법적 권한 및 이익에 엄중한 손해를 초래할 것으로 보이는 경우 조사행위를 일시 정지하거나, 권한있는 기관에게 정지시키도록 건의한다.
6. 세법위반을 권한에 따라 처리하거나, 권한있는 기관에게 처리하도록 건의한다. 심층 세무검사의 결정의 이행을 확인하고 촉구한다.
7. 세무조사 반장 및 반원의 책임과 관련된 이의신청, 고발을 처리한다.
8. 세무조사 내용에 관하여 결론을 도출한다.

④ 세무조사 반장 및 반원의 임무 및 권한

세무조사 반장은 아래의 임무 및 권한을 수행한다.(TAA §85 ①)

1. 세무조사 반원이 세무조사결정서에 기재된 내용, 대상, 기간을 적절하게 이행하도록 조직하고 지도한다.
2. 세무조사 대상자에게 세무조사 내용과 관련된 문제에 관하여 정보나 자료를 제공하고, 문서로 보고하고 설명하도록 요구할 수 있다. 필요한 경우 세무조사 내용과 관련된 세무조사 대상자의 재산현황 조사를 진행할 수 있다.
3. 조사관련 서류 및 증거를 일시보관할 수 있다.
4. 세무조사 보고서를 작성한다.
5. 세무조사 결재권자에게 세무조사 결과를 보고하고, 그 보고서의 정확성, 정직성, 객관성에 관하여 책임을 진다.
6. 권한에 따라 행정위반을 처벌하거나, 권한있는 기관에게 위반처벌을 결정하도록 건의한다.

세무조사반의 반원은 아래의 임무 및 권한을 수행한다.(TAA §85 ②)

1. 세무조사 반장의 업무분장에 따라 임무를 수행한다.
2. 세무조사 내용과 관련된 문제들의 처리를 건의한다.
3. 세무조사 반장에게 부여받은 임무수행 결과를 보고한다.

⑤ 세무조사 대상자의 의무와 권리

세무조사 대상자는 아래와 같은 의무와 권리를 가진다.(TAA §86)

> ■ 의무
> 1. 세무조사 결정을 수용하여 이행한다.
> 2. 과세관청, 세무조사 반장의 요구에 따라 세무조사 내용과 관련된 정보나 자료를 적시에 충분, 정확하게 제공하고, 제공한 정보나 자료의 정확성, 정직성에 관하여 법률 앞에 책임을 져야 한다.
> 3. 세무조사의 요구, 결론, 과세관청, 세무조사 반장 및 관할국가기관의 처리결정을 수용하여 이행한다.
> 4. 세무조사 종료하는 날로부터 5 근무일 내에 세무조사보고서에 서명한다.
>
> ■ 권리
> 1. 세무조사 내용과 관련된 문제들에 관하여 설명한다.
> 2. 세무조사보고서 상에 의견을 제시하고 반영한다.
> 3. 세무조사 내용과 관련 없는 정보나 자료 ; 기타 법률이 규정하는 경우를 제외하고 국가비밀에 해당하는 정보나 자료 제공을 거부한다.
> 4. 세무조사 반장이나 반원의 결정, 행위가 법률위반이라고 판단하는 근거가 있을 경우, 그 결정, 행위에 관하여 세무조사 결정자에게 이의신청 한다. 이의신청 처리를 기다리는 중에도 이의신청자는 그 결정을 이행하여야 한다.
> 5. 법률의 규정에 따라 손해배상을 요구할 수 있다.
> 6. 과세관청, 세무조사 반장, 세무조사반 반원의 위법행위를 고발한다.

⑥ 세무조사의 결과보고서

세무조사 결정자는 늦어도 세무조사 결과를 보고 받은 날로부터 15일 내에 세무조사 결과보고서를 작성한다. 세무조사 결과보고서는 아래의 내용을 포함한다.(TAA §87 ①)

> 1. 세무조사 대상자의 세법준수 여부의 평가
> 2. 세무조사 대상 항목에 대한 결론
> 3. 위반행위 있는 기관, 법인이나 개인의 위반 성격이나 정도, 원인, 책임의 명백한 확인
> 4. 권한에 따른 처리, 또는 권한있는 기관에게 행정위반 처리 건의

세무조사 결과보고서 작성 과정에서, 관할세무조사 결정자는 세무조사 결과보고서의 내용을 명백히 하기 위해 세무조사 반장이나 반원에게 보고하도록 요구하고, 세무조사 대상자에게 설명을 요구할 수 있다.(TAA §87 ②)

(4) 세무조사 중 탈세 및 조세사기 혐의를 발견한 경우

세무조사 과정에서 납세자가 다른 법인이나 개인과 관련된 탈세 및 조세사기의 혐의가 있는 경우, 또는 탈세나 조세사기 혐의가 복잡한 사안에 해당하는 경우에는 다음과 같은 조치를 취할 수 있다.(TAA §88)

① 탈세 및 조세사기 행위에 대한 정보수집

관할 과세관청은 탈세 및 조세사기 행위와 관련된 정보를 가지고 있는 법인이나 개인에게 문서로 정보를 제공하거나 직접 답변하도록 요구할 수 있다. 문서로 정보 제공을 요구하는 경우, 책임 있는 법인이나 개인은 요구 받은 내용, 기한, 장소에 맞도록 정보를 제공하며, 제공한 정보의 정확성, 정직성에 관하여 책임을 진다. 제공할 수 없을 경우 이유를 명시한 문서로 답변하여야 한다. 구두로 답변할 것을 요구하는 경우, 요구받은 자는 요구받은 내용에 따라 정보를 제공하기 위하여 문서에 기재한 시간, 장소에서 답변하여야 하며, 제공한 정보의 정확성, 정직성에 관하여 책임을 진다. 제출할 수 없는 경우 이유를 명시한 문서로 답변하여야 한다. 구두답변으로 정보를 수집하는 과정에서 세무조사 반원은 업무보고서를 작성하여야 하고 공개적으로 녹음하거나 녹화할 수 있다.(TAA §89)

② 탈세 및 조세사기 행위관련 서류 및 증거의 일시보관

관할 과세관청이나 세무조사 반장은 탈세 및 조세사기 행위와 관련된 자료나 증거의 일시보관을 결정한다. 탈세 및 조세사기 행위와 관련된 자료나 증거의 일시보관은 탈세 및 조세사기 행위를 처벌하거나 차단하기 위한 근거자료로 필요한 때 적용된다.(TAA §90 ① · ②)

세무조사 과정에서 세무조사 대상자가 탈세 및 조세사기 행위와 관련된 자료나 증거를 은닉하거나 파괴하는 정황이 있으면 세무조사 반원은 그 자료나 증거를 일시보관 할 수 있다. 자료나 증거를 일시보관 하는 경우부터 24시간 내에 세무조사 반원은 과세관청 또는 세무조사 반장에게 자료나 증거의 일시보관 결정을 하도록 보고하여야 한다. 보고된 때로부터 8 근무시간 내에 권한있는 기관은 일시보관 결정을 하여야 한다. 권한있는 기관이 승인하지 않는 경우 세무조사 반원은 자료나 증거를 8 근무시간 내에 반환하여야 한다.(TAA §90 ③)

탈세 및 조세사기 행위와 관련된 자료나 증거를 일시보관하는 경우 세무조사 반원은 일시보관 보고서를 작성하여야 한다. 일시보관 보고서에는 일시보관 되는 자료나 증거의 명칭, 수량, 종류를 명확히 기재하며, 일시보관자, 자료나 증거를 관리하는 자가 서명을 하여야 한다. 일시보관 결정자는 일시보관 자료나 증거를 보관할 책임을 지며 자료나 증거가 망실, 판매, 훼손되는 경우 책임을 진다. 자료나 증거의 봉인이 필요한 경우 자료나 증거를 가지고 있는 자의 면전에서 즉시 봉인을 진행한다. 자료나 증거를 가지고 있는 자가 부재중이면 가족이나 단체의 대표, 정부 대표 및 증인 앞에서 봉인을 진행한다.(TAA §90 ④)

증거가 베트남 통화, 외화, 금은, 보석, 귀금속 및 특별관리 대상에 해당하는 물건인 경우 법률의 규정에 따라 보관되어야 한다. 증거가 부패하기 쉬운 재화나 물건에 해당하는 경우 일시보관 결정자는 보고서를 작성하고 손실을 방지하기 위하여 즉시 판매하며, 그 소득금을 세액 및 벌금에 충당하기 위하여 국고에 개설된 일시보관금 계좌에 예치하여야 한다.(TAA §90 ⑤)

일시보관일로부터 10 근무일 내에 일시보관 결정자가 보관된 자료나 증거에 대하여 몰수처분을 하지 않는 경우 일시보관 결정자는 처리결정에 따라 일시보관된 자료나 증거를 처리하거나, 법인이나 개인에게 반환하여야 한다. 자료나 증거의 일시보관 기간은 업무의 복잡성이나 입증진행 필요성 등에 따라 연장할 수 있으며, 자료나 증거를 일시보관하는 날로부터 60일을 초과하지 아니한다. 자료나 증거의 일시보관 기한연장은 권한있는 기관이 결정한다.(TAA §90 ⑥)

과세관청은 일시보관할 자료나 증거를 가지고 있는 법인이나 개인에게 탈세 및 조세사기 행위와 관련된 일시보관 결정서, 일시보관 자료목록, 자료나 증거의 처리결정서를 교부하여야 한다.(TAA §90 ⑦)

③ 탈세 및 조세사기 행위관련 서류, 증거 은닉장소의 수색

자료나 증거 은닉장소 수색은 탈세 및 조세사기 행위와 관련된 자료나 증거 은닉

혐의가 있을 때 진행될 수 있다.(TAA §91 ②) 관할 과세관청은 탈세 및 조세사기 행위와 관련된 자료나 증거를 은닉한 장소를 수색할 수 있다. 탈세 및 조세사기 행위와 관련된 자료나 증거의 은닉장소가 주거인 경우, 법률의 규정에 따라 권한있는 기관으로부터 문서로 동의를 받아야 한다.(TAA §91 ①) 탈세 및 조세사기 행위와 관련된 자료나 증거 은닉장소에 대한 수색은 결정서에 따라 이루어지고 결과보고서를 작성하여야 한다. 자료나 증거 은닉장소 수색의 결정서 및 보고서는 수색장소의 소유자에게 1부 교부되어야 한다.(TAA §91 ⑤)

자료나 증거 은닉장소를 수색하는 경우, 수색장소의 소유자 및 증인의 입회가 있어야 한다. 수색장소의 소유자가 없지만 수색을 지체할 수 없을 경우 정부공무원 및 2인의 증인이 있어야 한다.(TAA §91 ③)

탈세 및 조세사기 행위와 관련된 자료나 증거 은닉장소 수색은 저녁, 휴일, 명절에는 할 수 없으며, 현행범인 경우를 제외하고는 수색장소의 소유자가 장례, 결혼 중인 때에는 할 수 없으며 수색하는 경우에는 보고서에 그 이유를 명확히 기재하여야 한다.(TAA §91 ④)

⑨ 체납처분

(1) 체납처분 대상

체납처분이란 납세자가 국고에 세액, 연체가산금, 벌금을 모두 납부하도록 강제로 조세관리법 및 관련법에서 규정하는 조치를 취하는 것을 말한다.(TAA §5 ⑨) 다음과 같은 경우 체납처분을 한다.(TAA §92) 체납처분은 세액, 연체가산금, 벌금을 완납하는 때에 효력을 상실한다.(TAA §93 ③)

1. 벌금의 납부기한이 종료일로부터 90일을 경과한 세액, 연체가산금, 벌금을 체납한 납세자
2. 납부기한 연장기간이 종료한 때에 세법 위반 세액, 연체가산금, 벌금을 체납한 납세자
3. 세액, 연체가산금, 벌금을 체납한 납세자가 납세의무를 이행하지 않기 위해 재산을 소홀히 관리하거나 빼돌리는 경우

납세자가 체납처분 개시일로부터 12개월 이내의 기간 동안 체납세액을 분할 납부하도록 승인받은 경우 체납처분을 하지 않는다. 체납세액의 분할납부는 납세자의 신청에 따라 이루어지며 금융기관의 보증이 있어야 한다. 이 경우, 납세자는 체납세액에 대하여 일 0.05%(2016.7월 이후건 0.03%)에 해당하는 연체가산금을 납부하여야 한다.

(2) 체납처분의 결정

과세관청, 밀수단속 조사국장, 통관후 조사국장은 체납처분을 내릴 수 있다.(TAA §94) 체납처분의 결정은 다음 내용을 포함한다.(TAA §95 ②)

> 결정 연월일 ; 결정의 근거 ; 결정자의 성명, 직무, 부서 ; 체납처분 대상자의 성명, 거주지, 사무소 ; 체납처분의 이유 ; 체납처분의 조치 ; 체납처분 장소 ; 체납처분의 집행기관 ; 협력 책임 있는 기관 ; 결정자의 서명 ; 결정 내린 기관의 날인

체납처분 결정서는 처분이 이루어지기 전 5일 내에 체납처분 대상자, 권한있는 기관이나 단체에게 송부되어야 한다. 체납처분 결정서는 상급 과세관청에도 송부되어야 한다. 압류처분의 경우 처분이 이루어지기 전에 해당 읍, 면 또는 동의 인민위원회 위원장에게 결정서를 송부하여야 한다.(TAA §95 ③)

체납처분 결정자는 체납처분을 진행하며 체납처분 대상자가 있는 읍, 면, 동의 인민위원회는 체납처분을 수행하는 과세관청과 협력할 기관을 지도한다. 체납처분 결정자의 요청이 있는 경우 인민경찰은 체납처분 과정에서 질서와 안전을 보장하고 과세관청을 지원하여야 한다.(TAA §96)

(3) 체납처분의 종류

체납처분에는 다음과 같은 것들이 있다.(TAA §93 ①) 체납처분은 조세관리법의 규정 및 관련법의 규정에 따라 이루어진다. 납세자가 재산을 빼돌리거나 은닉하는 행위를 하는 경우, 체납처분기관은 조세채권을 확보하기 위한 강제처분을 할 수 있다.(TAA §93 ③)

1. 국고, 시중은행, 기타 금융기관의 체납처분 대상자 계좌로부터 금액을 인출하거나, 계좌 동결을 요구할 수 있다.
2. 급여 또는 소득의 일부를 공제한다.
3. 수출이나 수입 재화에 대하여 통관수속 진행을 정지시킨다.
4. 계산서의 사용을 무효화하는 통지를 한다.
5. 법률의 규정에 따라 재산을 압류하고, 압류재산을 공매한다.
6. 다른 법인이나 개인이 점유하고 있는 체납처분 대상자의 현금이나 재산을 몰수한다.
7. 사업등록증, 영업등록증, 설립운영허가서, 영업허가서를 무효화한다.

① 체납처분 대상자 예금의 인출

국고, 시중은행 및 기타 금융기관에 예금이 있는 체납처분 대상자에 대하여 예금 계좌로부터 예금을 인출할 수 있다. 국고, 시중은행, 기타 금융기관은 체납처분 결정 서를 받은 때 체납처분 대상자의 계좌에서 체납처분 결정서에 기재된 금액을 인출하 여 국고계좌로 이체하여야 하며, 체납처분 결정자 및 체납처분 대상자에게 그 사실 을 문서로 통지한다.(TAA §97 ① · ②)

체납처분 대상자 계좌에서 예금을 인출하는 체납처분은 결정일로부터 30일 동안 효력이 있다. 체납처분 결정의 효력 종료되었을 때 국고, 시중은행, 기타 금융기관이 체납처분 결정에 따른 세액을 모두 인출하지 못한 경우 그 내용을 문서로 체납처분 결정자에게 통지하여야 한다.(TAA §97 ③) 체납처분 결정이 효력을 가지는 기간 동안 체납처분 대상자의 계좌에 충분한 금액이 있으나 국고, 시중은행, 기타 금융기관이 그 예금을 인출하지 않는 경우, 조세범으로 처벌된다.(TAA §97 ④)

② 급여 또는 소득의 공제

정규직 또는 6개월 이상 계약직으로 근무하거나, 또는 퇴직지원금, 근로능력상실 지원금을 수령하는 체납처분 대상자에 대하여 급여 또는 소득 중 일부를 공제하는 체납처분을 할 수 있다.(TAA §98 ①) 급여, 퇴직지원금, 또는 근로능력상실 지원금의 공제비율은 월급여 또는 지원금 총액의 10% 이상 30% 미만으로 하며, 그 밖의 소득 에 대한 공제비율은 소득총액의 50% 미만으로 한다.(TAA §98 ②) 이 경우, 체납처분 대상자의 급여 또는 소득을 관리하는 기관과 단체는 다음과 같은 의무를 진다.(TAA §98 ③)

1. 체납처분 대상자의 급여 또는 소득 중 일부를 공제하고, 최근의 급여 또는 소득 지급 시기부터 체납처분 결정에 따른 세액, 연체가산금, 벌금을 모두 납부할 때까지 공제한 금액을 국고계좌에 이체하며, 체납처분 결정자 및 체납처분 대상자에게 그 사실을 통지한다.
2. 체납처분 결정에 따른 세액, 연체가산금, 벌금을 모두 공제하지 않았으나 체납처분 대상자의 근로계약이 종료되는 경우 그 근로자를 사용하는 기관이나 단체는 근로계약이 종료하는 날로부터 5 근무일 내에 체납처분 결정자에게 그 사실을 통지하여야 한다.
3. 체납처분 대상자의 급여 또는 소득을 관리하는 기관이나 단체가 체납처분 결정을 이행하지 않는 경우 조세범으로 처벌한다.

③ 계산서 사용 무효화의 통지

다른 체납처분수단을 사용할 수 없거나 징수하여야 할 체납세액, 연체가산금, 벌금이 남아있는 경우, 계산서 사용 무효화 통지를 할 수 있다. 과세관청은 계산서 사용 무효화 통지 이전 3 근무일 내에 체납처분 대상자에 대하여 그 사실을 통지하여야 한다. 이 경우, 과세관청은 대중매체에 그 사실을 공표하여야 한다.(TAA §98a)

④ 재산의 압류, 압류재산의 공매

과세관청이 다른 체납처분방법을 사용할 수 없거나 사용하였으나 체납세액, 연체가산금 및 벌금을 모두 징수하지 못하는 경우 재산을 압류하거나 공매할 수 있다. 다만, 개인이 검진 또는 치료 시설에서 질병치료 중인 경우에는 재산을 압류하지 아니한다.(TAA §99 ①) 이 경우, 압류재산의 가액은 체납처분 결정서에 기재한 조세액 및 체납처분비용에 상당하여야 한다.(TAA §99 ②) 아래의 재산은 압류하지 아니한다.(TAA §99 ③)

1. 체납처분 대상자 및 그 가족에게 필요한 질병치료약품, 양식, 식료품
2. 노동작업 용구
3. 체납처분 대상자 및 그 가족에 절대 필요한 주택(살림집), 생활용품
4. 종교나 제사 용품, 유품, 메달, 휘장, 상장
5. 국방, 안보용 재산

재산을 압류한 날로부터 30일 이내에 체납처분 대상자가 체납세액, 연체가산금, 벌금을 모두 납부하지 않는 경우, 과세관청은 체납세액, 연체가산금, 벌금을 징수하기 위하여 압류재산을 공매할 수 있다.(TAA §99 ④)

⑤ 제3자가 점유하고 있는 체납처분 대상자의 현금이나 재산의 몰수

다음의 요건을 모두 충족하는 경우에는 제3자인 법인이나 개인이 점유하는 현금이나 재산을 몰수할 수 있다.(TAA §100 ①)

1. 과세관청이 다른 체납처분수단을 사용할 수 없거나, 체납처분을 하였으나 체납세액, 연체가산금 및 벌금을 모두 징수하지 못한 경우
2. 과세관청이 제3자가 체납처분 대상자에게 채무가 있거나, 또는 체납처분 대상자의 예금이나 재산을 가지고 있는 경우

제3자가 점유하는 체납처분 대상자의 현금이나 재산은 다음과 같은 방법으로 몰수한다. 이 경우, 제3자가 체납처분 대상자를 대신하여 국고에 납부한 세액, 연체가산금, 벌금은 체납처분 대상자에게 지급한 금액으로 본다.(TAA §100 ②)

1. 제3자가 체납처분 대상자에게 지급하여야 할 미지급 채무가 있거나 체납처분 대상자의 예금이나 재산을 가지고 있는 경우, 체납처분 대상자를 대신하여 체납세액, 연체가산금, 벌금을 납부하여야 한다.
2. 제3자가 점유하고 있는 체납처분 대상자의 예금이나 재산이 보증담보이거나 파산재산에 해당하는 경우 제3자로부터의 현금이나 재산의 몰수는 해당법률의 규정에 따라 이루어진다.

체납처분 대상자에 대하여 채무가 있거나, 또는 체납처분 대상자의 예금이나 재산을 점유하고 있는 제3자는 다음과 같은 의무를 진다.(TAA §100 ③)

1. 과세관청에 체납처분 대상자에 대한 채무, 또는 점유 중인 체납처분 대상자의 예금이나 재산에 대한 정보를 제공하며, 이에는 현금의 금액, 채무지급기한, 재산의 종류 및 수량, 재산의 상태를 포함한다.
2. 과세관청의 요구문서를 받은 경우 국고에 납부 또는 공매절차를 위하여 과세관청에 재산을 이관하기까지 체납처분 대상자에게 해당 현금이나 재산을 넘길 수 없다.
3. 과세관청의 요구를 이행할 수 없는 경우, 과세관청의 요구를 받은 날로부터 5 근무일 내에 과세관청에 문서로 사유를 해명하여야 한다.
4. 체납처분 대상자에 대하여 채무를 지거나, 또는 체납처분 대상자의 예금이나 재산을 점유하는 법인이나 개인이 과세관청의 요구를 받은 날로부터 15일 내에 체납처분 세액을 대신 납부할 수 없는 경우, 조세채무로 간주되어 체납처분의 대상이 된다.

⑥ 수출 및 수입 재화에 대한 통관의 중단

다른 체납처분을 할 수 없는 경우, 또는 체납처분을 하였으나 체납세액, 연체가산금, 벌금을 모두 징수할 수 없는 경우 수출이나 수입 재화에 대한 통관중단 조치를 할 수 있다. 이 경우, 관할 관세기관장은 수출이나 수입 재화에 대한 통관중단 조치를 할 날로부터 5 근무일 이내에 해당 납세자에게 그 사실을 통지하여야 한다.(TAA §101 ①·②) 다만, 다음의 경우에는 통관중단조치를 하지 아니한다.(TAA §101 ③)

1. 수출관세를 납부하지 않아도 되는 수출재화
2. 안보·국방·천재·역병예방, 긴급구조목적의 수출이나 수입 재화 ; 인도적 원조, 무상원조 재화

⑦ 사업자등록, 영업등록증, 설립운영허가, 영업허가의 무효화

다른 체납처분수단을 사용하였으나 체납세액, 연체가산금, 벌금을 모두 징수하지 못한 경우 과세관청은 사업자등록, 영업등록, 설립운영허가, 영업허가의 무효화조치를 할 수 있다. 이 경우 관할 국가기관은 대중매체에 공표하여야 하며, 과세관청은 관할 국가기관에 사업자등록증, 영업등록증, 설립운영허가서, 영업허가서를 무효화하도록 요구하는 문서를 송부한다.(TAA §102)

⑩ 세법위반행위에 대한 제재

(1) 납세자의 세법위반행위

납세자의 세법위반행위란 다음을 말한다.(TAA §103)

> 1. 납세절차의 위반
> 2. 조세 체납
> 3. 조세의 과소납부 또는 과다환급 신고
> 4. 탈세 및 조세사기

세법위반행위는 다음과 같은 원칙에 따라 처리된다.(TAA §104)

> 1. 납세자는 세법위반행위가 있는 때에만 처벌되며, 세법위반행위는 권한있는 기관에 의해서 처리된다.
> 2. 하나의 세법위반행위는 한번만 처벌된다. 한 사람이 여러 세법위반행위를 저지른 경우, 각각의 위반행위에 관하여 처벌된다.
> 3. 여러 사람이 함께 하나의 세법위반행위를 저지른 경우, 모든 위반자가 전부 처벌된다.
> 4. 세법위반행위의 처리는 위반의 성격이나 정도 및 적정처벌수준에 대한 경감기준에 따라 이루어지며, 구체적인 절차는 시행령에서 정한다.
> 5. 세법위반행위가 형사책임을 물을 정도에 이른 경우 형사법 및 형사소송법에 따라 처리된다.

(2) 납세절차의 위반

납세절차 위반행위란 다음을 말한다. 납세신고서 제출기한 또는 납부기한이 연장되어 납세자가 그에 따르는 경우 납세절차 위반으로 보지 아니한다. 납세절차 위반행위에 대한 처벌사항은 시행령으로 규정한다.(TAA §105)

> 1. 납세등록서류를 제출기한까지 제출하지 않는 경우
> 2. 납세신고서를 제출기한(TAA §32)까지 제출하지 않거나, 또는 제출기한 연장기간 (TAA §33)이 종료일로부터 90일 내에 제출하는 경우
> 3. 수입재화의 경우, 관세청법의 규정에 따라 세관신고서 제출하여야 할 기간 종료일부

터 수하인 없는 재화의 처리일 전까지 기간 사이에 납세신고서를 제출하는 경우

4. 납세자가 납세서류를 모두 제출하지 아니하는 경우. 다만, 해당기한 내에 수정신고 하는 경우를 제외한다.

5. 납세의무 확정과 관련된 정보제공규정을 위반하는 경우

6. 세무검사, 세무조사, 체납처분에 대한 규정을 위반하는 경우

(3) 조세의 체납

납세자가 규정에 따른 기한, 연장기한, 과세관청의 통지에 따른 기한, 과세관청의 결정에 따른 기한을 넘겨 조세를 체납하는 경우, 체납세액과 함께 다음과 같이 계산한 연체가산금을 납부하여야 한다.(TAA §106 ①)

> 연체가산금 = ① **or** ②
> ① 체납기간 90일 이내의 경우 : 체납세액 × 체납일수 × 0.05%(2016.7월 이후 건 0.03%)
> ② 체납기간 90일 초과의 경우 : 4.5% + (체납일수−90일) × 0.07%(2016.7월 이후 건 0.03%)

납부할 세액을 과소신고하거나 무신고한 납세자가 관할 관세기관이 발견하기 전에 스스로 해당세액을 납부하는 경우, 연체가산금을 납부하면 행정절차위반, 과소납부나 탈세로 처벌하지 아니한다. 수출이나 수입 재화의 납세자가 세관신고서 등록일로부터 60일 내에 과소신고 세액을 납부하는 경우, 연체가산금을 납부하면 행정절차위반, 과소신고나 탈세로 처벌하지 아니한다.(TAA §106 ②)

납세자는 체납세액, 체납일수 및 연체가산금을 스스로 확정하여 신고하여야 한다. 납세자가 연체가산금을 스스로 확정하지 않거나 과소하게 확정하는 경우, 과세관청은 연체가산금을 확정하여 납세자에게 통지한다.(TAA §106 ③)

납세자가 납부기한 종료일로부터 30일 후에도 세액 및 연체가산금을 납부하지 않은 경우, 과세관청은 납세자에게 체납된 세액 및 연체가산금을 독촉하여야 한다. (TAA §106 ④)

과세관청으로부터 체납세액의 징수를 위임받은 기관이나 단체는 국고에 납세자의 체납세액을 이체할 경우 체납세액에 대한 연체가산금을 함께 납부하여야 한다.(TAA §106 ⑤)

(4) 조세의 과소납부 또는 과다환급

① 일반적인 경우

납세자가 회계장부, 계산서 및 영수증을 적절히 처리하였으나 착오로 인해 조세의 과소납부 또는 과다환급 신고를 한 경우, 그 사안이 탈세 또는 조세사기에 해당하지 않는 때에는 과소납부 또는 과다환급 세액에 더하여 그 금액의 20%에 상당하는 연체가산금을 납부하여야 한다.(TAA §107 ①)

② 수출이나 수입의 경우

수출이나 수입 재화에 대하여, 납세자가 탈세 또는 조세사기에 해당하지 않지만 착오로 과소납부, 과다감면이나 과다환급을 신고한 경우 과소납부 또는 과다환급 세액에 더하여 연체가산금을 납부하여야 하며, 또한 납세자는 다음과 같은 처벌을 받는다.(TAA §107 ②)

> 1. 관세기관이 납세자의 사무소에서 세무검사, 세무조사를 하기 전에 납세자가 세관신고서 등록일로부터 60일을 경과하여 수정신고한 경우, 과소납부, 과다감면, 과다환급 세액의 10%를 추가 납부하여야 한다.
> 2. 위 1에 해당하지 않는 경우 과소납부, 과다감면, 과다환급 세액의 20%를 추가 납부하여야 한다.

(5) 탈세 또는 조세사기의 처벌

납세자의 행위가 다음과 같은 탈세나 조세사기에 해당하는 경우, 탈루세액에 더하여 탈루세액의 1배부터 3배를 벌금으로 납부하여야 한다.(TAA §108)

> 1. 납세등록서류를 제출하지 않는 경우, 납세신고서 제출 기한(TAA §32) 종료일로 또는 연장기한(TAA §33) 종료일로부터 90일 이후에 납세신고서를 제출하는 경우
> 2. 납부할 세액의 확정과 관련된 회계장부를 기록하지 않는 경우
> 3. 재화·용역을 판매할 때 계산서를 발행하지 않거나, 판매한 재화·용역의 실제거래 가격보다 낮게 계산서에 가격을 기재하는 경우
> 4. 사업과정에서 납부세액을 감소시키거나, 감면세액을 증가시키거나, 공제세액 또는 환급세액을 증가시키기 위하여 불법적으로 계산서나 영수증을 사용하는 경우

5. 납부세액이나 환급세액을 허위로 신고하기 위하여 부당하게 영수증이나 자료를 사용하는 경우
6. 수출이나 수입 재화를 실제와 다르게 신고하고, 재화가 통관된 다음 납세신고서를 수정신고하지 않은 경우
7. 수출이나 수입 재화에 대하여 고의적으로 신고하지 않거나 허위로 신고하는 경우
8. 탈세 목적으로 재화를 수입하기 위하여 송하인과 공모하는 경우
9. 비과세 또는 면세 재화를 사용목적과 다르게 사용하면서 조세관리기관에 사용목적의 변경에 대하여 신고하지 않은 경우

(6) 세법위반행위의 처벌

① 세법위반행위 처벌권한

납세절차 위반행위의 경우(TAA §103 ①) 조세관리법 및 행정위반 처리에 관한 법의 규정에 따라 처벌된다.(TAA §109 ①) 세금체납, 조세의 과소납부 또는 과다환급, 또는 탈세나 조세사기의 경우(TAA §103 ②~④) 관할 과세관청, 관세총국의 밀수단속 조사국장, 또는 통관후 조사국 국장이 처벌내용을 결정한다.(TAA §109 ②)

② 세법위반행위 처벌시효 및 부과제척기한

세법위반행위의 처벌시효는 아래와 같다.(TAA §110 ①)

1. 납세절차 위반행위의 경우, 위반행위가 있었던 날로부터 2년
2. 형사책임을 추궁할 정도에 못 미치는 탈세 및 조세사기, 체납, 과소납부나 과다환급의 경우, 위반행위가 있었던 날로부터 5년

세법위반행위 처벌시효가 경과하면 납세자는 처벌은 받지 않으나, 다음과 같이 부과제척기한이 적용된다.(TAA §110 ②)

1. 일반적인 경우 : 세법위반행위를 안 날로부터 소급하여 10년 이내의 과소납부세액, 탈세 및 조세사기 세액, 연체가산금을 납부하여야 한다.
2. 납세등록을 하지 않은 경우 : 세법위반행위를 안 날로부터 소급하여 모든 기간에 대한 과소납부세액, 탈세 및 조세사기 세액, 연체가산금을 납부하여야 한다.

③ 세법위반행위의 처벌면제

세법위반으로 처벌받는 자는 천재, 화재, 불의의 사고의 경우, 또는 기타 불가항력의 경우 세법위반행위에 대한 처벌의 면제를 신청할 수 있다. 다만, 과세관청 또는 관할국가기관이 세법위반행의에 대한 처벌을 이미 결정한 경우에는 처벌이 면제되지 아니한다. 처벌면제의 절차는 시행령에서 규정한다.(TAA §111)

④ 과세관청의 세법위반행위

과세관청이 조세관리법의 규정에 따라 적절히 업무를 수행하지 못해 납세자에게 손실을 초래한 경우, 납세자에게 손실을 보상하여야 한다. 과세관청의 실수로 조세를 잘못 고지하거나 환급한 경우 과세관청은 납세자에게 손실을 보상하여야 한다.(TAA §112)

⑤ 세무공무원의 세법위반행위

납세자에게 불편이나 애로를 초래한 세무공무원이 납세자의 권리나 이익에 영향을 미친 경우, 위반의 성격이나 정도에 따라 징계하거나 형사책임을 물을 수 있으며, 납세자에게 발생한 손실에 대하여 보상하여야 한다. 세무공무원이 고의 또는 과실로 업무를 잘못 처리한 경우에도 마찬가지이다.(TAA §113 ① · ②)

세무공무원이 납세자나 세무대리인을 위하여 공모하거나 은닉하기 위해 직무 및 권한을 이용한 경우, 위반의 성격이나 정도에 따라 징계하거나 형사책임을 물을 수 있다. 세무공무원이 세액, 연체가산금, 벌금을 불법적으로 유용하거나 횡령하기 위하여 직무나 권한을 이용하는 경우, 위반의 성격이나 정도에 따라 징계하거나 형사책임을 물을 수 있으며, 불법적으로 유용하거나 횡령한 세액, 연체가산금, 벌금의 전액을 국가에 배상하여야 한다.(TAA §113 ③ · ④)

⑥ 시중은행, 기타 금융기관, 납세보증인의 세법위반행위

시중은행, 기타 금융기관이 과세관청의 요구에 따라 납세자가 납부하여야 할 세액, 연체가산금, 벌금을 납세자 계좌에서 국고계좌로 이체하지 않는 경우, 다음과 같이 처리한다.(TAA §114 ①)

1. 납세자의 예금계좌에 잔액이 없는 경우, 또는 납세자의 계좌잔액 전부를 국고계좌로 이체하였으나 납세자가 납부하여야 할 세액, 연체가산금, 벌금의 금액에 부족한 경우 시중은행, 기타 금융기관을 처벌하지 아니한다.
2. 납세자의 예금계좌에 잔액이 있는 경우, 또는 납세자가 납부하여야 할 세액, 연체가산금, 벌금을 충당할 충분한 자금이 있음에도 불구하고 시중은행, 기타 금융기관이 납세자의 납부할 세액, 연체가산금, 벌금 상당액의 전부 또는 일부를 이체하지 않는 경우, 시중은행 또는 금융기관은 국고계좌에 이체하지 않은 금액 상당액을 벌금으로 납부하여야 한다.

납세보증인은 납세자가 국고의 계좌에 세액을 납부하지 않는 경우, 또는 세법 위반의 경우에 보증되는 납세자를 대신하여 세액, 연체가산금, 벌금을 납부하여야 한다.(TAA §114 ②)

⑦ 납세자와 관련된 법인이나 개인의 세법위반행위

탈세 및 조세사기 납세자와 공모나 은닉 행위를 한 법인이나 개인의 경우, 위반의 성격이나 정도에 따라 행정처분 또는 형사처분의 대상이 된다. 법인이나 개인이 조세관리법의 규정에 따라 납세자와 관련된 책임을 이행하지 않을 경우에도 마찬가지이다.(TAA §115)

⑪ 이의신청, 고발, 소송

(1) 이의신청 및 고발

① 이의신청 및 고발

납세자, 기타 법인이나 개인은 과세관청 또는 관할국가기관에 과세관청의 처분, 또는 세무공무원의 행위가 법률을 위반하고 납세자 등의 권리나 이익을 침해한 경우 그 처분을 취소하도록 이의신청할 수 있다.(TAA §116 ①) 국민은 납세자, 세무공무원, 기타 법인이나 개인의 세법위반행위를 고발할 수 있다.(TAA §116 ②) 이의신청 및 고발 처리절차는 이의신청 및 고발에 관한 법률의 규정에 따라 이루어진다.(TAA §116 ③)

② 이의신청 및 고발에 대한 과세관청의 책임과 권한

과세관청이 이의신청을 접수한 경우 이의신청 및 고발에 관한 법률의 규정에 따른 기한 내에 처리하여야 한다. 이의신청을 받은 과세관청은 이의신청과 관련된 서류나 자료의 제출을 이의신청인에게 요구할 수 있으며, 이의신청인이 제출을 거부하는 경우 이의신청의 검토를 거부할 수 있다.(TAA §118 ① · ②)

과세관청은 상급 과세관청 또는 관할기관의 이의신청 처리결정을 받은 날로부터 15일 이내에 과다 징수한 세액, 연체가산금, 벌금을 납세자나 제3자에게 환급하여야 한다.(TAA §118 ③)

(2) 소송

과세관청, 세무공무원의 처분에 대한 소송은 행정소송법의 규정에 따라 이루어진다.(TAA §117)

제2장 법인세법

① 납세자와 사업연도

1.1 납세자

법인세 납세자는 재화와 용역 생산 및 판매활동을 하는 기업이고 납세의무의 범위는 아래와 같다. 그러한 경우, 조세감면의 경우에만 납세의무가 없다.(CITA §2 ① · ②, CITd §2) 베트남 법에서 기업은 회사나 개인이 아닌 단체를 의미한다.

(1) 영리 및 비영리 내국법인

영리 및 비영리 내국법인은 국내 및 국외 원천소득에 대해서 납세의무를 진다. (CITc §2 ① a · b · c · e)

① 기업법, 투자법, 신용회사에 관련법, 보험사업법, 증권회사법, 석유회사법, 상법, 합작회사법 형태의 법적 실체, 유한회사, 파트너쉽, 개인회사, 법률사무소, 공증사무소, 사업협력계약의 당사자에 의해 설립되고 운영되는 법인, 석유생산과 배분계약에 의한 당사자, 석유 및 가스 공동 투자 조인트 벤처운영회사
② 재화와 용역의 생산 및 매매하는 공공 또는 비영리 단체가 과세소득을 창출한 경우
③ 기업법에 의해 설립되고 운영되는 단체
④ 과세소득이 발생하는 재화와 용역을 생산 및 매매하는 위에서 언급된 이외의 단체

(2) 외국법인

① 외국법인

외국법에 의해 설립된 외국법인으로 국내원천소득에 대해서는 납세의무를 진다.(CITA §2 ① · ②, CITd §2)

② 국내사업장

베트남에 국내사업장이 있는 외국법에 의해 설립된 외국법인은 국내사업장과 관련된 국내외 원천소득에 대해서 납세의무를 가진다.(CITc §2 ① d)

외국기업의 국내사업장은 그 장소를 통해 외국기업이 베트남 내 생산, 사업 활동의 일부 또는 전부를 수행하는 생산, 사업 장소이며 아래를 포함한다. 베트남과 체결된 조세조약이 국내사업장 규정과 다른 경우에는 조약의 규정이 우선한다.(CITA §2 ③, CITc §2 ① d)

1. 베트남 내 지점, 관리사무소, 공장, 작업장, 운송수단, 유전, 가스전, 광산 또는 천연자원 개발장소
2. 건설현장, 설치, 조립장소
3. 종업원, 기타 법인 또는 개인을 통해 자문서비스를 제공하는 곳
4. 외국기업을 대신해서 체결을 체결할 권한을 가지는 대리인 또는 베트남에 재화와 용역의 공급을 상시 수행하는 대리인

1.2 사업연도

법인세 사업연도는 아래와 같다.(CITA §5)

1. 일반적인 경우 : 양력연도(1월 1일부터 12월 31일) 또는 회계연도
2. 국내사업장 없는 외국법인의 국내원천소득의 경우 또는 외국기업의 국내사업장과 관련 없는 경우 : 소득이 발생한 때

(1) 사업연도의 선택

양력연도로 사업연도를 결정할 수 있다. 하지만, 법인이 양력연도와 다른 사업연도를 적용하는 경우, 사업연도는 회계연도에 따라서 결정된다. 법인이 양력연도나 회계연도를 선택하는 경우에는 선택하기 전에 과세당국에 보고를 하여야 한다.(CITd §5 No.1, CITc §3 ②)

(2) 처음과 마지막 사업연도

사업자등록이나 투자허가증을 받은 시점부터 계산된 새롭게 설립된 법인의 첫사업연도가 3개월 미만인 경우에는 다음 사업연도에 합쳐질 수 있다. 법인 형태나 소유구조가 변경, 합병, 분할, 파산한 법인의 마지막 사업연도가 3개월 이내인 경우 사업연도는 그전 사업연도로 합쳐질 수 있다. 단 사업연도는 15개월을 초과할 수 없다.(CITd §5 No.2, CITc §3 ③)

(3) 사업연도의 변경

법인이 사업연도를 양력연도에서 회계연도 등으로 변경시, 변경된 사업연도는 12개월을 초과할 수 없다. 조세감면을 누리는 법인이 사업연도를 변경시에는 변경된 때 조사감면을 누릴 것인지 또는 추가 세율로 조세를 납부하고 다음 사업연도에 조세감면을 누릴지 선택하여야 한다.

> **Case**
>
> 《예시 1》 법인A는 2013사업연도에 양력달력을 선택한다. 2014년초에 회계연도인 4월 1일부터 익년 3월 31일로 사업연도를 변경한다. 변경된 2014사업연도는 2014년 1월 1일부터 시작해서 2014년 3월 31일(3개월)이다. 반면 다음 2014회계연도의 사업연도는 2014년 4월 1일부터 2015년 3월 31일까지이다.
>
> 《예시 2》 같은 법인A는 2012년부터 조세감면(2년간 100% 조세감면과 그 다음 4년간 50%)을 누리고 있다. 2012, 2013년에 100% 조세감면과 2014, 2015, 2016, 2017사업연도에 50% 감면을 누릴수 있다. 법인은 변경된 2014년도 사업연도에 50% 감면을 누리고 차기연도인 2014회계연도(2014년 4월 1일부터 2015년 3월 31일)부터 2016회계연도까지 50% 조세감면을 누릴수 있다. 변경된 2014사업연도에 50% 조세감면을 누리지 않는 경우에는 2014회계연도(2014년 4월 1일부터 2015년 3월 31일)부터 2017회계연도까지 50% 조세감면을 누릴수 있다.

② 납세지

(1) 원칙

법인은 본점소재지를 납세지로 해야 한다. 법인이 본사이외의 장소에서 처리, 조립, 운영 장소같은 별도회계장소를 가지는 경우, 본사와 별도회계장소 둘다 법인세를 계산하고 납부하여야 한다. 하지만, 많은 작업장, 작업아이템, 별도회계건설장소를 가지는 법인에게는 세금의 배분은 하지 않는다.(CITA §12, CITd §12 ①, CITc §12)

중앙회계시스템을 적용하는 별도회계장소가 추가로 주요사업활동에서 소득을 발생한 경우, 추가적인 사업활동을 하는 지역에 법인세를 납부해야 한다.(CITd §12 ②, CITc §13 ⑥)

(2) 납부세액의 계산

별도회계장소가 있는 지역에 계산되어 납부할 법인세는 직전연도 발생한 총 비용에서 그 별도회계장소에서 발생한 비용의 비율만큼의 금액이다. 계산 공식은 아래와 같다.(CITc §13 ① · ②)

$$\text{비용의 비율} = \frac{\text{별도회계장소에서 발생한 비용}}{\text{법인의 총 비용}}$$

비용의 비율은 직전연도에 법인세 신고에 의해서 결정된다. 그리고 다음연도 법인세 납부액을 계산하기 위해서 법인이 자체적으로 결정한다.(CITc §13 ③ · ④)

신설 법인 또는 별도회계장소가 증가하거나 감소는 운영중인 법인은 첫사업연도의 자료를 가지고 비용의 비율을 결정한다. 그 비용의 비율은 위의 공식으로 계산한다.(CITc §13 ⑤)

3 소득금액의 계산

3.1 소득의 계산과 수입시기

(1) 소득의 계산

과세표준 계산을 위한 소득은 회수와 상관없이 법인에게 지급된 보조금, 할증료, 추가금을 포함하는 재화와 용역의 총 판매소득금이다. 법인이 공제법으로 부가가치세를 신고납부하는 경우에는 소득에서 부가가치세는 제외된다. 법인이 직접법으로 부가가치세를 신고납부하는 경우에는 소득에서 부가가치세는 포함된다.(CITd §8 ①, CITc §5 ①)

> **Case** 소득금액
>
> (1) 법인A는 공제법으로 부가가치세를 납부한다. 출계산서에는 매출가격 100,000, 부가가치세 10,000, 총가액 110,000이 포함되어 있다. 소득은 100,000이다.
> (2) 법인B는 직접법으로 부가가치세를 납부한다. 부가가치세 포함 판매가격이 110,000 이다. 소득은 110,000이다.

특별한 경우 소득은 아래와 같다.(CITd §8 ③, CITc §5 ① c, CITc §5 ③)

① 할부매출로 판매된 상품 : 할부 및 지연지급 관련 이자는 포함되지 아니한다.

② 교환 및 자가사용 재화와 용역(법인의 사업운영에 사용되는 재화와 용역은 제외) : 교환 및 자가사용시에 동일하거나 유사한 형태의 재화와 용역의 가격에 의해서 결정

③ 상품가공활동 : 임금, 연료비, 부재료비와 기타 가공관련 비용을 제외한 가공활동 관련 수입. 예를 들면, 법인A는 전시 및 자동차조립을 위해서 법인이 생산한 타이어를 사용하는 경우, 그러한 타이어의 가액은 과세소득에 포함되지 아니한다.

④ 수수료를 수취하기 위해서, 대리인과 수탁자 또는 상품을 판매하는 대리인과 수탁자를 운영하는 법인을 통해서, 상품을 판매하는 법인의 소득은 아래와 같이 결정된다.

　• 대리인과 수탁자를 통해 상품판매하는 법인 : 판매된 상품의 총금액

- 대리인과 수탁자와 같은 활동을 하는 법인 : 대리 및 수탁계약에 따라 수취한 수수료

⑤ 자산 리스 : 리스계약에 따라 주기적으로 리스임차인이 지급하는 금액. 리스임차인이 수년간의 리스료를 미리 지급하는 경우, 미리지급된 금액을 리스년수로 나누어서 안분하여 소득을 인식하거나 한꺼번에 소득을 인식한다. 회계관행으로 법인이 소득인식을 위해서 아래의 방법들을 선택할 수 있다. 조세감면을 받고 있는 법인이 소득으로 수년간의 리스료를 한꺼번에 인식하는 것을 선택할 때에는 감소된 법인세금액은 선급리스료에 대한 과세연도의 법인세를 선급리스료 총액으로 나누어서 결정한다.

- 소득은 선급리스료를 매년리스료로 안분한 금액이다.

- 소득은 선급리스료 전액이다.

⑥ 골프장 사업 : 회원권판매, 골프장이용권과 아래에서 열거한 기타 수입

- 일일이용권 판매 : 이용권판매 수입과 기타 수입

- 수년간 선급지급된 회원권판매 : 회원권 판매금액을 회원권 이용연수로 나눈 금액 또는 회원권 판매금액 전액을 수입으로 인식할 수 있다.

⑦ 자산임차인 또는 용역사용자가 수년간 이용료를 선급했을 때, 선급된 연도동안에 안분하여 소득을 인식하거나 총금액을 한꺼번에 소득으로 인식한다. 조세감면을 받는 법인의 경우, 감면세액은 총감면기간동안 총법인세를 선급된 연수로 나눠서 계산된다.

⑧ 신용기관과 외국은행지점의 신용활동 : 금융기관 규정에 의거 소득으로 계상한, 해당연도의 예금과 대출로부터 이자와 금융리스활동으로부터 수입

⑨ 운송 : 승객과 화물의 운송료

⑩ 전기택시와 상수공급 : 계산서에 전기택시와 상수로 공급된 요금

⑪ 보험사업 : 보험회사가 벌어들인 부가가치세와 기타 수수료를 포함하고, 보험용역과 재화와 용역의 제공으로부터의 총수입금. 아래와 같다.

- 보험과 재보험사업 : 징수된 원보험료, 재보험료, 재보험수수료, 보험관리 수수료, 손실평가, 보상금 평가, 제3자 배상금지급 요구액과 대물배상(내부에서 공인된 평가, 회계법인, 회계사 제외) 요구액을 위한 수수료, 단, 환급된 보험료와

같이 수입을 줄이는 모든 지급액인 감소된 보험수수료, 환급된 재보험료, 감소 된 재보험료, 재보험을 위해 환급된 수수료와 감소된 재보험수수료를 공제한 후의 금액이다.

- 공동보험에 참여하는 보험회사 : 부가가치세를 제외한 공동보험에서 당 법인의 비율만큼 징수된 원보험료

- 별도의 기간동안 지급되는 협의를 가진 보험계약 : 별도의 기간에 발생한 받을 수 있는 금액

- 특수관계자 사이 또는 연결회계 법인들과 보험회사의 본사 사이에 공인된 징수 체계를 가지는 경우 : 공인된 징수 체계로부터 징수된 금액을 제외한 수입

- 보험중개 : 공제된 보험중개수수료와 감소되거나 환급된 보험중개수수료를 제 외하고 징수된 보험중개수수료

⑫ 건설 및 설치 활동 : 건설 및 건설항목의 가액 또는 기존에 검사되고 인증된 건설 과 설치 가액

- 원재료, 기계와 설비 공급계약을 포함하는 건설과 설치 : 원재료, 기계와 설비 가액을 포함한 건설과 설치에 든 금액

- 원재료, 기계와 설비 공급계약을 포함하지 않는 건설과 설치 : 원재료, 기계와 설비 가액을 포함하지 않는 건설과 설치활동으로부터 가득한 금액

⑬ 사업협력계약(BCC)으로 인한 사업 활동

- 사업협력계약하의 당사자들이 재화와 용역의 판매를 기준으로 사업결과를 배 분하는 경우 : 계약에 따라 나누어진 금액

- 사업협력계약하의 당사자들이 생산한 제품에 따라 사업결과를 배분하는 경우 : 계약하에 각각의 당사자들에게 배분된 제품의 금액

- 사업협력계약하의 당사자들이 세전이익을 기준으로 사업결과를 배분할 때 : 계 약하에 재화와 용역 판매의 수입금. 사업협력계약하에 당사자들이 대리인을 지 명한다. 이 대리인은 송장을 발행하고 수입과 비용을 기장하고, 각각 당사자들 에게 배부될 세전이익을 결정한다. 당사자 각각은 법인세 납세의무를 이행해야 한다.

- 사업협력계약하의 당사자들이 세후이익으로 나누는 경우 : 계약하의 재화와 용

역의 판매로부터 수입금. 사업협력계약하의 당사자들은 다른 당사자들을 대리하여 납세의무를 이행하는 대리인으로 한 당사자를 지명한다.

⑭ 사행성사업으로부터 획득한 상금(카지노, 전자게임으로부터 획득한 상금, 오락사업에 배팅) : 고객에게 지급된 상금을 제외하고 특별소비세를 포함한 이들 활동으로부터 수입금

⑮ 증권업 : 중개서비스, 증권 매매 중개, 증권 인수, 증권 투자 자문, 투자펀드관리, 펀드증명 발행과 기타 증권서비스

⑯ 석유와 가스 탐사, 추출 : 공정거래계약하에 석유와 가스판매로부터 총수입

⑰ 파생금융서비스 : 수행된 파생금융서비스 제공으로부터 수입금

(2) 소득의 수입시기

소득은 아래와 같은 시기에 법인에 귀속된다.(CITd §8 ②, CITc §5 ②)

① 재화 : 구매자에게 소유권이나 재화를 사용할 권한이 이전된 때

② 용역 : 구매자에게 용역의 공급이 완료된 때 또는 용역공급에 대한 청구를 할 때

③ 항공운송 : 운송용역의 제공이 완료된 때

④ 전기택시 또는 물공급 : 전자 택시에 미터나 정수 계산서가 기록된 때. 예를 들면, 12월 5일부터 1월 5일까지 전자택시 미터가 기록된 경우 기록된 소득은 1월분으로 계산된다.

⑤ 기타의 경우 : 법에 의해 결정된 때

3.2 과세소득

과세소득은 다음과 같이 구분한다.(CITA §3, CITd §3)

(1) 내국법인의 사업소득

① 국내원천사업소득 : 법인 또는 사업등록을 한 단체에 의해 생산 또는 재화와 용역의 판매로부터 생기는 소득(CITd §3)

② 국외원천소득 : 해외프로젝트로부터 소득은 과세소득에 포함된다. 이 과세소득에는 해외투자법에 의해 베트남으로 이전된 소득을 포함한다. 법인세 계산시에 해외프로젝트로부터의 이익과 손실은 베트남내에 발생한 이익과 손실에서 공제되지 아니한다.(CITc §3 ① g)

(2) 외국법인의 사업소득

사업장소재지와 상관없이 외국법인에게 귀속되는 베트남원천 과세소득은 베트남에서 재화와 용역을 공급하고 수취하는 소득과 이자소득 및 사용료소득을 포함한다. 그러나 운송수단과 기계와 장비의 국외수리, 국외광고, 국외마케팅, 국외투자프로모션, 국외사업프로모션, 재화용역의 국외중개, 국외교육훈련, 외국당사자와 우편망 및 통신망의 국제공유와 같이 베트남 국외에서 수행되는 용역에 대하여 수취하는 소득은 과세소득에 포함되지 않는다.(CITd §3 ③)

(3) 사업소득외의 기타소득

사업소득 이외의 아래의 소득은 과세소득에 포함된다.(CITA §3, CITd §3, CITc §7)

① 자본과 주식 양도소득
② 부동산 양도소득
③ 투자이전, 투자참여 권리의 이전, 탐사 및 시추권의 이전, 법에 의한 광물의 탐사, 시추, 처리 권한의 이전
④ 로열티, 지적재산권을 포함하여 재산소유권 및 사용권으로부터 이익과 기술 양도소득. 기술 및 지적재산권의 양도소득은 총액에서 기술 및 지적재산권을 창조하기 위한 비용과 유지, 성능향상, 발전을 위해 비용, 기타 공제가능 비용을 공제한 금액이다.
⑤ 자산리스로 인한 소득 : 자산리스로 인한 소득에서 자산의 감가상각비, 리노베이션, 수리 및 유지, 리스해주기 위한 비용과 자산리스와 관련된 기타 공제가능 비용을 차감한 금액
⑥ 자산(부동산 제외)과 기타 가치있는 문서들의 이전과 청산으로 인한 소득 : 자산

이전 및 청산 소득에서 자산의 잔존가액과 공제가능 관련 비용을 차감한 금액

⑦ 예치금과 대여금의 이자, 이연 및 할부 이자, 대여 계약에 의거 신용보증요금과 기타 요금

- 예치금 및 대여금의 수입이자가 차입금의 이자비용보다 큰 경우에는 상계후 잔액인 수입이자는 기타 소득이 된다.
- 예치금 및 대여금의 수입이자가 차입금의 이자비용보다 적은 경우에는 상계후 잔액인 이자비용은 사업소득에서 차감한다.

⑧ 외환차익 : 외환매각액에서 매각된 외국환의 구입가를 뺀 금액

⑨ 외화환산이익

- 사업활동과 관련 있는 외화환산차액은 법인의 사업소득의 소득과 비용에 포함된다. 사업활동과 관련 없는 외화환산차액 중에 외화환산손실은 금융비용에 포함되고 외화환산이익은 기타소득에 포함된다.
- 회계연도말에 외국환부채의 재평가로 인한 환산이익은 환산손실과 상계될 수 있다. 상계후에 사업과 관련한 환산이익 잔액은 사업소득에 포함된다. 그리고 사업과 관련 없는 환산이익 잔액은 기타소득 및 재무비용에 포함된다.
- 외화매출채권과 외화대여금과 관련된 외화환산손익은 당초 대출 및 대여시의 기록된 환율과 대출과 대여 상환시의 환율차이이다.
- 현금, 예금, 선급외국환과 같은 현금성자산의 외화차이는 외화환산손익에 포함되지 않는다.

⑩ 상각되었다가 회복된 불량채무

⑪ 미확인 채권자에 대한 지급채무

⑫ 올해 발견된 작년에 누락된 소득

⑬ 계약위반 배상금이나 계약하에서 투입대비 좋은 결과로 인한 사례금이 계약 위반으로 지급해야할 금액보다 큰 경우, 그 초과금은 기타소득이다.

- 수령한 배상금과 보상금이 계약위반으로 인하여 지급 받아야 할 금액보다 적은 경우에는 그 차액은 기타소득에서 공제되어야 한다. 그 사업연도에 기타소득이 없는 경우에는 그 차액은 사업소득에서 차감된다.

- 위의 배상금과 보상금은 투자단계에서 건설가액을 차감함으로써 이미 기록된 보상금과 배상금에서 제외된다.

⑭ 법인분할, 합병 또는 이전 함으로 자본기부 또는 자산이전을 위한 법에 따른 자산 재평가차익

- 자산과 토지사용권의 재평가차손익은 자산의 재평가가액과 장부가액의 차이이고 기타소득(이익)에 포함되거나 기타소득(손실)에서 공제된다. 특히 사업활동에 사용되는 고정자산을 창출하기 위한 토지사용권의 재평가의 경우, 법인은 그 가액을 점진적으로 감가상가할 수 없지만, 토지사용권이 자본으로서 공헌할 때부터 10년간 기타소득에 점진적으로 배분할 수 있다. 그러한 경우에, 법인은 토지사용권이 자본으로 재평가되어 공헌하는 사업연도의 법인세신고서를 제출할 때 기타소득으로 배분될 사업연도의 수를 보고하여야 한다. 자본으로 구분한 후, 법인이 자본으로 구분된 토지사용권을 이전하는 경우(10년 이내 자본구분의 경우를 포함한다), 자본으로 구분된 토지사용권의 이전소득은 부동산소득으로 분류된다. 토지사용권의 재평가차손익은 장기토지사용권의 경우 재평가액과 장부가액의 차이이고, '무제한 토지사용권'의 경우에는 토지사용권의 재평가액과 배부되지 않은 잔여가치의 평가손익이다.

- 토지사용권의 가액이 관련규정에 따라 감가상각이나 감모가 가능한 경우에, 자본출자로 자산을 받은 경우 또는 법인분할, 합병 또는 법인변경으로 자산을 받은 법인은 자산재평가를 통한 감가상각 또는 감모상각을 할 수 있다.

⑮ 현금 또는 현금등가물로 기부나 증여, 금융원천으로부터 받은 현금 및 현금등가물의 소득, 판매지원 또는 판매지원비로 받은 소득, 현금할인, 판매촉진상금 또는 다른 지원금. 그런 종류로 받은 소득금액은 그것을 받은 시점의 유사한 재화와 용역의 가치에 의해 금액이 결정된다.

⑯ 사업시설을 재배치하기 위해 토지를 이전할 때 민법에 따라 합의되어 다른 법인이나 개인으로부터 받은 현금, 재화와 기타이익에서 재배치비용, 운반 및 설치비를 관련 비용을 차감한 후의 금액

⑰ 환급된 건물보수충당금, 비용으로 계상되었으나 공제된 기간안에 사용되지 않는 선공제된 비용

⑱ 소득에 포함되지 않은 관련 재화와 용역과 관련된 소득으로 관련 소득을 위한 비용을 공제한 후의 금액 예를 들면, 조기선적보너스, 식음료 공급과 호텔서비스에 대한 팁

⑲ 스크랩과 폐기된 제품으로부터의 소득, 단, 관련 매각대금이나 수리비를 제외한 후의 금액. 조세감면을 받는 제품으로부터 파생된 스크랩과 폐기물로부터의 발생한 소득은 조세감면을 받을 수 있다.

⑳ 실제로 수입되고 수출된 상품에 대해 환급된 관세 및 수출세는 당 과세연도에 공제가능한 비용으로 계상할 수 있다. 그러한 소득이 조세감면과 관련된 사업에서 발생한 경우는 조세감면을 받을 수 있다. 그러한 소득이 조세감면사업과 관련이 없는 경우에는 기타소득으로 계상된다.

㉑ 베트남내에서 출자, 합작회사나 경제적 단체에 출자로 인한 소득

㉒ 새로운 출자가가 출자해야할 금액보다 더 많은 출자지분을 가지는 것을 당 법인이 인정하는 경우

- 그와 관련된 이익이 법인에서 귀속되고 자본이 충당되는 경우에는 이러한 이익은 공제되지 아니한다.
- 그러한 이익이 기존주주에게 귀속되는 경우에는 기존주주의 이익으로 간주된다.

3.3 비과세 소득

아래와 같은 소득에는 법인세를 과세하지 않는다.(CITA §4, CITd §4, CITc §8)

① 협동조합의 농업, 수산업, 소금생산으로부터 소득 ; 경제적으로 어려운 지역이나 극빈지역의 농업, 임업, 수산 및 염전 생산과 관련된 협동조합의 소득 ; 극도로 어려운 지역의 경작, 농사 및 수산, 수산업으로부터 소득(수산물 가공을 위해 구입을 포함). 베트남 산업통계시스템의 1레벨에 따라 구분된 농업, 축업, 수산업

a) 농산물과 수산물로부터 가공된 제품으로부터 소득이 조세감면을 받으려면 아래의 조건들을 충족해야 한다. 생산원가에서 원재료비의 비율이 30% 이상이어야 하고 가공된 제품이 특별소비세에 해당되지 않아야 한다. 법인은 조세감면을 받기 위해서는 가공된 농산물과 수산물을 구분하여야 한다.

b) 농업, 축업, 수산업의 청산으로부터 발생된 소득은 조세가 감면된다.(고무생산업의 청산으로부터 소득은 제외), 농산물, 수산물과 그 가공품과 관련된 부산물의 판매로부터 소득

c) 낙후지역과 특별낙후지역에서 농업, 산림업, 어업, 염전생산업과 관련된 협동조합으로부터의 소득은 면제된다. 조세감면이 적용되는 지역에서 사업활동으로부터의 모든 소득은 면제된다. 단 자본, 천연자원과 용역으로부터의 소득은 제외한다.(CITc §18 ③ a · b · c) 농업, 임업, 수산업과 염전생산업과 관련된 협동조합은 협동조합법에 따라 농업, 임업, 수산업과 염전생산업에 관련된 개인, 가구나 단체의 멤버에게 제공된 상품과 용역의 비율조건을 만족한다.

② 농업에 직접적인 기술서비스로부터 소득, 예를 들면 관개와 배수, 토양 경운 정지, 내부 밭의 운하와 도랑의 준설, 작물, 애완동물, 농산물의 질병과 병충해의 예방과 관리

③ 과학적 연구와 기술개발 계약으로부터 소득. 베트남내에서 시험생산품의 판매, 신기술 제품의 판매. 최대면세기간은 계약개시일 또는 베트남 내에서 시험생산품과 신기술 생산품 개시일로부터 1년. 과학기술과 연구개발계약으로부터 소득이 면제되는데 과학기술과 연구개발은 관계당국에 의해서 인증을 받아야 한다.

④ 장애인, 마약경력자, HIV감염자인 근로자를 고용하는 법인의 사업활동으로부터 소득. 관련 근로자의 수가 회사의 1년간 평균근로자의 수의 30% 이상일 것. 조세감면소득은 사업소득이외의 소득은 포함하지 않는다. 조세감면을 받을수 있는 법인은 최소한 20인 이상의 근로자를 고용해야 하고 금융업과 부동산업을 영위해서는 안된다. 그러한 경우 법인은 보건당국의 허가를 받아야 한다.

⑤ 소수민족, 장애인, 특별 애로환경 어린이, 사회악을 저지른 사람들, 교화중이거나 교화된 사람들과 HIV감염자에 대한 직업훈련으로부터 소득. 단체가 다른부류의 사람들을 위한 직업훈련 제공하는 경우에, 조세감면소득은 전체 교육생중에 소수민족 등의 인원수 비율에 따라 결정된다. 직업훈련으로부터의 조세감면소득은 직업훈련원이 직업훈련규정에 따라 설립되고 운영된다는 조건으로 만족해야 한다. 그리고 교육생 명단을 보관해야 한다.

⑥ 국내회사들의 자본출자, 주식 매입, 합작투자와 경제단체로부터 분여된 소득. 예를 들면, 법인A는 법인세가 면제된다.

(예시) 법인B는 법인세 50%를 절감할 권리가 있다. 법인A가 배당으로 받은 소득 89백만(100×(1－0.22×50%). 그 금액은 법인A의 법인세에서 면제된다.

⑦ 베트남 내에서 교육, 과학연구, 문화, 예술, 자선, 인도적 활동 및 기타 사회활동을 위해 수령한 지원금. 지원을 부적절하게 사용한 지원금수령자는 과세연도에 부적절하게 사용한 지원금에 대해서 법인세를 납부해야 한다. 지원금수령자는 법률에 의해서 설립되고 운영되면 엄격하게 회계 규정을 준수해야 한다.

⑧ 탄소배출권 발급된 기업의 탄소배출권 인증서 최초 양도로부터의 소득. 추가 양도시에는 법인세를 부담한다. 조세감면소득이 되기 위해서는 탄소배출권양도가 환경관련 관계당국에 인증을 받아야 한다.

⑨ 개발투자 대출금 또는 정부에 할당한 수출로부터 베트남 산업은행이 얻은 소득. 사회복지정책을 위한 은행의 빈민과 복지 정책의 기타 수혜자 대출금으로부터 소득. 베트남 자산 관리 법인의 소득. 베트남 사회보험펀드, 예금보험공사, 건강보험기금, 해외고용지원기금, 농민지원기금, 베트남 법률지원기금, 공공통신기금, 지역개발투자기금, 베트남환경보호기금, 중소기업 신용보증기금, 가난한 여성보조기금, 재외국민과 법적단체를 위한 기금, 주택개발기금, 중소기업개발기금, 국립과학기술개발기금, 국립기술혁신기금, 빈민을 위한 자가고용기금 등의 정부펀드로부터 할당된 활동의 소득으로부터의 소득. 국가에서 할당된 활동으로부터 소득 이외의 소득은 법인세를 납부해야 한다.

⑩ 다음과 같은 배당되지 않은 소득

a) 관련법에 따라 그들의 발전에 투자하기 위하여 유보된 사회교육과 훈련, 건강과 기타 사회활동에 관련된 단체의 배분되지 않는 소득. 교육과 훈련, 건강과 기타 사회활동에 해당되지 않는 기타 분야나 사업에 투자하기 위해 유보된 조세감면 제외된 배분되지 않는 소득. 공익사회활동을 하는 단체는 아래를 포함한다. 관계당국에서 제시하는 조건을 갖춘 비영리법인, 공익활동운영을 위해서 설립된 법인, 자본 투자하는 공익비영리개인, 자본 모집, 법에 의거 합작회사나 협회의 설립 그리고 공익사회활동을 운영하는 자회사나 법인의 설립

b) 자산을 형성하기 위해서 유보된 배당되지 않지 않는 소득

c) 단체가 유보된 소득을 배당하던가 부적절하게 사용하는 경우, 그 단체는 유보

소득을 배당한 때나 부적절하게 사용한 때의 세율로 법인세를 납부해야 한다.

⑪ 극빈지역의 법인이나 개인에게 우대분야의 기술이전으로 인한 소득. 기술이전의 절차는 기술이전법을 따라야 한다. 기술우대분야는 이전우대기술목록을 의미한다.

⑫ 집행관사무소의 민사판결에 관한 법률에 의한 집행기간동안의 활동으로 인한 소득(집행관활동으로 인한 소득이외의 소득은 제외)

3.4 소득금액의 계산

(1) 사업소득금액의 계산

해당 과세연도의 소득금액은 재화와 용역의 제조 및 매매로 인한 사업활동 소득금액과 기타소득금액으로 구분된다. 해당 과세연도의 소득금액은 다음과 같이 계산된다. 사업활동 소득금액은 사업활동소득에서 사업활동의 공제대상 비용을 차감한 금액이다. 여러 법인세율이 적용되는 사업활동을 수행하는 법인의 경우 소득금액에 대하여 각각의 세율을 적용하여 계산하여야 한다.(CITc §4 ② a)

> 과세소득금액 = 사업소득금액 + 기타소득금액

(2) 기타소득금액의 계산

기타소득금액은 아래와 같이 결정된다.(CITd §6 ③) 양도소득금액은 아래에서 자세히 설명한다.

① 자본양도소득(주식매각이익은 제외)은 이전계약으로 받은 총금액에서 매입가액과 이전관련 직접 비용을 제외한 후의 금액이다. 자본을 양도한 법인이 현금이외의 등가물로 보상을 받은 경우에는 시장가치로 평가하여 세금을 계산한다.

② 주식양도로부터 이익은 총매각금액에서 매입가액과 이전에 관련된 직접 비용을 제외한 금액이다. 법인이 주식을 발행하면, 발행가액과 액면가액의 차이는 법인세가 과세되지 아니한다. 법인이 주식교환으로 분할, 합병을 하는 경우, 그러한 분할 등으로부터 이익은 법인세가 과세된다. 주식을 이전한 법인이 현금이외의 등가물로 보상을 받을 경우, 시장가격으로 과세된다.

③ 지적재산권과 기술 양도소득은 총매매가액에서 지적재산권 등의 창설, 유지, 업그레이드, 성능향상을 위한 주요 비용과 공제가능한 관련 비용을 차감하여 결정된다.

④ 자산리스 소득금액은 자신리스소득에서 감가상각비, 자산의 유지 및 수선비, 재리스비용과 기타 공제가능 비용을 차감한 후의 금액이다.

⑤ 자산처분 및 이전 소득(부동산 제외)은 자산 이전 및 처분으로부터 총수입금액에서 잔여장부가액과 관련 공제 가능 비용을 차감한 후의 금액

⑥ 외국환매매소득은 외국환매각으로부터 총소득에서 매각된 외국환의 주요원가를 차감한 후의 금액

⑦ 재평가액과 장부가액이 다른 경우로 분할, 합병, 해산, 사업형태의 변경, 자본형태의 변경등에 따른 자산의 재평가차익. 고정자산, 토지사용권, 부동산과 기간시설투자의 자본으로부터 차익과 손실은 관련 과세연도의 기타소득이다. 특별히, 토지사용권을 자본전입으로 제공받은 법인의 입장에서 감가상각을 할 수 없는 토지사용권의 재평가로부터의 차손익은 자본전입된 때부터 최대 10년동안 비례적으로 산입된다.

⑧ 세후이익을 배분하는 사업협력계약(BCC)의 경우, 사업협력계약하의 총소득에서 총비용을 공제한 후의 금액이 소득이다.

⑨ 해외사업활동으로 받은 소득은 세전으로 받은 총소득이다.

⑩ 석유와 가스 탐사와 추출로부터 소득은 각각의 석유와 가스계약으로부터 결정된다.

(3) 외국환의 베트남동화 환산

외국환으로부터 소득과 비용과 기타소득을 가지는 법인은 외국환이 발생한 때에 베트남 중앙은행이 발표한 환율의 평균값을 이용해서 베트남동화로 환산해야 한다. 단, 법에 의해 다른 경우는 제외한다. 외국환과 베트남 동화의 직접적인 환율이 없는 경우, 외국환과 베트남동화를 미국달러나 유로화를 이용해서 간접적으로 환산을 수행한다.(CITA §8, CITd §9 ③, CITc §3 ⑥)

3.5 자본 및 주식 양도소득금액의 계산

(1) 증권양도소득금액

① 증권양도소득의 범위

법인의 자본양도소득은 하나 또는 다수의 다른 법인들과 개인들에 투자한 자본의 전부 또는 일부로부터 획득한 소득이다. 자본양도의 시기는 자본소유권이 이전되는 시기이다.(CITc §14 ① No.1)

법인이 자본양도 형태로 부동산을 함께 완전소유유한회사를 양도할 때에는 부동산과 자본양도 둘다 법인세 신고를 하여야 한다.(CITc §14 ① No.2)

법인이 자본을 양도하고 현금이외 등가물로 보상받을 경우(재화, 주식, 기금확인서 등), 그 이익은 법인세가 과세된다. 재화, 주식과 기금확인서의 가액은 수수된 때 시장가액으로 결정된다.(CITc §14 ① No.3)

② 과세대상 자본양도 소득금액

자본양도로 과세되는 양도소득금액은 아래와 같다.(CITc §14 ② a)

$$양도소득금액 = 양도가액 - 양도하는 자본의 취득가액$$

법인의 자기자본 양도의 경우, 매각가액은 매각시 자본의 장부가액이고 장부가액, 송장, 투자협력계약 또는 감사보고서로 확인된다. 자본회수의 경우, 자본의 가액은 회수시 시가이다. 취득가는 자본회수계약과 영수증에 기초한다. 법인이 외국환에 대해 장부기장을 유지한다면, 자기자본의 이전 및 취득가액은 외국환으로 표시될수 있다. 그렇지 않으면, 양도가액은 법인계좌가 개설된 상업은행의 외국환매도환율로 환산해야 한다. 매도비용은 적절한 문서와 영수증에 나온 이전과 관련된 실제비용이다. 매도비용은 해외에서 발생한 경우, 원본문서가 공증되어 확인되거나 그 매도비용이 발생한 해외국가의 독립된 감사기관에서 확인받아야 하고 베트남어로 번역되어야 한다. 이전관련 매도비용은 수수료, 거래비용, 매도계약의 협상 및 계약체결과 기타 관련 비용을 포함한다.

법인A는 4천억을 출자했다. 공장으로 3.2천억, 현금 0.8천억으로 화장지 생산 합자회사 설립했다. 그후, 출자지분을 법인B에 5.5천억에 이전했다. 법인A의 지분의 장부가액은 4천억이고 관련 비용이 0.7천억이다. 이때, 자본양도로부터 이익은 0.8천억이다.(5.5천억－4천억－0.7천억).

자본양도로 인한 이익은 법인세가 과세되는 기타소득이다.(CITc §14 ② b)

(2) 증권양도소득금액

① 증권양도소득의 범위

증권양도소득은 주식, 채권, 기금증명서와 기타 증권으로부터 획득한 이익을 의미한다.(CITc §15 ① No.1)

법인이 자본확충을 위해서 추가주식을 발행할 경우, 발행가와 공정가액의 차액은 법인세가 부과되는 소득이 아니다.(CITc §15 ① No.2) 법인이 분할, 합병, 주식교환시, 교환된 주식으로부터 소득은 법인세가 과세된다.(CITc §15 ① No.3) 법인이 유가증권을 매도시 현금이외의 등가물로 매매대금을 받을시, 그 차액은 과세되며, 그 등가물의 가액은 시장가액으로 한다.(CITc §15 ① No.4)

② 과세대상 양도소득금액

과세기간에 과세되는 증권양도소득금액은 아래와 같이 계산된다.(CITc §15 ② No.1)

양도소득금액 = 양도가액 － 취득가액 + 관련비용

양도가액은 아래와 같이 결정된다.(CITc §15 ② No.2)

1. 증권거래소에서 거래되는 상장주식과 비상장공익법인의 주식 : 증권거래소 또는 주식 매매소에서 알려온 실매매가액(주문체결가액 또는 체결가액)
2. 위 이외의 회사의 주식 : 매매계약에 제시된 양도가액

취득가액은 아래와 같이 결정된다.(CITc §15 ② No.3)

> 1. 증권거래소에서 거래되는 상장주식과 비상장공익법인 : 증권거래소 또는 주식매매
>   소에서 공지된 실재주식취득가액(주문체결가액 또는 체결가액)
> 2. 경매로부터 취득한 주식 : 경매회사에서 경매체결가로 공지된 또는 영수된 가액
> 3. 위 이외의 주식 : 매매계약에 제시된 매매가액

매매비용이란 계약서와 영수증에 의해 증명되는 직접적인 양도비용을 말한다.(CITc §15 ② No.4) 이전비용에는 이전절차 수행을 위해 지급된 수수료, 증권회사에서 지정한 증권보관비용, 수탁자가 영수한 증권 위탁 수수료, 거래비용, 매매 계약의 협상과 체결을 위한 비용과 기타 증빙이 있는 기타 비용을 포함한다.(CITc §15 ② No.5)

③ 증권양도소득의 구분

증권양도소득은 기타소득으로 구분되고 법인세가 과세된다.(CITc §15 ② No.6)

3.6 부동산 양도소득금액의 계산

(1) 부동산 양도소득의 범위

부동산양도소득이 있는 법인과 토지임차로 소득을 가지는 부동산법인은 부동산양도소득에 대해서 법인세납세의무가 있다.(CITc §16 ①)

부동산양도소득은 토지사용권 또는 토지임차권의 양도소득과 아래의 차익을 포함한다. 토지사용권과 토지임차권과 관련된 프로젝트 이익, 기간시설이나 구축물 유무와 상관없이 토지법에 의한 부동산법인의 토지 임차로부터 이익, 토지사용권과 임차권의 이전과 관련없이 토지에 있는 집이나 빌딩(소유권이 구분된 경우)의 이전 차익, 주택소유권과 사용권의 양도소득, 하지만, 토지의 재임대로 인한 소득이 있는 부동산법인은 토지위의 주택임차, 기반시설과 빌딩으로부터 발생하는 과세소득은 과세되지 아니한다.(CITd §13, CITc §16 ②)

(2) 과세대상 부동산 양도소득금액

부동산 양도소득금액은 아래와 같이 계산한다.(CITc §17)

> 부동산 양도소득금액 = 부동산 양도소득 - 양도 부동산의 이월결손금

① 부동산 양도소득금액

부동산 양도소득금액은 부동산 양도소득에서 부동산 취득원가와 부동산 이전관련 비용을 차감한 금액을 의미한다.(CITc §17 ①)

ⓐ 부동산양도소득(CITc §17 ① a No.1)

부동산 양도소득은 매매계약에 따라 실제 부동산매매가격에 추가비용과 기타수수료를 포함하여 결정된다. 토지사용권의 양도가액은 이전시점에서 지방인민위원회에서 규정한 토지기준시가보다 더 낮다. 토지기준시가가 우선 적용된다.(CITd §14 ①)

---

1. 소득수입시기는 매도자가 부동산을 매수자에게 인도하는 때이다. 이때 매수자가 관계 당국에 그 재화 또는 토지사용권에 대한 등록여부는 고려하지 아니한다.
2. 법인이 일정에 따라 고객으로부터 할부금을 징수하는 기반시설이나 주택 건설하기 위한 투자에 국가토지를 사용하거나 임대한 경우, 소득의 인식시기는 아래와 같이 각각의 할부금을 징수한 때이다.
   - 법인이 소득에 따라 비용을 결정할 수 있는 경우(소득에 따라 건설중 작업을 위한 추정 원가 포함), 과세소득은 소득에 관련 원가를 공제하여 계산한다.
   - 법인이 관련 비용을 소득에 대응해서 결정할 수 없는 경우, 징수한 금액에서 1%를 법인세로 납부해야 한다. 징수한 금액은 그 사업연도에 일반 과세소득으로부터 제외한다.

ⓑ 일부 경우에 과세소득 계산을 위한 소득(CITc §17 ① a No.2)

법인이 토지를 재임대하는 경우, 소득은 임대계약에 임대인이 주기적으로 지급받은 임대료이다. 임대인이 수년 동안 선급임대료를 지급하는 경우, 선급임대료로 지급된 임대료를 임대연수동안 안분하여 소득을 인식하거나 선급임대료 총액을 한꺼번에 소득으로 인식한다. 일시불로 지급된 수입은 법인이 국가에 모든 재정의무를

충족하거나 토지재임대계약을 완료될 때까지 임차인에게 의무를 보증하는 경우에 한해 인정될 수 있다. 조세감면을 받는 법인이 임차인에게 수년치 임대료를 미리 징수한 경우, 각각 사업연도에 감면되거나 줄어든 법인세 금액은 관련연도 총 법인세 금액에서 관련 연도 수를 나눈 금액이다.

금융기관이 주택융자보증으로 토지사용권을 받은 금융기관이 토지사용권을 이전할 때, 수입은 관련 당사자와 합의된 토지사용권의 양도가액이다.

압류된 토지사용권이 법원결정으로 매각될 때, 수입은 관련 당사자들 합의된 토지사용권의 양도가액이거나 평가위원회에 의해 결정된 가격이다.

ⓒ 부동산이전 비용(CITc §17 ① b)

해당 과세연도의 부동산소득을 결정하기 위해 공제되는 비용은 당 이익과 연관있어야 하고 비용공제 조건을 충족해야 한다. 그렇지 않으면 공제되는 비용으로 인정되지 않는다.(CITc §6)

투자 프로젝트가 공정률에 따라 부분적으로 완성되고 점진적으로 이전되는 경우, 당 프로젝트의 완성된 부분을 위한 공통비와 직접비는 이익을 결정하기 위해 이전된 토지의 제곱미터를 기준으로 안분할 수 있다. 이 비용에는 내부 도로와 수목식재, 상수 공급 공사와 하수시스템과 변전소, 토지 소유권에 대한 보상 및 재정착 지원금, 토지정지작업, 재무부에 반환될 토지사용료와 토지임차료, 토지사용권 이전과 관련된 토지에 관한 기타 투자비용을 포함한다. 그러한 비용은 아래 공식에 따라 배분된다.

$$\text{배분 비용} = \frac{\text{인프라 투자 관련 총 비용}}{\text{당 프로젝트 관련 총 토지면적(토지법에 따라 공공목적으로 사용되는 토지면적 제외)}} \times \text{이전된 토지면적}$$

이전되지 않은 프로젝트 관련 토지면적의 부분이 다른 사업목적으로 사용되는 경우, 공통비는 다른 사업목적으로 사용된 토지면적에도 배분되어야 한다.

법인이 기반시설에 수년간 투자하고 있으며 전체 작업이 끝나야 기반시설의 가액을 결정할 수 있을 때에는, 이전된 토지면적관련 이전비용을 계산하기 위해서 법인은 가정으로 실제 인프라 투자비용을 위의 공식에 따라 이전된 토지면적의 비율로 배부한다. 그리고 그 비용을 소득에서 공제한다. 그런 다음 건설투자 종료 후에, 법인은 기반시설의 총가액의 비율로 이전된 토지면적에 기배부되고 공제된 비용을 조정할 수 있다. 기납부법인세가 부동산이전과 관련해서 납부해야 할 세금보다 많은 경우, 법인은 향후 법인세 납부액에서 초과된 금액의 법인세를 상계할 수 있다. 기납부법인세가 부족한 경우에는 법인은 법인세를 추가로 납부해야 한다.

특별히, 부동산이전비용에는 아래의 항목이 포함된다.(CITc §17 ① b No.2)

1. 아래와 같이 토지사용권 취득원가가 있는 양도되는 토지의 원가
   - 토지사용료나 임차료를 국가에 의해서 징수된 배분되거나 임대된 토지 : 국가에 실제로 면제된 토지사용료나 토지사용임차료
   - 다른법인이나 개인으로부터 이전된 토지사용료 : 토지사용료나 토지임대료를 받기 위해서 계약상, 법률상 지급금액. 계약서와 지급서류가 유효하지 않다면, 법인이 이전된 부동산을 받은 시점에 지방정부인민위원회가 공표한 표준가격
   - 자본전입된 토지 : 자본전입에 대해서 자산평가서에 적시된 토지임대권과 사용권의 가액
   - 법인이 국가토지와 건설현장을 교환하는 경우 : 그러한 토지원가는 다른 규정들을 적용할 수 없다면 교환된 작업장의 가액에 기초한다.
   - 토지사용권이나 토지임차권의 경매의 경우 : 경매낙찰가
   - 민법에 따라 상속되거나 기증받은 토지 : 상속이나 기증시에 정부가 규정한 표준가격을 기준으로 지방인민위원회에서 결정된 토지가액. 1994년 이전 상속되거나 기증된 토지의 경우, 1994년에 지방인민위원회에서 결정된 토지가액을 기준으로 토지원가가 결정된다.
   - 담보대출로 저당잡힌 토지나 법인 결정에 의해서 압류된 토지 : 아래 지침에 따라 사례별로 토지원가가 결정된다.
2. 토지피해보상금 또는 작물피행보상금
3. 토지소유권 보상, 지원 및 재정착비. 그러한 비용에 대한 입증증빙서류가 없는 경우, 수령자의 성명과 주소, 보상금액 등을 특정하고 목록을 만들어야 한다. 그 목록은 관련 기관에 공인을 받아야 한다.
4. 법에 의해 제공된 토지사용료의 교부와 관련된 요금 및 수수료
5. 토지개량 및 평탄화 비용
6. 도로, 전선, 상하수도시설, 우편 및 통신 설비 등의 기간시설 건설 비용
7. 기간 시설과 조형물의 가액
8. 이전된 부동산과 관련된 기타 비용

다른 종류의 사업을 수행하는 법인은 각각의 사업별로 구분하여 비용을 경리할 수 있다. 구분경리를 수행하지 않는 경우, 공통비는 법인의 전체비용중에 부동산 관련 소득의 비율만큼 배분한다. 국가나 다른 자본원천으로부터 지급된 비용은 부동산 관련 비용에 포함할 수 없다.

(3) 부동산 양도소득금액에 대한 과세

해당 과세기간에 부동산양도에 대한 법인세는 부동산 양도소득금액에 일반 법인 세율 20%를 곱하여 계산한다.(CITc §17 ②)

부동산 양도소득은 구분하여 신고하며 조세특례를 적용하지 않는다. 부동산 양도소득에 대한 법인세는 양도하는 부동산이 소재하는 관할세무서에 신고해야 한다.(CITc §17 ③)

① 금융기관의 의무

대출담보로 부동산을 받은 금융기관은 법에 의해 그러한 부동산이 이전될 때 부동산 양도소득에 대해서 법인세 신고 및 납부를 해야 한다. 대출담보 부동산이 경매에 넘어간 때에는, 규정에 따라 경매로부터 수입금에 대해서 법인세를 신고납부해야 한다. 대출을 받기 위해 저당잡힌 부동산을 이전시 금융기관이 그 부동산 원가를 알 수 없을 때, 그 부동산 원가는 부동산담보계약의 대출금에 미지급이자와 부동산이전 관련 비용을 가산한 금액과 동일하다고 간주한다.(CITc §17 ④)

② 경매의 경우

집달관(판결집행기관)이 부동산을 경매를 위해 압류할 때, 경매로부터 수입금은 판결집행에 배부된다. 부동산경매 당국은 부동산 양도소득에서 법인세를 공제하고 재무부에 납부해야 한다. 그리고 세무신고서와 납부증명서도 첨부해야 한다. 경매기관이 그 부동산 원가를 결정하지 못하는 경우에는, 법원결정에 의해 지불해야할 채무에 부동산이전관련 비용을 가산해서 결정된 금액으로 간주할 수 있다.(CITc §17 ⑤)

(4) 부동산 양도소득의 세무신고

과세소득 계산을 위해 소득을 결정할 시기는 부동산을 인도한 때이다. 할부 회수

의 경우에는, 소득 결정 시기는 그 관련 회수한 때이다.(CITd §14 ②)

부동산이전의 경우, 법인세는 예정 법인세를 납부해야 하고 그후 확정 납부해야 한다. 예정납부법인세가 확정법인세보다 적은 경우, 법인은 추가적으로 법인세를 납부해야 한다. 예정납부세액인 납부해야 할 법인세보다 많은 경우에는 차기사업연도 납부세액에서 상계하던가 환급을 받을 수 있다. 부동산법인이 일정에 따라 고객으로부터 미리 대가를 받는 경우, 관련 사업연도에 법인세를 계산하여 총수입분에 각수입비율에 따라 예정신고 및 납부를 해야 한다. 그리고 일정에 따라 그 대금회수연동 동안, 각 수입 금액의 비율만큼 광고비, 마케팅, 판매촉진 또는 중개수수료에 대한 비용을 배분할 수 있다. 그러한 비용이 발생한 연도에 전부를 공제할 수는 없다.(CITc §17 ① a No.1)

4 비용의 공제

4.1 공제되는 비용

(1) 사업소득과 관련되는 비용

법인은 다음 조건을 충족하는 비용을 공제할 수 있다.(CITA §9 ①, CITd §9, CITd §6 ②)

① 법인의 사업활동과 관련하여 발생된 다음과 같은 비용
  • 국방교육 및 안보훈련 의무, 국방활동의무, 기타 국방안보의무를 이행하기 위한 비용, 법인 내 공산당 및 사회정치단체 활동을 위한 비용
  • 사업장의 에이즈 예방활동비용으로 에이즈예방교육, 근로자 에이즈예방토론모임, 에이즈 검사 · 자문, 에이즈감염근로자지원을 위한 비용 포함
② 적정 계산서 및 증빙을 갖춘 비용. 직접 채취하거나 파는 농임수산업 재화의 매입, 황마, 사초, 대나무, 등나무, 밀짚, 코코넛껍질로 만들거나 농산물을 활용한 수공예품의 제조자로부터 직접 매입, 개인이나 가계가 직접 채취하여 판매하는 흙, 돌, 모래 및 자갈의 매입, 수집자로부터 폐품의 직접 매입, 개인이나 가계가 직접 판매하는 가구나 재산의 매입, 사업자가 아닌 개인이나 가계로부터 용역의 매입의 경우 판매인에게 지급한 영수증과 매입한 재화 · 용역의 목록이 있어야 한다.

③ 한 건의 매입금액이 2천만동(부가가치세 포함) 이상인 경우 현금 이외의 지급증빙이 있어야 한다. 다만, 국방안보의무, 근로자 에이즈예방활동, 법인 내 정당 및 사회정치단체 활동지원, 공공기관이나 비영리법인이 제공하는 경우는 제외한다.(CITc §1 b)

- 2천만동 이상 재화용역을 매입하고 대가를 지급하지 않은 경우에도 매입시점에 공제받을 수 있다. 다만, 그 이후 현금 이외의 지급증빙을 갖추지 않은 경우 현금처리한 과세연도에 해당비용을 불산입한다.
- 사업활동과 관련하여 재화용역을 매입하고 현금등록기에 의하여 발행된 계산서를 수취하는 경우, 지급대가가 2천만동 미만이면 현금을 지급한 때에도 비용으로 산입할 수 있다.

> **Case** 비용의 공제
>
> 2014년 8월 A사는 재화를 3천만동에 매입하고 계산서를 수취하였으나 대가를 아직 지급하지 않았다. 2014과세연도에 A사는 매입대가를 비용으로 산입한다. 2015년에 A사는 대가를 현금으로 지급한다. 이 경우, A사는 현금으로 지급한 과세연도에 그 매입대가를 비용에서 제외한다.(2015과세연도)

(2) 부동산양도와 관련된 비용

부동산양도와 관련된 아래 비용은 공제될 수 있다.(CITd §14 ③)

① 토지사용권 취득원가를 기준으로 다음과 같이 결정되는 양도토지의 취득원가
- 토지사용 수수료나 임대료를 조건으로 양도하는 토지 : 국가에 지급하는 토지사용 수수료나 임대료의 총액
- 다른 법인이나 개인으로부터 사용권이나 임차권을 취득하는 토지 : 양도시점에 해당 지역의 인민위원회가 고시하는 기준시가
- 현물출자하는 토지 : 현물출자약정에 따른 가격
- 상속, 증여, 제공, 기부 받은 것으로 취득가액이 없는 토지 : 상속 등의 시점에 해당 지역의 인민위원회가 고시한 기준시가(1994년 이전 상속 등의 경우 1994년 기준시가를 적용)

② 국가가 토지를 복원하는 경우 지급하는 보상비나 지원비

③ 토지사용권을 불하받기 위한 수수료나 공과금

④ 토지형질개선이나 토지정리 비용

⑤ 지상 구조물이나 구축물의 가치

⑥ 양도하는 토지와 관련된 기타비용

4.2 공제되지 않는 비용

다음과 같은 비용은 공제하지 않는다.(CITA §9 ②, CITd §9 ②, CITc §6 ②)

(1) 사업활동과 관련되지 않는 비용

사업활동과 관련되지 않는 비용은 공제되지 않는다. 법인이 자연재해, 질병, 태풍 및 기타 재난에 따른 손해에 대하여 비용을 지출하는 경우 그러한 비용은 공제된다. 이 경우, 법인은 자연재해 등에 의한 손해액을 결정하여야 하며, 손해액에서 보험업자 등이 보상하는 금액을 차감한다.(CITc §6 ② No.1) 진부화하거나 파손된 재화에 대하여 보상받을 수 없는 경우, 해당 손실을 비용으로 공제한다. 이 경우 관련 증빙을 보관하여 관할세무서장이 요구하는 경우 제출하여야 한다.

(2) 증빙이 없는 재화·용역 매입비용

법인이 판매자로부터 아래와 같은 증빙을 받지 않고 재화·용역을 매입하는 경우, 해당 법인은 가격을 입증하는 증명서류를 갖추어 비용에 산입할 수 있다. 다만, 현금 이외 지급수단으로 지급하는 경우에는 증명서류를 갖출 필요가 없다. 증명서류의 매입가격이 매입당시와 같거나 비슷한 재화·용역의 시가보다 높은 경우 관할세무서장은 시가에 따라 공제비용을 조정할 수 있다.(CITc §6 ② No.4)

① 재배자나 채취자가 직접 파는 농임수산물

② 제조자가 직접 판매하는 황마, 사초, 대나무, 등나무, 밀짚, 코코넛껍질로 만들거나 농산물을 활용한 수공예품

③ 채취자가 직접 판매하는 흙, 돌, 모래 및 자갈

④ 수집자가 직접 판매하는 폐품

⑤ 사업자가 아닌 개인이나 가계가 직접 판매하는 재화·용역

⑥ 수입금액이 부가가치세 과세대상(연간 1억동) 미만인 가계 또는 개인 사업자가 직접 파는 재화·용역

(3) 개인으로부터 증빙 없이 임차하는 경우

법인이 개인으로부터 자산을 임차하는 경우 임차계약이나 임차료지급증빙을 갖추어 비용을 공제받을 수 있다. 법인이 개인으로부터 자산을 임차하면서 계약에 따라 개인이 납부하여야 할 조세를 대신 납부하는 경우 그에 대한 증빙이 있으면 법인의 비용으로 산입할 수 있다. 계약에 따라 임차료에서 부가가치세나 개인의 조세를 제외하고 있지만 실제로 조세를 대신 납부하는 경우에도 마찬가지이다.(CITc §6 ② No.5)

(4) 근로자의 급여 및 상여

다음과 같은 급여 등은 비용으로 산입하지 않는다.(CITc §6 ② No.6)

① 과세연도으로의 비용 계상하였으나 실제로 지급하지 않았거나 또는 지급증빙이 없는 근로자의 급여나 상여

② 근로계약, 노동합의, 이사회가 결의한 법인내규 및 상여규정에 명시되지 않은 근로자의 급여 및 상여, 보험료. 다만, 다음과 같은 경우 비용에 산입한다.

  • 근로계약에 따라 외국인근로자 자녀의 학비(유치원부터 고등학교)를 급여에 포함하여 지급하는 경우

  • 근로계약에 따라 근로자의 주택구입자금 등을 급여에 포함하여 지급하는 경우

  • 외국법인과의 계약에 따라 베트남법인이 외국인근로자가 베트남에서 용역을 제공하는 기간 동안 주거비용을 부담하는 경우

③ 해당연도 법인세 신고서를 제출할 때까지 지급하지 않은 근로자 급여 및 상여. 다만, 법인이 해당 급여 등에 대하여 준비금을 설정하는 경우는 제외한다. 급여준비금은 연간급여총액의 17%까지 설정할 수 있다. 연간급여총액이란 해당연도 법인세신고서를 제출할 때까지 연간 지급한 급여 등의 총액에서 직전연도의 준비금

을 제외한 금액을 말한다. 준비금은 소득금액의 범위에서 설정하여야 하며, 준비금 설정으로 결손을 계상할 수 없다. 과세연도 개시 후 6개월 이내에 전년도에 설정한 급여준비금을 사용하지 않는 경우 해당금액을 해당 과세연도에 비용에서 차감한다. 예를 들면, 2014년 A사는 급여준비금 100억동을 계상한다. 2015.6.30.까지 A사는 급여준비금 70억동을 사용한다. 이 경우 2015년 준비금 미사용액 30억동을 비용에서 차감한다. A사는 2015년 법인세신고서에서 다시 급여준비금을 설정할 수 있다.

④ 사적회사, 또는 개인 1인이 소유하는 유한회사 소유자의 급여나 상여, 사업활동에 직접 참여하지 않는 주주나 이사회 구성원의 급여

(5) 회사규정을 위반한 근로자의 여행경비

근로자의 업무여행을 위한 숙박비 및 여행비는 적격증빙을 갖추고 회사규정에 따르는 경우 비용에 산입한다. 2천만동 이상의 여행경비를 근로자 개인의 은행카드로 결재하는 경우 현금 외 지급수단으로 지급한 것으로 보며 아래 요건을 충족하면 비용에 산입한다. 법인이 웹사이트를 통하여 근로자의 항공권을 매입하는 경우 근로자의 이름이 표시된 전자 항공권, 탑승권 또는 현금 외 지급수단 영수증을 적격증빙으로 본다.(CITc §6 ② No.9)

---

1. 재화·용역의 공급자가 발행하는 적격증빙이 있을 것
2. 법인에서 사업여행을 지시하였을 것
3. 회사지침에 따라 근로자가 여행경비 및 항공비를 개인은행카드로 지급하고 회사로부터 변제받을 것

---

(6) 한도를 초과하는 비용

다음과 같은 비용의 경우 사업활동에 사용하지 않거나 한도를 초과하는 경우 비용에 산입하지 않는다.(CITc §6 ② No.10)

① 다음과 같은 여성근로자를 위한 추가지출
  • 현재 일자리에 적합하지 않은 여성근로자의 직업훈련. 이에는 교육비 및 통상

급여와의 차액을 포함한다.

- 법인이 관리하고 운영하는 유치원 교사의 급여 및 상여
- 직업병, 만성병, 여성검진과 같은 건강검진 추가비용
- 첫째 및 둘째 아이 출산 추가수당
- 출산 후 육아휴직을 하지 않은 여성근로자의 시간외수당. 육아휴직 중 여성근로자가 수취하는 대가에 기초한 업무급여 포함

② 소수민족 근로자의 추가급여. 이에는 교육비 및 통상급여와의 차액, 국가가 보전하지 않는 주택수당, 사회보험 및 건강보험을 포함한다.

(7) 연금기금 기여금

1인당 월 1백만동을 초과하여 불입하는 자발적 연금기금 기여금, 또는 근로계약조건, 근로단체협약, 또는 이사회가 정한 보상규정을 초과하여 매입하는 근로자 연금보험증권의 경우, 법인이 의무보험(의무보험료의 납입 포함)을 납입하지 않으면 비용에 산입할 수 없다.(CITc §6 ② No.11)

(8) 과소자본에 대한 이자

출자계획에 따라 이루어지는 자본금에 해당하는 차입금(사적회사의 경우 투자자본)의 이자는 비용으로 산입하지 않으며, 법인이 이미 활동 중인 경우에도 마찬가지이다. 투자기간 중 자산원가 또는 건설투자에 포함된 차입금의 이자는 비용으로 산입하지 않는다. 충분한 자본금을 출자받은 법인이 사업활동 중에 다른 법인에 투자하기 위하여 빌린 차입금에 대한 이자를 지급하는 경우 비용에 산입한다. 자본금에 해당하는 차입금 이사는 나음과 같이 판단한다.(CITc §6 ② No.18)

① 차입금의 금액이 자본금 이하인 경우 차입금 이자의 전부를 비용으로 공제한다.

② 차입금의 금액이 자본금을 초과하는 경우

- 여러 종류의 차입금이 있는 경우 공제하지 않는 이자 : 이자총액 × (자본금/차입금)
- 한 종류의 차입금이 있는 경우 공제하지 않는 이자 : 이자율 × 자본금

(9) 실제 지출하지 않은 미지급비용

고정자산의 주기적 수선비용, 계약의무이행, 자산임차료 및 기타 미지급비용과 같은 발생비용을 실제 지급하지 않고 계상하는 경우, 해당 수입금액에 비례하여 비용으로 산입하여야 한다. 이 경우 계약 등이 종료되는 때에 적격증빙에 따라 실제비용을 계산하여 해당 과세연도에 발생비용을 증액하거나 감액한다. 고정자산의 주기적 수선비용은 분할하여 해당 과세연도의 비용으로 산입하며, 실제비용이 계상한 수선비용보다 크다면 그 차액을 비용으로 산입한다.(CITc §6 ② No.20)

(10) 외환평가손 및 외화거래손

해당 과세연도의 외환평가손실(현금, 예금 및 외화채권으로 포함하며 외화채무는 제외)은 비용에 산입한다. 사업을 개시하지 않는 신설법인의 투자단계에서 발생하는 투자와 관련된 외화거래손익이나 외화평가손익은 구분계산하며, 해당 고정자산을 사용하게 되는 때에 해당 외화손익을 상계한 후 5년 이내에 분할하여 소득 또는 비용으로 산입한다. 사업활동 중에 발생하는 외화거래손익이나 외화평가손익은 고정자산투자 여부와 상관없이 해당 과세연도의 소득 또는 비용으로 산입한다. 외화채권이나 외화차입금의 외화거래손익은 채권이나 차입금 발생시점의 환율과 변제시점의 환율의 차액을 외화금액에 곱하여 산출하는 금액이다.(CITc §6 ② No.21)

(11) 국내사업장에 배분하는 경영관리비

외국법인은 베트남 국내사업장에 경영관리비를 다음 계산식에 따라 배분할 수 있다.(CITc §6 ② No.27)

$$\text{배분하는 경영관리비} = \frac{\text{국내사업장 수입금액}}{\text{외국법인의 총수입금액(외국의 국내사업장 포함)}} \times \text{외국법인 경영관리비 총액}$$

경영관리비는 외국법인의 국내사업장이 베트남에 설립된 때부터 배부한다. 외국법인의 비용은 감사보고서의 재무제표에 따라 결정되며, 국내사업장에 배부되는 비용은 경영관리비에 해당하는 금액으로 제한된다. 베트남 국내사업장이 기장을 하지 않고 적격증빙을 수취하지 않거나 조세를 납부하지 않는 경우 경영관리비를 배부할 수 없다.

(12) 사업과 관련되지 않지만 공제하는 비용

사업과 관련되지 않는 비용은 공제되지 않는다. 다만, 다음의 경우에는 제외한다. (CITc §6 ② No.30)

① 사업장의 에이즈 예방비용. 이에는 에이즈 예방교육, 예방활동, 자문, 검사, 감염자지원 비용을 포함한다.

② 군사활동 및 기타 국방안보의무를 위한 군사교육훈련 비용

③ 법인 내 공산당 및 사회정치단체 활동비용

④ 근로자 직업교육훈련 비용. 이에는 강사, 교보재, 실습재료, 신입직원훈련 비용을 포함한다.

⑤ 근로자 복지비용. 이에는 근로자 가족의 행사, 휴가수당 및 의료비용지원, 직업훈련, 천재지변, 전쟁, 사고 및 질병에 대한 지원, 근로자 자녀 학비지원, 근로자 휴가여행비 지원, 실업보험, 건강보험 및 기타 근로자를 위한 선택보험(생명보험 및 자발적 연금보험 제외), 기타 복지비용을 포함한다. 과세연도에 발생한 복지비용총액이 해당 과세연도의 1개월 평균급여액을 초과할 수 없다. 1개월 평균급여액이란 연간급여총액을 12(사업활동기간이 12개월 미만인 경우 사업활동의 개월수)로 나눈 금액을 말한다. 연간급여총액이란 연간 법인세신고서를 제출할 때까지 연간 지급한 급여총액에서 직전연도의 급여준비금을 차감한 금액을 말한다.

(13) 교육 후원금 등

다음과 같은 교육후원금 등은 비용으로 산입한다. 다만, 정당한 수혜대상이 아니거나 적격증빙이 없는 경우 비용에 산입하지 않는다.(CITc §6 ②)

① 교육(직업훈련 포함) 후원금. 이는 정규교육의 공립이나 사립학교의 후원금을 말하며, 학교 지분매입이나 출자, 학교 강의나 수강을 위한 기반시설 및 장비의 후

원, 의무교육기관, 직업교육기관, 고등교육기관의 학생 후원(직접 또는 교육기관을 통한 후원 포함), 수강생이 참여하는 학교의 경쟁후원, 교육법에 따른 장학기금조성을 위한 후원은 제외한다.

② 건강관리 후원금. 이는 의료장비 후원금을 말하며, 의료장비 지분매입이나 출자, 의료장비 및 의약품 후원금, 법원 및 의료센터의 운영 후원금, 후원금모집단체를 통한 환자후원은 제외한다.(No.23)

③ 재난극복 후원금. 이는 재난을 당한 개인 또는 모금활동단체에 지급하는 현금 또는 현물 후원금을 말한다.(No.24)

④ 영세민주택, 공동주택 및 극빈자 숙소 건설 후원금. 영세민주택 후원금은 영세가구에 지원한다. 현금 또는 현물 후원금을 직접 또는 모금활동단체를 통하여 지원한다.

⑤ 과학기술법에 따른 과학연구나 상여정책의 후원금, 국가프로그램으로 운영되는 사회경제열악지역 후원금(교량신설 후원금 등)(No.26)

⑥ 지방정부, 협회나 사회단체, 자선단체 후원금(No.32)

(14) 기타 공제되지 않는 비용

그 밖에 다음과 같은 비용을 공제하지 않는다.(CITc §6 ②)

① 국가가 허용하는 한도를 초과하는 원재료, 연료, 에너지, 재화의 소비(No.3)

② 근로자 의복의 현물지원은 비용에 산입하지만, 1인당 현금 5백만동을 초과하는 현금지원은 공제받을 수 없다. 법인이 현물 및 현금을 동시에 지원하는 경우 현금은 5백만동을 초과할 수 없으며 현물은 증빙을 갖추어야 한다. 특정산업의 경우 해당비용은 재무부령으로 정하는 요건을 충족하여야 한다.(No.7)

③ 규정에 없거나 평가위원회가 없는 경우의 아이디어나 혁신 상금(No.8)

④ 규정에 반하는 근로자 대가의 중복지급(No.12)

⑤ 행정기관에 대한 기여금(No.13)

⑥ 협회에서 부과하는 회비의 경우 공제할 수 있지만, 한도를 초과하는 경우 공제할 수 없다.(No.14)

⑦ 사업자산을 임대하는 가계 또는 개인과의 계약에 따른 전기차나 상수도 요금의

지급은 공제된다. 다만, 임차 법인이 임차계약이나 영수증 없이 전기차나 상수도 공급자 또는 임대인에게 대가를 직접 지급하는 경우에는 공제하지 않는다.(No.15)

⑧ 연간한도를 초과하는 고정자산 임차료의 선급금.(No.16) 예를 들면, A사는 고정자산을 4년간 임차하기 위하여 4억동을 일시에 지급한다. 임차료 1억동은 해당 과세연도의 비용으로 산입된다. 다만, 연간 임차료가 1억동을 초과하는 경우 초과금액은 비용으로 산입하지 않는다.

- 임차한 고정자산의 수리비용의 경우 임차기간 동안 임차인이 수리책임이 있는 경우 3년 이내의 기간 동안 분할하여 비용으로 산입한다.
- 유형자산 이외의 무형자산(기술자료, 특허, 기술이전권리, 상표, 영업권, 상표사용권 등) 원가는 3년 이내의 기간 동안 분할하여 비용으로 산입한다.
- 법인이 영업권이나 상표사용권을 현물출자하는 경우 그 원가는 비용에 산입하지 않는다.

⑨ 금융기관이 아닌 법인으로부터 차입하는 사업활동에 사용하는 차입금 이자율이 차입 당시 중앙은행이 발표하는 기준금리의 150%를 초과하는 경우 그 초과액 (No.17)

⑩ 재무부 지침을 따르지 않고 설정하거나 사용하는 충당금, 상품재고평가충당금, 금융투자손실충당금, 채권대손충당금, 보증충당금 및 감정평가법인 및 회계감사 법인의 위험충당금(No.19)

⑪ 과학기술기금 등 다른 준비금으로 충당하는 비용, 골프회원권 매입 및 이용수수료(No.28)

⑫ 인터넷게임, 카지노 사업의 매니저의 급여가 해당사업 수입금액의 4%를 초과하는 경우 그 초과금액(No.29)

⑬ 투자단계에서 고정자산을 창출하는 기반시설개발 원가. 사업활동 초기에 수입금액이 없지만 사업활동을 유지하기 위하여 발생하는 일상적 비용은 비용에 산입한다. 투자단계에서 차입금을 상환하는 경우 그 상환금액은 투자가액에 포함한다. 기반시설개발단계에서 차입금 이자를 지급하면서 예금 이자를 수취하는 경우 상계하여 처리하고, 잔여이자는 투자가액에서 공제할 수 있다.(No.31)

⑭ 주식발행(부채에 해당하는 주식 제외)과 배당(부채에 해당하는 주식에 대한 배당

제외), 자기주식거래와 관련된 비용, 또는 자본의 증감과 관련되는 다른 비용 (No.33)

⑮ 해당 과세연도 정상지급대가를 초과하는 광물추출권 대가. 일시금으로 지급하는 경우 정상지급대가는 전여기간의 광물추출권 평가액에 기초하여 계산한다. 대가를 매년 지급하는 경우, 정상지급대가는 법인이 국가에 매년 지급하는 광물추출권 대가를 말한다.(No.34)

⑯ 보험업, 복권사업, 증권거래 및 그 밖에 재무부장관의 지침에 따른 특정사업의 비용(No.35)

⑰ 교통법규, 사업자등록, 회계기준, 세법 등의 법령 위반으로 인한 벌금이나 과태료 (No.36)

⑱ 공제되거나 환급되는 부가가치세 매입세액, 9인승 이하의 승용차 부가가치세 매입세액, 계약에 따라 외국인계약자의 법인세를 부담하기로 한 법인이 대신 납부하는 법인세, 법인이 소득세를 부담한다는 근로계약이 없이 근로자를 대신하여 법인이 납부하는 소득세(No.37)

⑤ 고정자산 및 감가상각

5.1 고정자산의 분류

고정자산은 유형자산 및 무형자산으로 구성되며, 자산의 사용으로 미래효익이 발생되며 그 사용기간이 1년 이상이고 취득원가가 3천만동 이상이라는 3가지 요건을 충족하여야 한다.(CITc13 §3 ① · ②)

(1) 고정자산의 세무처리 원칙

법인은 고정자산을 구분기장 하여야 하며, 고정자산의 매입 운송장, 계약서 및 계산서와 기타 관련서류를 보관하여야 한다.(CITc13 §5 ①) 고정자산의 취득원가, 감가상각누계액 및 잔존가액을 기장하여야 한다.(CITc13 §5 ②)

고정자산의 잔존가액 = 취득원가 - 감가상각누계액

(2) 고정자산의 분류

법인은 고정자산을 아래와 같이 유형자산과 무형자산으로 분류한다. 법인의 필요에 따라 고정자산을 세분하여 분류할 수 있다.(CITc13 §5 ① · ④)

① 사업에 사용하는 유형자산

법인은 유형자산을 다음과 같이 분류할 수 있다.

유 형	구체적 내용
유형 1	건물 및 구축물. 건설과정을 거쳐 완성되는 것을 말하며, 사무실, 창고, 담장, 급수탑, 야적장, 건물내장, 도로, 교량, 철도, 비행장, 부두, 조선소 등
유형 2	기계 및 장치. 기업의 사업활동에 쓰이는 모든 기계장치를 말하며 제조공장의 기계장치, 석유가스의 시추기, 크레인, 제조라인 및 기계 등
유형 3	운송수단 및 운송장비. 철도, 수도, 도로, 기체 및 액체 운송파이프라인, 정보통신 및 전기 시스템, 컨베이어 등
유형 4	장비 및 관리 도구. 법인의 사업활동을 관리하기 위한 것으로 컴퓨터, 전자장비, 축정 및 품질관리 도구, 제습기, 진공청소기, 해충구제기 등
유형 5	다년생 과수 및 식용 및 생산용 동물. 커피, 차, 고무 농장, 과수원, 초지, 잔디떼, 코끼리, 말, 버팔로 및 소 등
유형 6	기타 유형자산. 위에서 열거하지 않은 유형자산을 말하며 영화필름 등

② 무형자산

토지사용권, 특허, 발명, 문학, 예술 · 과학 작품, 비디오 및 오디오, 방송프로그램, 위성송출프로그램, 공업디자인, 영업비밀, 상표권, 상호, 식물 및 동물의 종자

③ 공익목적으로 사용하는 고정자산

법인은 복지, 보안, 국방 목적으로 사용하는 고정자산을 소유할 수 있으며, 일반적인 유형자산의 분류에 따라 기장한다.

④ 보관하는 고정자산

법인은 법령에 따라 다른 법인이나 국가를 위하여 고정자산을 보존, 보관 또는 저장할 수 있다.

5.2 고정자산의 취득원가

고정자산의 취득원가는 다음과 같이 결정된다.(CITc13 §4)

(1) 유형자산의 취득원가

① 매입한 유형자산

매입한 유형자산(중고 포함)의 취득원가는 조세(환급세액은 제외) 및 고정자산을 사용하는 데 드는 직접원가(지급이자, 운송하역, 개량, 설치 및 시운전, 등록 비용등)를 포함한 실제 지급대가이다.(CITc13 §4 ① a No.1)

외상이나 할부로 유형자산을 매입하는 경우 취득원가는 유형자산을 사용하는 상태로 취득할 때까지의 비용(조세, 운송, 시운전 및 등록 비용 등)을 포함하는 실제 지급대가이다.(CITc13 §4 ① a No.2)

토지사용권과 관련된 건물 및 구축물을 매입하는 경우, 요건을 충족하는 경우 토지사용권은 무형자산으로 구분기장 하여야 한다.(CITc13 §4 ① a No.3)

토지사용권과 관련된 건물 및 구축물을 매입한 후에 신축으로 하기 위하여 건물 등을 철거하는 경우 토지사용권은 무형자산으로 구분기장하여야 한다. 신축하는 유형자산의 취득원가는 건설의 총원가로 계상된다.(CITc13 §4 ① a No.4)

② 교환으로 취득한 유형자산

다른 유형자산과 교환하여 취득한 유형자산의 취득원가는 취득한 유형자산의 시가 또는 제공한 유형자산의 시가에 추가로 지급하거나 수취하는 대가를 가감하고, 조세(환급세액 제외) 및 기타 관련비용을 더한 금액으로 한다.(CITc13 §4 ① b No.1)

비슷한 유형자산과 교환하여 취득한 유형자산의 취득원가는 제공한 유형자산의 잔존가액으로 한다.(CITc13 §4 ① b No.2)

③ 자체적으로 건축하거나 제작하는 유형자산

법인이 자체적으로 건축하는 유형자산의 취득원가는 그 자산을 사용하게 된 때까지 발생한 총원가로 한다. 유형자산을 사용하지만 아직 완성되지 않은 경우에는 취득원가를 그 때까지 발생한 원가로 계상한 후 완성원가에 따라 조정한다.(CITc13 §4 ① c No.1) 자체적으로 제작하는 유형자산의 취득원가는 사용하게 된 때까지 발생한 실제발생원가에 설치, 시운전 및 기타 직접관련비용을 더한 금액으로 한다. 다만, 이익상당액, 시제품가치, 폐기물 및 정상가격을 초과하는 노무비 등은 제외한다.(CITc13 §4 ① c No.2)

④ 건설한 유형자산

건설하는 유형자산의 취득원가는 건설완성원가에 등기 및 기타 비용을 합한 금액이다. 건설한 유형자산을 사용하지만 아직 완성되지 않은 경우에는 취득원가를 그 때까지 발생한 원가로 계상한 후 완성원가에 따라 조정한다.(CITc13 §4 ① d No.1)

⑤ 식물 또는 동물

유형자산이 다년생 과수 등이거나 생산용 또는 식용 동물인 경우, 취득원가는 그 식물이나 동물을 사용하게 된 때까지 발생한 원가로 한다.(CITc13 §4 ① d No.2)

⑥ 자금지원, 제공 또는 증여 받은 유형자산 등

자금지원을 받거나, 제공받거나 또는 증여받은 유형자산의 경우, 또는 확인결과 취득원가가 과대계상된 경우 감정평가기관의 평가액을 취득원가로 한다.(CITc13 §4 ① e)

⑦ 분할되거나 이전되는 유형자산

분할되거나 이전되는 유형자산의 취득원가는 당초 소유법인의 장부상 잔존가액 또는 감정평가기관의 평가액에 취득하는 법인이 지급하는 직접관련비용을 더한 금액으로 한다.(CITc13 §4 ① f)

⑧ 현물출자하는 유형자산

현물출자하는 유형자산이나 출자의 반환으로 지급하는 유형자산은 법인과 주주가 합의한 가격, 또는 감정평가기관이 평가한 가액으로 한다.(CITc13 §4 ① g)

⑨ 금융리스 유형자산

금융리스하는 유형자산의 취득원가는 리스하는 때의 리스자산의 시가에 관련 집적비용을 더한 금액으로 한다.(CITc13 §4 ③)

(2) 무형자산의 취득원가

① 매입한 무형자산

매입한 무형자산의 취득원가는 실제 지급대가에 조세(환급세액 제외), 직접관련비용을 더한 금액이다.(CITc13 §4 ② a No.1) 외상 또는 할부로 매입하는 무형자산의 경우, 취득원가는 매입시점의 매입가액으로 하며 외상 등에 따른 이자상당액을 제외한다.(CITc13 §4 ② a No.2)

② 교환으로 취득한 무형자산

다른 무형자산이나 유형자산과 교환하여 취득하는 무형자산의 취득원가는 취득한 무형자산의 시가 또는 제공한 자산의 시가에 추가로 지급하거나 수취하는 대가를 가감하고, 조세(환급세액 제외) 및 직접관련비용을 더하여 산출한다.(CITc13 §4 ② b No.1) 비슷한 무형자산과 교환하여 취득하는 무형자산의 취득가액은 제공하는 무형자산의 잔존가액으로 한다.(CITc13 §4 ② b No.2)

③ 분할, 제공, 증여, 이전되는 무형자산

분할되거나 제공되거나 증여되는 무형자산의 취득원가는 자산을 사용하게 된 때의 시가에 직접관련비용을 더한 금액으로 한다.(CITc13 §4 ② c No.1) 이전되는 무형자산의 취득원가는 이전하는 법인이 계상한 내용을 승계하며, 취득하는 법인은 이전하는 법인의 취득원가, 감가상각누계액 및 잔존가액을 그대로 계상한다.(CITc13 §4 ② c No.2)

④ 자체적으로 개발한 무형자산

법인이 자체적으로 개발한 무형자산의 취득원가는 그 자산이 완성된 때까지 발생한 직접관련비용의 금액으로 한다.(CITc13 §4 ② d No.1) 법인이 자체적으로 만든 상표, 실용신안권, 고객명단 등을 만들기 위하여 발생한 원가는 해당 과세연도의 비용으로 본다.(CITc13 §4 ② d No.2)

⑤ 토지사용권

토지사용권이란 다음과 같은 것을 말한다. 토지사용권의 취득원가는 토지사용권을 취득하기 위하여 지급한 대가에 토지정리 및 등기(건물등기 제외) 비용을 더한 금액으로 한다. 토지사용권의 지분을 취득하는 경우에는 그 지분가치로 한다.(CITc13 §4 ② e No.1)

> 1. 토지사용료를 지급하고 국가로부터 불하받거나 또는 제삼자로부터 양도받은 토지사용권(일정기간 또는 무기한)
> 2. 2003년 토지법 시행일 이전의 토지임차권으로, 임차료를 임차기간 동안 또는 선급으로 지급하고 잔여임차기간이 5년 이상인 경우

다만, 다음의 경우는 토지사용권으로 보지 않는다.(CITc13 §4 ② e No.2) 부동산회사의 판매나 거래를 위한 건물이나 토지의 경우, 고정자산으로 계상하여 상각할 수 없다.(CITc13 §4 ② e No.3)

> 1. 토지사용료를 지급하지 않고 국가로부터 불하받은 토지사용권
> 2. 임차료를 일시에 지급하는 토지임차(토지사용권 증서가 없는 2003년 토지법 시행일 이후의 토지임차). 이 경우, 임차료는 임차기간 동안 비용으로 산입한다.
> 3. 연간 임차료를 지급하는 토지임차. 이 경우 연간 지급하는 임차료는 임차기간 동안 안분하여 비용으로 산입한다.

⑥ 지식재산권

지식재산권이란 지식재산권법에 따른 저작권, 공업재산권, 종자권 등을 말한다. 이러한 자산의 취득원가는 지급한 비용의 총액이다.(CITc13 §4 ② g)

⑦ 소프트웨어

소프트웨어의 취득원가는 법인이 소프트웨어를 구입하기 위하여 지출한 비용의 총액이며, 관련 하드웨어의 취득원가와 구분한다.(CITc13 §4 ② h)

(3) 취득원가의 변동

고정자산의 취득원가는 다음과 같은 경우에 바뀔 수 있다. 취득원가에 변동이 있는 경우, 법인은 그 이유를 설명하여야 하며 변동에 따른 취득원가, 잔존가액, 감가상각누계액 및 내용연수를 조정하여야 한다.(CITc13 §4 ④)

> 1. 다음과 같은 경우 고정자산의 재평가
>   • 관할 정부당국의 결정이 있는 경우
>   • 사업구조조정, 소유변경, 분할, 합병, 주식의 상장·양도·대여, 유한회사를 주식
>   회사로 변경(또는 그 반대로 변경)
>   • 법인에 현물출자하는 경우
> 2. 고정자산의 개량
> 3. 고정자산의 진부화

(4) 고정자산의 투자, 개선 및 수리

법인이 고정자산의 기능을 개선하기 위하여 지출하는 원가는 취득원가에 가산하며 해당 과세연도의 비용을 계산하지 않는다.(CITc13 §7 ①)

고정자산의 수리비용은 취득원가에 가산하지 않으며 최대 3년까지 비용으로 계상할 수 있다. 주기적 수리의 경우 법인은 예정수리비용을 매년 분할하여 비용으로 계상할 수 있다. 실제수리비용이 예정수리비용보다 큰 경우 법인은 그 차액을 비용으로 산입한다. 실제수리비용이 예정수리비용보다 작은 경우 실제수리비용이 발생한 때에 비용으로 산입한다.(CITc13 §7 ②)

무형자산을 사용한 이후에 그 가치를 향상시키기 위하여 발생한 비용은 취득원가에 가산한다. 그 밖의 비용은 해당 사업연도의 비용으로 산입한다.(CITc13 §7 ③)

(5) 고정자산의 리스

① 운영리스의 경우

운영리스의 경우 임차한 법인이 리스자산을 관리하며 리스료를 해당 사업연도의 비용으로 산입한다. 임대한 법인은 리스자산의 소유권을 가진다.(CITc13 §7 ② a)

② 금융리스의 경우

임차한 법인이 리스자산의 소유권을 가지며, 임대한 법인은 금융제공자이다.(CITc13 §7 ② b) 금융리스계약에서 임차인이 리스기간 동안 리스자산을 수리하기로 약정하는 경우, 수리비용을 취득원가에 포함하여 최대 3년까지 상각할 수 있다.(CITc13 §7 ② c)

5.3 감가상각 내용연수

(1) 감가상각의 원칙

고정자산을 취득한 날 또는 고정자산의 가치가 증가하거나 감소한 날부터 개월수에 따라 감가상각을 한다.(CITc13 §9 ⑨)

건물을 증축하는 경우 법인은 고정자산의 증가액을 추정하여 기장하며, 건물증축이 완료되는 때에 추정가액과 실제가액의 차액을 조정하여 취득원가를 계상할 수 있다. 이 경우 고정자산이 완공되어 증가액을 확정할 때까지 감가상각률을 변경할 수 없다. 감가상각비는 취득원가 증가액을 합하여 잔존상각기간으로 나누어 계산한다.(CITc13 §9 ⑩)

현물출자, 분할, 합병의 경우 감가상각이 완료된 자산을 재평가하는 경우 감정평가기기관이 재평가할 수 있으며 재평가액은 그 자산 취득원가의 20% 이상이어야 한다. 감가상각은 법인이 고정자산을 사용하는 때로부터 시작하여 3년에서 5년 사이에서 법인이 선택하여 관할세무서에 신고하여야 한다.(CITc13 §9 ⑦ No.1) 상장법인의 경우, 주식회사 등록증을 받은 때로부터 감가상각을 시작한다.(CITc13 §9 ⑦ No.2)

국가가 주식의 전부를 소유하는 법인이 주식시장에 상장하기 위하여 할인현금흐름방법에 따라 자산을 평가하는 경우, 고정자산의 실제가액과 장부가액의 차이를 영업권으로 계상하지 않으며 최대 10년까지 상각할 수 있다. 이 경우 해당법인이 주식회사 등록증을 받은 날로부터 상각한다.(CITc13 §9 ⑧)

(2) 유형자산의 감가상각 내용연수

① 감가상각 내용연수의 원칙

아래의 감가상각 내용연수(CITc13 별표 1)는 신규 유형자산에 적용한다. 중고자산의 경우, 내용연수를 다음과 같이 결정한다. 아래에서 시장가격은 매입가격, 실제교환가격, 잔존가액 또는 감정평가액(제공, 증여, 분할 및 이전의 경우)을 말한다.(CITc13 §10 ① · ②)

$$
감가상각\ 내용연수 = \frac{중고자산의\ 시장가격}{동일한\ 신규자산의\ 시장가격} \times 동일한\ 신규자산의\ 내용연수
$$

| 감가상각 내용연수(CITc13 §Annex I) |

고정자산 유형	최소연수	최대연수
A. 기계 및 동력장치		
1. 발전기	8	15
2. 소형발전기, 수력발전기, 열발전기, 풍력발전기, 열병합발전기	7	20
3. 변압기, 전기장치	7	15
4. 기타 전기 기계 및 장치	6	15
B. 기타 기계 및 작업장치		
1. 기계장비	7	15
2. 광산업용 기계장치	5	15
3. 트랙터	6	15
4. 농림업용 기계장치	6	15
5. 물 또는 연료 펌프	6	15
6. 도금 및 녹방지 처리장치	7	15
7. 화학제조 전문장치	6	15
8. 건축재료, 석재류 및 유리재료 제조 전문기계장치	10	20
9. 전자, 광학, 정밀 기계 및 부품 제조 전문장치	5	15
10. 가죽산업, 문방구, 문화상품인쇄에 사용하는 기계장치	7	15
11. 섬유산업 기계장치	10	15
12. 의류산업 기계장치	5	10
13. 종이산업 기계장치	5	15
14. 음식 생산가공 기계장치	7	15

고정자산 유형	최소연수	최대연수
15. 영화 및 건강 산업 기계장치	6	15
16. 통신, 정보, 전자, 컴퓨터 및 텔레비전 관련 기계장치	3	15
17. 의약제조 기계장치	6	10
18. 기타 기계장치	5	12
19. 석유화학공업 기계장치	10	20
20. 석유가스 탐사 및 추출 기계장치	7	10
21. 건설 기계장치	8	15
22. 크레인	10	20
C. 시험 및 측정 도구		
1. 기계성능, 열량 및 음향의 시험 및 측정 도구	5	10
2. 광학 및 스펙트럼 도구	6	10
3. 전기 전자 측정 도구	5	10
4. 물리 화학 측정 및 분석 도구	6	10
5. 방사능 도구 및 장비	6	10
6. 전문 측정장비	5	10
7. 기타 시험용 측정 장비	6	10
8. 주조업계에서 금형	2	5
D. 장비 및 차량		
1. 도로주행 차량	6	10
2. 철도주행 차량	7	15
3. 수로운행 선박	7	15
4. 항공운행 비행기	8	20
5. 파이프라인 운송장비	10	30
6. 재화 선적 및 야적 장비	6	10
7. 기타 장비 및 차량	6	10
E. 경영관리 도구		
1. 계산 및 측정 도구	5	8
2. 경연관리를 위한 기계, 전자통신장비, 컴퓨터소프트웨어	3	8
3. 기타 행정관리 도구 및 수단	5	10

고정자산 유형	최소연수	최대연수
G. 건물 및 구축물		
1. 건물	25	50
2. 휴게실용 가건물, 구내식당, 탈의실, 화장실 및 차고 등	6	25
3. 기타 건물	6	25
4. 창고, 저장탱크, 교량, 도로, 비행장, 주차장, 건조야적장	5	20
5. 제방, 댐, 지하배수로, 수로, 도랑	6	30
6. 항구, 선박수리대	10	40
7. 기타 구축물	5	10
H. 동물 및 과수원		
1. 동물	4	15
2. 기업적인 작물재배지, 과수원, 다년생 과수원	6	40
3. 잔디 및 초지	2	8
I. 그 밖의 유형자산		
K. 그 밖의 무형자산		

② 내용연수의 변경

법인세법 시행규칙에 정한 내용연수 이외의 내용연수를 적용하고자 하는 경우, 해당법인은 다음과 같은 변경이유를 설명하여야 한다.(CITc13 §10 ③ a)

1. 고정자산의 기술적 내용연수
2. 고정자산의 현재 상태. 이는 경과 내용연수, 고정자산의 실제상태 등을 말한다.
3. 고정자산 내용연수의 증감으로 사업 또는 금융기관 차입금 상환에 미치는 영향

재무부장관은 법인이 다음 요건을 충족하는 경우 내용연수의 변경을 승인할 수 있다.(CITc13 §10 ③ b)

1. 그룹의 모회사, 주식의 51% 이상을 국가가 소유하는 회사 또는 국영회사의 경우
2. 주식의 51% 이상을 모회사 또는 관계회사가 소유하는 자회사의 경우

법인은 고정자산의 내용연수를 1회 변경할 수 있다. 내용연수의 연장은 자산의 기술적 내용연수를 초과할 수 없으며, 내용연수의 변경으로 해당연도의 손익을 조정할 수 없다. 법인이 내용연수를 부당하게 변경하는 경우 관할세무서는 변경을 철회하도록 요구할 수 있다.(CITc13 §10 ③ c)

과거에 정해진 내용연수를 가감하여야 할 사유(자산의 개선이나 일부제거 등)가 발생하는 경우, 법인은 해당 사업연도 말에 위에 정한 요건에 따라 내용연수를 조정할 수 있으며 관할세무서에 변경사유를 제출하여야 한다.(CITc13 §10 ④)

(3) 무형자산의 감가상각 내용연수

법인은 무형자산의 내용연수를 결정할 수 있으며 그 내용연수는 20년을 초과할 수 없다.(CITc13 §11 ①)

기한부 토지사용권, 임차 토지사용권의 경우 법인이 임차한 기간을 감가상각 내용연수로 한다.(CITc13 §11 ②) 저작권, 지적재산권이나 종자권의 경우 법에 따라 보호되는 기간을 내용연수로 하며 연장되는 보호기간은 제외한다.(CITc13 §11 ③)

(4) 특별한 경우의 내용연수

건설후운영방식(BOT) 또는 사업협력계약(BCC)으로 투자하는 경우, 내용연수는 고정자산을 사용하는 때부터 기산한다. 건설 중에 해당자산이 간헐적으로 소득을 창출하고 감가상각이 손익에 영향을 미치는 경우 해당법인은 내용연수의 증감을 관할세무서에 신고하여야 한다.(CITc13 §12 ①)

국방이나 안보에 직접 관련되는 군용장비 제조시설의 경우, 국방부장관 및 공안부장관이 해당자산의 내용연수를 결정할 수 있다.(CITc13 §12 ②)

5.4 감가상각방법

> **감가상각방법**
> 1. 정액법
> 2. 정률법
> 3. 생산량비례법

법인은 각 감가상각방법에서 정하는 요건에 맞추어 각 고정자산에 적절한 감가상각방법을 정할 수 있다.(CITc13 §13 ②) 법인이 선택하여 관할세무서에 신고한 감가상각방법은 해당 고정자산의 내용연수 동안 동일하게 적용하여야 한다. 법인이 감가상각방법을 변경하고자 하는 경우, 변경으로 인해 경제적 이익이 발생한다는 사실을 입증하여야 한다. 법인은 내용연수 동안 감가상각방법을 1회에 한하여 변경할 수 있으며 그 사실을 관할세무서에 신고하여야 한다.(CITc13 §13 ④)

① 정액법

정액법이란 매년 일정률을 상각하는 방법이다. 경제효율이 높은 법인은 가속상각률을 적용할 수 있으며, 이 경우 정액법에 따른 상각률의 2배를 초과할 수 없다. 가속상각률을 적용할 수 있는 고정자산은 기계장치, 시험측정장비, 운송수단, 경영관리도구, 동물 및 다년생 과수원을 포함한다. 가속상각의 경우 법인은 사업의 초과소득을 입증하여야 한다. 법인이 정액법에 따른 상각률의 2배 이상의 가속상각률을 적용하는 경우 초과분은 해당연도의 비용으로 산입할 수 없다.(CITc13 §12 ② a)

② 정률법

정률법은 첨단기술사업을 영위하는 법인에 적용한다. 정률법을 적용하는 경우 고정자산은 다음에 모두 해당하여야 한다.(CITc13 §12 ② b)

> 1. 신규 고정자산(중고자산 제외)
> 2. 기계, 장치, 시험측정장비

③ 생산량비례법

생산량비례법은 다음 요건을 모두 충족하는 기계장치에 적용된다.(CITc13 §13 ② c)

> 1. 생산과 직접 관련이 되며
> 2. 생산품의 수량이나 크기를 고정자산의 생산능력에 기초하여 결정하고
> 3. 연간 실제생산량이 생산능력의 100%에 해당하는 경우

5.5 공제되지 않는 감가상각비

다음과 같은 경우 감가상각비를 비용으로 산입하지 않는다.(CITc §6 ②)

① 사업활동에 사용하지 않는 고정자산의 감가상각. 이는 근로자를 위한 휴게실, 구내식당, 탈의실, 목욕실, 의료실, 직업훈련시설, 도서관, 유치원, 스포츠시설 및 그 안에 설치한 가구 및 장비, 급수시설, 주차장, 근로자 셔틀버스, 사택을 말한다. 다만, 사업에 직접 관련되는 직업훈련시설의 감가상각비는 비용으로 산입된다.

② 법인이 소유하지 않은 고정자산의 감가상각. 다만, 리스계약에 따른 고정자산이나 장부에 계상하지 않은 고정자산은 제외한다.

③ 시행규칙에 정한 상각률을 초과하는 감가상각

④ 재평가 후 현물출자하는 고정자산, 재평가 후 분할·합병·회사형태전환으로 이전하는 고정자산의 경우 재평가비용을 자산을 수취하는 법인의 비용으로 산입한다. 고정자산이 아닌 자산의 경우 재평가비용을 자산을 수취하는 법인이 분할하여 비용으로 산입한다.

⑤ 법인이 자체적으로 제작한 고정자산은 제작원가를 기준으로 상각한다.

⑥ 고정자산에 해당하지 않는 기구, 도구 및 재사용물품의 취득원가는 최대 3년까지 비용으로 산입할 수 있다.

⑦ 감가상각이 완료된 고정자산의 감가상각

⑧ 취득원가 16억동을 초과하는 9인승 이하 승용차의 감가상각. 다만, 여객수송, 관광, 호텔업, 전시 또는 시운전용의 경우에는 제외한다. 여객이나 재화, 관광, 호텔업으로 사용하지 않는 민간 항공기나 요트의 감가상각.(여객운송 등의 사업을 등

록하지 않은 법인이 소유하는 항공기나 요트를 말함) 법인이 9인승 이하 승용차를 양도하는 경우 잔존가액은 취득원가에서 감가상각 누적액을 뺀 금액이다. 예를 들면, A사는 60억동에 9인승 이하 승용차를 매입하여 1년 후에 이 승용차를 양도한다. 감가상각액은 10억동이다.(60억동/내용연수 6년) A사는 50억동에 승용차를 양도하며, 이 경우 차익은 없다.(50억동 − (60억동 − 10억동))

⑨ 사업활동과 다른 활동에 공동으로 사용하는 건물의 경우, 다른 사업활동에 사용하는 부분의 감가상각비는 비용으로 산입하지 않는다.

⑩ 법인이 토지사용권을 소유하거나 다른 토지 소유자와 토지임차계약을 하고 건축계약을 하고 건축원가의 지급증빙을 갖춘 경우, 사업활동에 사용하는 사무실, 작업장 및 점포의 감가상각비는 비용으로 산입한다.

⑪ 계절적 원인으로 고정자산의 사용을 9개월 이하의 기간 동안 중단하는 경우, 수리, 재배치, 주기적 수선 때문에 고정자산의 사용을 12개월 이하의 기간 동안 중단하는 경우, 사유가 해소되어 다시 사용하는 경우 해당법인은 그 자산을 감가상각할 수 있다. 이 경우, 관할세무서에서 요구하는 경우 법인은 그 사유를 입증하는 서류를 제출하여야 한다.

⑫ 장기 토지사용권은 감가상각할 수 없다. 다만, 단기 토지사용권의 경우 그 토지를 토지사용기간 동안 사업활동에 사용하는 때에는 분할하여 비용으로 산입하며, 일시적으로 사업활동이 중단되는 경우에도 마찬가지이다.

⑬ 법인이 장기 토지사용권에 수반하는 건물 또는 구축물을 매입하는 경우, 그 토지사용권의 가치를 구분하여 무형자산으로 계상하여야 한다. 토지사용권의 가치는 계약서에 기재한 금액으로 시장가격에 해당하여야 하며 매입시점에 인민위원회가 고시한 기준가격 이상이어야 한다. 장기 토지사용권에 수반하는 건물 또는 구축물의 가액을 구분할 수 없는 경우, 토지사용권의 가격을 인민위원회가 고시한 기준가격으로 산정한다.

6 과세표준의 계산

6.1 과세표준의 계산

법인세는 다음과 같이 과세표준에 법인세율을 곱하여 산출한다.(CITA §5 · §6, CITd §6, CITc §3 ① a)

소득금액 ＝ 사업수입금액－비용＋기타소득＋국외원천소득
△ 비과세소득
△ 이월결손금
＝ 과세소득
△ 과학기술개발기금 기여금
＝ 과세표준
× 법인세율
＝ 법인세 산출세액

(1) 사업소득 과세표준의 계산

과세표준은 과세소득에서 과학기술개발기금 기여금을 차감하여 계산하며, 과세소득은 소득금액에서 비과세소득과 이월결손금을 차감하여 계산한다. 소득금액은 사업수입금액에서 관련비용을 차감하고, 기타소득 및 국외원천소득을 가산하여 계산한다.(CITA §7 ① · ②, CITc §3 ① a, CITc §4 ①)

법인이 여러 사업활동을 하는 경우 사업수입금액은 모든 사업활동의 수입금액을 합한 금액을 말한다. 어느 사업활동에서 손실이 발생하는 경우 법인이 선택한 사업활동의 과세소득과 상계할 수 있다. 이렇게 상계한 후 남은 과세소득에 대하여 법인세를 과세한다.(CITd §6 ② No.1)

(2) 양도소득 과세표준의 계산

부동산, 투자, 투자참여권, 광물탐사 · 추출 · 가공권의 양도소득은 구분하여 계산하고 신고하여야 한다. 이러한 양도로 인하여 발생하는 손실은 해당 과세연도의 사업소득과 상계한다. 법인이 청산절차를 진행하면서 부동산을 양도하여 양도소득이 발생하는 경우 사업활동의 결손금과 상계할 수 있다.(CITA §7 ③, CITd §6 ② No.2)

6.2 이월결손금의 공제

(1) 결손금

① 사업소득의 경우

해당 과세연도에 발생한 결손금이란 부의 과세표준을 말하며, 이전 과세연도에서 이월된 이월결손금은 제외한다.(CITd §7 ①, CITc §9 ①)

② 양도소득의 경우

법인이 부동산, 투자프로젝트, 투자프로젝트권리(광물탐사·추출권 제외)을 양도하여 손실이 발생하는 경우 해당 과세연도의 사업소득 또는 기타소득과 상계할 수 있다. 상계한 후 남은 결손금은 다음 과세연도로 이월할 수 있다.(CITc §4 ② c)

법인이 청산절차를 진행하면서 부동산을 양도하여 양도소득이 발생하는 경우 해당 사업연도의 사업활동의 결손금(이월결손금 포함)과 상계할 수 있다.(CITc §4 ② d)

(2) 결손금의 이월공제

① 사업소득의 경우

법인은 해당 과세연도에 발생한 결손금을 다음 과세연도로 이월하여 공제할 수 있으며, 공제기간은 결손금이 발생한 과세연도로부터 계속하여 5년 동안이다. 법인이 분기별 신고를 하는 경우 다음 과세연도의 분기별 소득금액에서 먼저 이월결손금을 공제하고, 연간 신고서에서 이월결손금을 조정하여 신고할 수 있다.(CITA §16 ①, CITd §7 ②, CITc §9 ② No.1)

이월결손금의 공제

(1) 2013년에 A사는 100억동의 손실이 발생하였다. 2014년 A사의 소득은 120억동이다. 이에 따라 2013년에 발생한 이월결손금을 2014년의 소득에서 모두 공제할 수 있다.

(2) 2013년에 B사는 200억동의 손실이 발생하였다. 2014년에 B사의 소득은 150억동이다. 이에 따라,
- 2013년의 손실 중 150억동을 2014년의 소득에서 공제하고
- 나머지 50억동은 2014년부터 계속하여 5년 동안 이월하여 공제할 수 있다.

과세연도의 어느 분기에 결손금이 발생하는 경우 그 결손금을 해당 과세연도의 다음 분기로 이월하여 공제할 수 있다. 법인세 신고를 할 때, 법인은 해당 과세연도의 결손금 총액을 계산하여 이후 과세연도의 소득에서 공제할 수 있다. 해당 과세연도에 새로이 발생한 결손금은 이후 5개 과세연도에 걸쳐 이월하여 공제할 수 있다. (CITc §9 ② No.2)

이월하여 공제할 수 있는 이월결손금이 사실과 다른 경우, 관할세무서장은 이월결손금의 금액을 경정할 수 있다.(CITc §9 ② No.3)

5년의 기간이 지난 경우에는 이월결손금을 공제할 수 없다.(CITc §9 ② No.4)

② 양도소득의 경우

부동산 등의 양도로 발생하는 결손금이 다른 양도소득과 통산하고 남는 경우, 또는 광물 탐사·추출권의 양도로 결손금이 발생하는 경우, 그 이후 과세연도로 이월하여 공제하며, 공제기간은 결손금이 발생한 과세연도의 다음 과세연도로부터 계속하여 5년이다.(CITA §16 ②, CITd §7 ③)

(3) 합병 등의 경우 결손금의 승계

유형전환, 합병, 분할 청산 및 파산의 절차를 진행하는 법인은 관할당국의 승인일까지를 과세연도로 하는 법인세 신고서를 관할세무서에 제출하여야 한다. 유형전환 등 이전에 발생한 결손금은 구분하여 계상하여야 하며, 유형전환 등 이전의 동일 과세연도에 발생한 소득에서 공제하거나 유형전환 등 이후의 신설법인의 소득에서 공제할 수 있다. 이 경우, 결손금이 발생한 과세연도의 다음 과세연도로부터 5년 이내

에 이월하여 공제된다.(CITc §9 ③ No.1)

분할법인의 결손금은 분할 이후 존속법인과 신설법인의 자본금의 비율에 따라 나누어 계상한다.(CITc §9 ③ No.2)

6.3 과학기술개발기금 기여금의 공제

(1) 과학기술개발기금 기여금의 공제

베트남 법에 따라 설립되어 활동하는 법인은 연간 과세소득의 10%를 한도로 과학기술개발기금의 기여금을 공제받을 수 있다. 법인은 법인세를 계산하기 전에 기여금의 금액을 정할 수 있다. 기여금을 공제한 법인은 법인세 신고서에 기여금의 사용내역 및 기여금 공제금액 명세서를 첨부하여야 한다.(CITA §17 ①, CITd §18 ① No.1, CITc §10 ① No.1)

국가가 자본의 50%를 초과하여 소유하는 법인의 경우, 법인세법에 따른 과학기술개발기금 기여금의 공제 이외에 과학기술법에 따른 추가공제를 할 수 있다.(CITc §10 ① No.2)

(2) 과학기술개발기금의 사용

법인은 과학기술개발기금을 베트남 내 그 법인의 과학연구 및 기술개발의 투자에 사용하여야 한다.(CITA §17 ④, CITc §10 ③)

과학기술개발기금을 설정한 후 5년 이내에 사용하지 않거나, 70% 이하로 사용하거나 또는 부적절하게 사용하는 경우, 사용하지 않은 금액 또는 부적절하게 사용한 금액에 대하여 법인세 및 이자상당액을 추가로 납부하여야 한다. 이 경우, 공제한 과세연도에 적용하는 법인세율을 적용하여 법인세액을 계산하며, 이자상당액은 다음과 같이 계산한다.(CITA §17 ②, CITc §10 ②)

1. 미사용 금액 : 추징시점의 1년 만기 국채 이자율 × 2
2. 부적절한 사용금액 : 조세관리법에 따른 지연납부이자 × 공제한 때부터 추징하는 때까지의 날수

(3) 과학기술개발기금 기여금의 비용 계상

법인은 해당 과세연도에 과학기술개발기금 기여금을 설정하지 않을 수 있다. 법인이 과학연구 및 기술개발에 사용하기 위한 기금이 충분하지 않은 경우, 해당 법인은 실제비용과 사용한 기금의 차액을 해당 과세연도에 비용으로 산입할 수 있다.(CITA §17 ③, CITc §10 ④)

(4) 합병 등의 경우

법인의 합병이나 유형전환 등으로 신설되는 신설법인은 합병 등 이전 법인의 과학기술개발기금을 승계하여 사용할 수 있다. 분할하는 법인이 사용하지 않은 기금을 보유하는 경우 분할신설법인이 존속법인의 기금을 승계하여 사용할 수 있다. 이 경우, 해당법인은 과학기술개발기금의 승계나 분할 내역을 관할세무서에 제출하여야 한다.(CITd §18 ① No.2 · 3, CITc §10 ⑤)

⑦ 법인세액의 계산

7.1 법인세율

(1) 사업소득에 대한 법인세율

사업소득에 대한 법인세율은 다음과 같다.(CITA §10, CITd §10)

구 분	법인세율
일반적인 경우	20%
석유 · 가스의 탐사, 시추 및 추출	사업단위 및 사업지역에 따라 32%부터 50%. 재무부장관의 요청에 따라 총리는 지역 및 조건에 따라 세율을 정한다.
백금, 금, 은, 주석, 텅스텐, 보석, 희토류	50%
조세특례 대상인 사회경제열악지역에 소재하는 광산면적이 70% 이상인 경우	40%

베트남 내 석유가스 탐사, 시추 및 추출의 경우 32%부터 50%의 법인세율을 적용한다. 유전의 소재지 및 조건에 따라, 법인은 재무부장관에게 각 지역에 적용할 법인세율을 제안하며, 총리는 재무부장관의 요청에 따라 법인세율을 결정한다.(CITc §11 ③)

희귀천연자원(백금, 금, 은, 주석, 텅스텐, 보석, 희토류)의 탐사, 시추 및 추출에 적용되는 법인세율은 50%이다. 희귀천연자원의 광산이 사회경제열악지역에 소재하는 경우 조세특례를 적용하며 적용되는 법인세율은 40%이다.(CITc §11 ④)

(2) 양도소득에 대한 법인세율

부동산, 투자, 투자참여권 또는 광물 탐사·추출·가공권의 양도소득은 사업소득과 구분하여 20%의 법인세율을 적용하며 조세특례를 적용하지 않는다. 다만, 판매, 임대나 임대 후 매입용 사회주택투자로 인한 양도소득에 대하여는 10%의 법인세율을 적용한다.(CITc §4 ② b)

(3) 외국법인에 대한 법인세율

국내사업장이 있거나 또는 없는 외국법인이 수취하는 국내원천소득의 경우, 수입금액에 다음 세율을 곱하여 법인세를 산출한다.(CITA §11 ③, CITd §11 ③)

① 용역 : 일반적으로 5%. 음식점, 호텔 및 카지노의 경영관리의 경우 10%, 용역에 부수하는 재화의 경우 1%(다만, 재화의 가치를 구분할 수 없는 경우 2%)

② 수입하여 베트남에서 공급되거나 수출하기 위해 베트남에서 공급되는 재화 : 1%

③ 사용료 : 10%

④ 항공기 및 선박 임대(항공기 엔진 및 부품 포함) : 2%

⑤ 굴착기, 기계장치, 운송수단의 임대 : 5%

⑥ 대여금 이자 : 5%

⑦ 증권양도소득, 해외재보험 : 0.1%

⑧ 파생금융상품용역 : 2%

⑨ 건설, 운송 및 기타 활동 : 2%

(4) 비영리법인의 법인세율

베트남 법에 따라 설립된 비영리법인 또는 법인 아닌 단체가 법인세 과세대상 소득을 수취하는 경우, 관련 비용을 적절히 계상하지 않았다면 수입금액에 소득원천에 따라 구분한 다음 세율을 곱하여 법인세를 신고·납부할 수 있다.(CITd §11 ⑤)

① 용역(예금 또는 대여금 이자 포함) : 일반적으로 5%. 다만, 교육, 체육, 예술 활동의 경우 2%

② 재화 : 1%

③ 그 밖의 경우 : 2%

7.2 법인세 산출세액의 계산

(1) 법인세 산출세액의 계산

법인이 한 과세연도에 납부할 산출세액은 과세표준에 법인세율을 곱한 금액이다. (CITA §11 ①, CITd §11 ①)

석유·가스추출사업에서 계약에 따라 수입금액과 비용이 외화로 계상되는 경우에는 과세표준과 산출세액을 외화로 계산할 수 있다.(CITd §11 ④)

(2) 외국납부세액공제

법인이 외국에서 국외원천소득에 대하여 외국법인세를 납부한 경우 법인세 산출세액의 범위 내에서 공제할 수 있다.(CITA §11 ②)

베트남법인이 조세조약이 체결된 외국에서 국외원천소득을 수취하는 경우, 해당 조세조약의 규정을 우선 적용한다. 국외원천소득을 수취하는 외국과 조세조약은 체결되지 않았으며 외국의 법인세율이 베트남법인세율보다 낮은 경우, 베트남법인세율과의 차이에 해당하는 법인세액을 관할세무서에 납부하여야 한다.(CITc §3 ① b)

외국에서 국외원천소득을 수취하는 베트남법인은 그 소득에 대하여 법인세를 신고하여야 하며, 외국에서 법인세를 감면받은 경우에도 마찬가지이다. 국외원천소득에 대하여 20%의 일반 법인세율을 적용하며 조세특례를 적용하지 않는다.(CITc §3 ① c)

베트남법인이 직접 또는 외국의 상대방이 국외원천소득에 대하여 외국법인세 또는 이와 유사한 조세를 납부하는 경우, 베트남법인은 산출세액에서 외국납부세액을 공제할 수 있다. 다만, 공제되는 세액은 산출세액을 초과할 수 없다. 외국법에 따른 외국법인세의 감면은 조세조약에 따라 산출세액에서 공제될 수 있다.(CITc §3 ① d)

베트남법인이 수취한 국외원천소득에 대하여 법인세 신고를 하지 않은 경우 관할 세무서장은 그 소득에 대하여 법인세를 결정하여야 한다.(CITc §3 ① e)

베트남법인이 국외원천소득에 대한 법인세 신고를 하는 경우, 외국법인세 신고서, 외국법인세 납부영수증 등의 사본을 첨부하여야 한다.(CITc §3 ① f)

7.3 비영리법인 또는 소규모법인의 법인세 추계신고

베트남 법에 따라 설립된 비영리법인이 사업활동에 대하여 법인세를 납부하는 경우, 또는 소규모법인이 직접납부방법으로 부가가치세를 납부하는 경우, 비영리법인 등이 비용을 적절히 계상하지 못하는 때에는 수입금액에 다음 법인세율을 곱하여 법인세를 신고·납부할 수 있다.(CITc §3 ⑤)

1. 용역(예금 및 대여금 이자 포함) : 5%
2. 교육, 체육 및 예술 활동 : 2%
3. 재화 : 1%
4. 그 밖의 경우 : 2%

Case 법인세의 추계

비영리법인 A는 주택을 임대하며 연간 수입금액 1억동을 수취한다. A는 비용을 적절히 계상하지 않았으며 다음과 같이 추계에 의해 법인세를 신고한다.

추계신고 법인세 납부세액 : 100,000,000 × 5% = 5,000,000동

8 법인세 특례

8.1 특례 법인세율

(1) 15년간 법인세 10% 우대세율 적용

다음과 같은 경우 15년 동안 법인세를 10% 우대세율 적용한다.(CITA §13 ①, CITd §15 ①, CITc §19 ①)

① 사회경제열악지역, 경제개발지역, 첨단기술지역(정보통신집중지역 포함)의 신규 투자소득

② 다음과 같은 분야의 신규투자소득 : 과학연구기술개발, 첨단기술적용, 첨단기술 및 첨단기술기업 육성 ; 우선분야 첨단기술개발 벤처투자 ; 첨단기술 및 첨단기술 기업 육성시설 운영 ; 수력발전, 발전, 상수도 및 하수도, 교량, 도로, 철도, 공항, 항만, 항공터미널, 기차역 및 기타 총리가 결정하는 중요기반시설의 개발투자 ; 소프트웨어 제작 ; 복합재료, 경량건축재료, 고가희귀재료의 제조 ; 신재생에너지 및 청정에너지 생산, 에너지처리, 바이오테크 개발. 다만, 건설회사의 건설작업소 득에 대하여는 조세특례를 적용하지 않는다.

③ 다음과 같은 환경보호의 신규투자소득 : 환경오염 저감장비의 제조, 환경감시 및 분석 기구, 오염감소 및 환경보호, 폐수·배기가스·고형폐기물의 처리, 폐기물 재활용

④ 첨단기술법에 규정하는 첨단기술법인 및 첨단기술적용 농업법인. 해당 인증서를 받는 때로부터 조세특례를 적용한다.

- 첨단기술관련 소득 및 첨단기술적용 농업소득
- 다른 조세특례의 적용이 종료되었으나 첨단기술 인증서를 받은 경우, 첨단기술 관련 조세특례를 새로이 적용할 수 있다.

⑤ 아래 조건중 하나를 충족하는 제조업의 신규투자소득. 다만, 특별소비세 대상 제 품의 제조 및 광물추출의 경우에는 제외한다. 아래 조건을 충족하지 못하는 경우 토지정리 및 행정절차의 문제, 자연재해, 적대행위, 질병 등의 총리가 인정하는 사유가 없다면 조세특례를 적용하지 않으며 이전에 면제된 법인세와 지연납부이

자를 납부하여야 한다.

- 투자승인을 받은 날로부터 3년 이내에 6조동 이상을 투자하고, 매출이 발생한 해로부터 3년 후에 연 10조동의 수입금액이 발생할 것
- 투자승인을 받은 날로부터 3년 이내에 6조동 이상을 투자하고, 매출이 발생한 해로부터 3년 후에 연 3,000명 이상의 근로자를 고용할 것

⑥ 투자승인을 받은 날로부터 5년 이내 12조동 이상을 투자하는 첨단기술제조 소득. 다만, 특별소비세 대상 제품의 제조나 광물추출은 제외한다.

⑦ 베트남에서 생산되지 않거나 생산될 수 있으며 EU 등의 기술기준을 충족하는 직조의류, 가죽 및 신발, 전자 및 정보통신 제품, 자동차, 직조기계의 제조를 지원하는 첨단기술제품의 제조에 대한 신규투자소득

(2) 법인세 영구 면제

다음과 같은 경우, 법인의 모든 과세연도에 대하여 법인세를 10% 우대세율 적용한다.(CITA §13 ②, CITd §15 ②, CITc §19 ③)

① 교육 및 훈련, 직업훈련, 건강관리, 문화, 스포츠, 환경, 법무전문가 등 총리령으로 공표하는 공공분야에 대한 투자소득

② 출판, 인쇄, 출판물 배포 등의 소득

③ 신문사의 신문(광고 포함)으로 인한 소득

④ 판매 및 임대용 사회주택 투자소득. 사회주택이란 주택법에 따른 판매, 임대 및 취득 가격의 요건을 충족하는 국가, 법인 및 개인이 건설한 주택을 말한다.

⑤ 사회경제취약지역의 식목, 재배, 산림보호, 농업, 목축 및 양어로 인한 소득 ; 사회경제취약지역의 임업 ; 동물 및 식물 종자의 생산, 전파 및 교배 ; 소금의 생산, 채취 및 정제(조미소금 제외) ; 농업생산물의 추수 후 보관에 대한 투자 ; 농업생산물, 어업생산물 및 음식의 보존(식재료보존 및 보존장비에 대한 직접투자 제외)

⑥ 농업, 임업, 어업 및 소금생산에 종사하는 협동조합(사회경제취약지역 또는 사회경제열악지역에 소재하는 경우로 한정)의 소득

(3) 15% 법인세율 적용

사회경제취약지역 또는 사회경제열악지역 이외의 지역에 소재하는 농업, 임업, 농산물 및 수산물의 가공업으로 인한 소득에 대하여 15%의 법인세율을 적용한다. (CITA §13 ③·④, CITd §15 ③·④, CITc §19 ③ a)

(4) 17% 법인세율 10년간 적용

다음과 같은 경우 17% 법인세율을 10년간 적용한다.(CITA §13 ③·④, CITd §15 ③·④, CITc §19 ④)

① 사회경제취약지역에 대한 신규투자소득
② 고품질 강철, 에너지절약제품, 농업·임업·어업·소금생산을 위한 기계장치, 관개시설, 소·닭·어류 사료의 개발, 전통산업의 개발에 대한 신규투자소득

(5) 17% 법인세율 적용

인민신용기금, 협동조합은행 및 소액금융기관의 영업에 대하여 17% 법인세율을 적용한다. 사회경제열악지역에서 신규설립된 인민신용기금, 협동조합은행 및 소액금융기관은 법인세 면제기간이 종료되는 경우 17% 법인세율을 적용받을 수 있다. 소액금융기관이란 금융기관법에 따라 설립된 것을 말한다.(CITA §13 ④, CITd §15 ④, CITc §19 ⑤)

(6) 법인세율 특례의 연장적용

다음과 같은 경우, 법인세율 특례를 연장하여 적용할 수 있다. 총리는 재무부장관의 요청에 따라 특례세율의 연장을 결정한다. 다만, 연장기간은 15년을 초과할 수 없다.(CITA §13 ③·④, CITd §15 ③·④, CITc §19 ②)

① 첨단기술 및 신기술의 대규모 투자(CITc §19 ① b·c)
② 다음 요건중 하나를 충족하는 사업투자(CITc §19 ① e)
  • 국제경쟁력을 갖춘 제품으로, 매출이 발생하는 해로부터 5년 후에 수입금액이 20조동을 초과하는 경우

- 6천명을 초과하는 근로자를 고용하는 경우
- 경제, 기술 인프라에 대한 투자. 이는 수력발전소, 발전소, 상수도 및 하수도, 교량, 도로, 철도, 공항, 항만, 항공터미널, 기차역, 신재생에너지, 청정에너지, 에너지절약산업, 원유정제를 포함한다.

(7) 법인세율 특례기간의 계산

법인세율 특례를 적용하는 기간은 해당 법인이 신규투자로 매출을 하는 첫해부터 기산한다. 첨단기술 또는 첨단기술 적용농업의 경우 특례기간은 해당 인증서를 받은 날로부터 기산한다.(CITA §13 ⑥, CITd §15 ⑤ · ⑥, CITc §19 ⑥)

8.2 사회경제취약지역 등의 범위

사회경제열악지역 또는 사회경제취약지역의 범위는 다음과 같다.(CITc §annex)

지역	사회경제열악지역	사회경제취약지역
Bac Kan	모든 지역	
Cao Bang	모든 지역	
Ha Giang	모든 지역	
Lai Chau	모든 지역	
Son La	모든 지역	
Dien Bien	모든 지역	
Lao Cai	모든 지역	Lao Cai province
Tuyen Quang	Na Hang, Chiem Hoa, Lam Binh districts	Hsm Yen, Son Duong, Yen Son and Tuyen Quang province
Bac Giang	Son Dong district	Luc Ngan, Luc Nam, Yen The , Hiep Hoa districts
Hoa Binh	Da Bac, Mai Chau districts	Kim Boi, Ky Son, Luong Son, Lac Thuy, Tan Lac, Cao Phong, Lac Son, Yen Thuy districts

지역	사회경제열악지역	사회경제취약지역
Lang Son	Binh Gia, Dinh Lap, Cao Loc, Loc Binh, Trang Dinh, Van Lang, Van Quan districts	Bac Son, Chi Lang, Huu Lung districts
Phu Tho	Thanh Son, Yen Lap districts	Doan Hung, Ha Hoa, Phu Ninh, Song Thao, Thanh Ba, Tam Nong, Thanh Thuy districts
Thai Nguyen	Vo Nhai, Dinh Hoa districts	Dai Tu, Pho Yen, Phu Luong, Phu Binh, Dong Hy districts
Yen Bai	Luc Yen, Mu Cang Chai, Tram Tau districts	Tran Yen, Van Chan, Van Yen, Yen Binh districts, Nghia Lo town
Quang Ninh	Ba Che, Binh Lieu districts, Co To island district and provincial islands	Van Don district
Hai Phong	Bach Long Vi, Cat Hai island districts	
Ha Nam		Ly Nhan, Thanh Liem districts
Nam Dinh		Giao Thuy, Xuan Truong, Hai Hau, Nghia Hung districts
Thai Binh		Thai Thuy, Tien Hai districts
Ninh Binh		Nho Quan, Gia Vien, Kim Son, Tam Diep, Yen Mo districts
Thanh Hoa	Muong Lat, Quan Hoa, Quan Son, Ba Thuoc, Lang Chanh, Thuong Xuan, Cam Thuy, Ngoc Lac, Nhu Thanh, Nhu Xuan districts	Thach Thanh, Nong Cong districts
Nghe An	Ky Son, Tuong Duong, Con Cuong, Que Phong, Quy Hop, Quy Chau, Anh Son districts	Tan Ky, Nghia Dan, Thanh Chuong districts
Ha Tinh	Huong Khe, Huong Son, Vu Quang districts	Duc Tho, Ky Anh, Nghi Xuan, Thach Ha, Cam Xuyen, Can Loc districts
Quang Binh	Tuyen Hoa, Minh Hoa, Bo Trach districts	그 밖의 지역
Quang Tri	Huong Hoa, Dac Krong districts	그 밖의 지역
Thua Thien Hue	A Luoi, Nam Dong	Phong Dien, Quang Dien, Huong Tra, Phu Loc, Phu Vang districts

지역	사회경제열악지역	사회경제취약지역
Da Nang	Hoang Sa island district	
Quang Nam	Dong Giang, Tay Giang, Nam Giang, Phuoc Son, Bac Tra My, Nam Tra My, Hiep Duc, Tien Phuoc, Nui Thanh districts and Cu Lao Cham island	Dai Loc, Duy Xuyen districts
Quang Ngai	Ba To, Tra Bong, Son Tay, Son Ha, Minh Long, Binh Son, Tay Tra districts and Ly Son island district	Nghia Hanh, Son Tinh districts
Binh Dinh	An Lao, Vinh Thanh, Van Canh, Phu Cat, Tay Son districts	Hoai An, Phu My districts
Phu Yen	Song Hinh, Dong Xuan, Son Hoa, Phu Hoa districts	Song Cau town, Tuy An Dong Hoa, Tay Hoa, Tuy An districts
Khanh Hoa	Khanh Vinh, Khanh Son districts, Hoang Sa island district and provincial islands	Van Ninh, Dien Khanh, Ninh Hoa districts, Cam Ranh town
Ninh Thuan	모든 지역	
Binh Thuan	Phu Quy island district	Bac Binh, Tuy Phong, Duc Linh, Tanh Linh, Ham Thuan Bac, Ham Thuan Nam districts
Dak Lak	모든 지역	
Gia Lai	모든 지역	
Kon Tum	모든 지역	
Dak Nong	모든 지역	
Lam Dong	모든 지역	Bao Loc
Ba Ria Vung Tau	Con Dao island district	Tan Thanh district
Tay Ninh	Tan Bien, Tan Chau, Chau Thanh, Ben Cau districts	그 밖의 지역
Binh Phuoc	Loc Ninh, Bu Dang, Bu Dop districts	Dong Phu, Binh Long, Phuoc Long, Chon Thanh districts
Long An		Kien Tuong town. Duc Hue, Moc Hoa, Tan Thanh, Duc Hoa, Vinh Hung, Tan Hung districts

지역	사회경제열악지역	사회경제취약지역
Tien Giang	Tan Phuoc	Go Cong Dong, Go Cong Tay
Ben Tre	Thanh Phu, Ba Chi, Binh Dai districts	그 밖의 지역
Tra Vinh	Chau Thanh, Tra Cu districts	Cau Ngang, Cau Ke, Tieu Can districts
Dong Thap	Hong Ngu, Tan Hong, Tam Nong, Thap Muoi districts	그 밖의 지역
Vinh Long		Tra On district
Soc Trang	Vinh Chau town	Soc Trang province
Hau Giang	Nga Bay town	Vi Thanh province
An Giang	An Phu, Tri Ton, Thoai Son, Tan Chau, Tinh Bien districts	그 밖의 지역
Bac Lieu		Bac Lieu province
Ca Mau		Ca Mau province
Kien Giang	Provincial islands	Thị xã Ha Tien town, Rạch Gia province

8.3 법인세의 감면

(1) 신규투자의 감면

신규투자에 대하여 법인세를 다음과 같이 감면한다.(CITA §14)

① 4년간 100%, 그 다음 9년간 50% 감면

다음과 같은 경우 법인세를 4년간 100%, 그 다음 9년간 50% 감면한다.(CITA §14 ①, CITd §16 ①, CITc §20 ①)

ⓐ 10% 특례세율 적용대상 투자소득(CITA §13 ①)

ⓑ 사회경제열악지역 또는 사회경제취약지역의 사회분야에 대한 신규투자소득

② 4년간 100%, 그 다음 5년간 50% 감면

사회경제열악지역 또는 사회경제취약지역 이외 지역의 사회분야 신규투자소득에 대하여 법인세를 4년간 100%, 그 다음 5년간 50% 감면한다.(CITd §16 ②, CITc §19 ②)

③ 2년간 100%, 그 다음 4년간 50% 감면

신규투자소득(CITc §19 ④) 및 산업단지 신규투자소득에 대하여 법인세를 2년간 100%, 그 다음 4년간 50% 감면한다. 다만, 특별등급 또는 1등급의 도시지역, 지방 1등급 도시의 산업단지는 제외한다. 산업단지가 유리한 조건의 지역과 사회경제취약지역에 걸쳐 소재하는 경우 조세특례는 사회경제취약지역에 소재하는 산업단지의 면적이 큰 경우에 적용한다. 특별등급 또는 1등급 도시지역은 시행령 No.42.2009에 규정한다.(CITA §14 ②, CITd §16 ③, CITc §19 ③)

(2) 추가투자의 감면

조세특례분야에 투자하였던 법인이 추가로 투자하는 경우 다음 요건 중 하나를 충족하면 잔여감면기간 또는 신규감면기간에 대하여 조세특례를 받을 수 있다. 추가투자로 증가하는 소득에 대한 감면기간은 동일분야의 신규투자에 적용하는 감면기간과 동일하게 계산한다. 법인의 합병이나 취득 또는 기존사업에 대한 투자의 경우에는 조세특례를 적용하지 않는다.(CITA §14 ④, CITd §16 ⑤)

> 1. 추가투자가 완료되면 고정자산의 취득원가가 증가하며, 조세감면대상 분야 투자금액이 200억동 이상 또는 사회경제열악지역이나 사회경제취약지역 투자금액이 100억동 이상인 경우
> 2. 추가투자 이전에 비하여 추가투자로 취득원가가 20% 이상 증가한 경우
> 3. 추가투자 이전에 비하여 추가투자로 생산능력이 20% 이상 증가한 경우

법인이 조세특례대상 분야의 기술을 갱신, 대체 또는 혁신하였지만 위와 같은 요건을 충족하지 못하는 경우, 조세특례는 잔여 감면기간에 대하여만 적용한다. 추가투자에 대하여 조세특례를 적용받을 수 있는 법인은 추가투자로 증가한 소득을 구분기장하여야 한다. 구분기장을 하지 않는 경우, 추가투자로 인한 소득은 고정자산의 취득원가총액에 대한 추가투자로 취득한 고정자산의 취득원가의 비율에 따라 산출한다.(CITd §16 ⑤ No.2 · 3) 추가투자에 대한 감면기간은 추가투자가 완료되어 생산을 개시한 과세연도부터 기산한다. 최초 3년간 과세소득이 발생하지 않는 경우, 감면기간은 4차 연도부터 기산한다.(CITd §16 ⑤ No.4)

(3) 취약계층 지원에 대한 감면

① 제조업, 건설업 및 운송업을 하는 법인이 여성을 10명에서 100명까지 고용하고 그 수가 전체 정규근로자의 50% 이상인 경우, 또는 여성을 100명 이상 고용하고 그 수가 전체 정규근로자의 30% 이상인 경우, 여성근로자에 대한 다음과 같은 추가비용에 대한 법인세를 면제한다.(CITA §15 ①, CITd §17 ①, CITc §21 ①)

- 직업훈련비용
- 법인이 설립하고 관리하는 유치원이나 유아원의 교사에 대한 급여 및 상여
- 추가적인 건강검진비용
- 여성근로자에 대한 아동수당
- 여성근로자의 출산이나 모유수유를 위한 육아휴직 중 지급하는 급여 및 상여

② 법인이 소수민족을 고용하는 경우, 해당 근로자에 대한 추가비용에 대한 법인세를 면제한다. 추가비용이란 국가가 지원하지 않는 직업훈련, 주거, 사회보장보험 및 건강보험을 말한다.(CITA §15 ②, CITd §17 ②, CITc §21 ②)

③ 법인이 사회경제취약지역의 법인이나 개인에게 기술을 이전하는 경우 기술양도 소득에 대한 법인세의 50%를 감면한다.(CITA §15 ③, CITd §17 ③, CITc §19 ③)

(4) 감면기간의 계산

감면기간은 법인이 소득금액을 창출하는 때로부터 기산하며, 법인이 매출을 발생시키는 첫 해로부터 3년 동안 소득금액이 없다면 감면기간은 4차 연도가 되는 때로부터 기산한다. 첨단기술법인 또는 첨단기술적용 농업법인에 대한 감면기간은 해당 인증서를 받은 날로부터 기산한다.(CITA §14 ③ No.1, CITd §16 ④ No.1, CITc §19 ④)

감면대상연도는 과세연도에 의하여 결정한다. 감면기간은 법인이 소득금액을 창출하는 과세연도부터 계속하여 기산하며, 이 경우 과거 과세연도들의 이월결손금을 고려하지 않는다. 법인이 신규투자 조세특례를 받는 첫 과세연도에 소득을 창출하는 경우, 해당 과세연도에 신규투자 조세특례를 받거나 또는 다음 과세연도부터 다른 감면을 선택하여 관할세무서에 신고할 수 있다. 법인이 다음 과세연도에 다른 감면을 신고하는 경우 해당 감면액을 구분하여 계산하여야 한다.(CITA §14 ③ No.2, CITd

§16 ④ No.2, CITc §19 ⑤)

> **Case** 감면기간의 기산
>
> 2014년 A사는 소프트웨어 제조에 신규투자를 한다. A사가 2014년 신규투자에서 소득 금액을 창출하는 경우 감면기간은 2014년 시작된다. 2014년 매출이 발생하지만 2016년 까지 소득금액을 창출하지 못하면, 감면기간은 2017년부터 시작한다.

8.4 조세특례의 제한 및 적용

(1) 조세특례의 제한

조세특례는 다음과 같은 조건으로 적용된다.(CITA §18 ①, CITd §19 ④·⑤)

① 불성실 법인의 제외

조세특례는 기장을 하고 계산서를 발행하며 증빙을 보관하는 법인이 법인세를 납부하는 경우에만 적용한다.(CITc §18 ①)

② 특정소득에 대한 조세특례의 제한

다음과 같은 소득에 대하여는 협동조합 및 장애인고용 특례(CITA §4 ①·④), 특례세율(CITA §13) 및 감면(CITA §14)을 적용하지 않는다.(CITA §18 ③, CITd §19 ②, CITc §18 ③)

ⓐ 지분이나 지분취득권의 양도소득, 부동산 양도소득(사회주택 투자소득 제외), 투자사업·투자사업권·광물탐사추출권의 양도소득

ⓑ 해외사업활동 소득

ⓒ 석유 및 기타 고가희귀자원의 탐사추출소득, 광물추출소득

ⓓ 특별소비세 과세대상 용역소득

ⓔ 조세특례대상 사업소득과 관련없는 기타소득(CITd §3 ②)

③ 조세특례의 범위

조세특례는 감면분야에 대한 투자에 대하여 다음과 같이 적용된다.(CITc §18 ④)

ⓐ 투자사업이 감면분야에 해당하여 조세특례 대상인 경우 제품이나 파손품 판매 소득, 환차익, 예금이자 및 사업소득과 직접 관련되는 기타소득 모두에 대하여 조세특례를 적용한다.

ⓑ 투자사업이 감면지역(산업지역, 경제지역 및 첨단기술지역)에 소재하기 때문에 조세특례를 적용하는 경우, 조세특례는 해당지역에서 발생하는 사업소득에 대하여 적용하며, 양도소득, 광업 및 특별소비세 대상 용역은 제외한다.(CITc §18 ③ a·b·c)

- 운송업 투자사업이 감면지역에 소재하기 때문에 조세특례를 적용하는 경우, 해당지역의 운송용역소득에 조세특례를 적용한다.(출발지나 목적지가 동일지역인지 여부는 따지지 않는다) 예를 들면, 2015년 사회경제열악지역 손라성에 운송업 법인을 신설한다. 이 법인은 조세특례대상이다. 2015년 이 법인은 몇 개의 정기노선(손라에서 하노이, 손라에서 하롱) 및 계약노선(손라에서 다낭, 하노이에서 다낭, 박닌에서 손라)을 개설한다. 조세특례는 사업을 설립한 지역(손라성)을 기준으로 적용되므로 출발지나 목적지가 다른 지역이어도 상관없다.

- 투자사업이 감면지역에 소재하기 때문에 조세특례를 적용하는 경우 법인이 그 지역 외에서 소득을 창출하면 그 소득은 조세특례대상이 아니다.

> **Case**　조세특례의 범위
>
> (1) 감면지역의 조세특례(제조업)
> 　2012년 A사는 사회경제열악지역 하장성에서 제조업 신규투자를 한다. A사는 조세특례대상이다. 2015년 A사는 하장성에서 제조를 개시하며 제품을 하장성 및 인근 까오방성(사회경제열악지역), 라오까이성(사회경제취약지역) 및 하노이(감면지역 아님)에서 판매한다. 하장성에서 제품을 모두 생산하였으므로 하장성 및 기타지역에서 판매한 소득금액은 모두 조세특례대상이다.
>
> (2) 감면지역의 조세특례(건설)
> 　2015년 A사는 사회경제열악지역 하장성에서 건설업을 개업한다. A사는 조세특례대상이다. 2015년 A사는 하장성 및 인근 까오방성(사회경제열악지역), 라오까이성(사회경제취약지역) 및 하노이(감면지역 아님)에서 건설공사를 한다. 하장성에서 수행한 건설공사의 소득금액은 조세특례대상이며, 기타지역에서 수행한 건설공사의 경우 다음과 같이 판단한다.

- 까오방에서 수취하는 소득금액은 사회경제열악지역에 적용하는 조세특례 대상이다.
- 라오까이에서 수취하는 소득금액에 대하여 사회경제취약지역에 적용하는 조세특례를 적용한다.
- 하노이에서 수취하는 소득금액은 조세특례 대상이 아니다.

(3) 감면지역의 조세특례(용역)

2012년 A사는 사회경제열악지역 하장성에서 용역을 제공하기 위하여 설립되었다. A사는 조세특례대상이다. 2015년 A사는 하장성 및 인근 까오방성(사회경제열악지역), 라오까이성(사회경제취약지역) 및 하노이(감면지역 아님)에서 용역을 제공한다. 하장성에서 수행한 용역의 소득금액은 조세특례대상이며, 기타지역에서 수행한 용역의 경우 다음과 같이 판단한다.

- 까오방에서 수취하는 소득금액은 사회경제열악지역에 적용하는 조세특례 대상이다.
- 라오까이에서 수취하는 소득금액에 대하여 사회경제취약지역에 적용하는 조세특례를 적용한다.
- 하노이에서 수취하는 소득금액은 조세특례 대상이 아니다.

④ 신규투자에 포함하는 경우(CITc §18 ⑤)

ⓐ 조세특례 대상인 신규투자는 다음을 포함한다. 신규투자는 투자법에 따른 투자승인서나 인증서를 받아야 한다.

- 2014.1.1. 이후 신규투자 인증서를 받은 후에 매출이 발생하는 사업
- 2014.1.1. 이후 법인등기증을 받고 제한사업이 아닌 투자금 150억동 미만 신설법인의 설립을 통한 국내투자사업
- 2014.1.1. 이후 법인등기증을 받고 제한사업이 아닌 투자금 150억동 미만 기존사업과 다른 투자사업
- 사회경제취약지역 또는 사회경제열악지역에 설립하는 개인공증사무실

ⓑ 조세특례 대상인 신규투자에는 다음과 같은 경우를 포함하지 않는다.

- 법인의 분할, 취득, 합병, 전환으로 취득하는 투자사업
- 자산·사업재산·사업부문의 승계, 기존사업의 취득을 포함하는 소유자의 변경으로 취득하는 투자사업. 이 경우, 신설법인은 요건을 충족하는 경우 기존법인의 잔여 특례기간의 조세특례를 승계한다.

ⓒ 법인등기증이나 투자인증서를 받은 법인의 사업소득에 대하여 조세특례를 적

용한다. 법인등기증이나 투자인증서가 바뀌었지만 조세특례에 영향을 미치지 않는 경우 법인은 계속 조세특례를 받을 수 있다.

ⓓ 투자인증서를 받은 경우, 투자금액과 투자기간이 신고되었고 다음 투자단계는 신고사업에 종속되어 진행된다면(토지정리, 행정절차, 자연재해, 질병 및 기타 불가항력에 의한 곤란의 경우 제외) 종속사업은 해당 감면기간 동안 조세특례를 받을 수 있다. 종속사업을 시행하면서 투자자가 시행기간을 연장하도록 승인을 받은 경우에도 조세특례를 받을 수 있다.

ⓔ 공공법인이 전환한 신설법인이 공공분야에 투자를 하는 경우, 기존법인이 감면대상에 해당하지 않더라도 신설법인은 신규투자사업에 대하여 조세특례를 받을 수 있다. 신설법인이 민간분야에 투자를 할 수 있고 공공분야투자에 대하여 감면을 받을 수 있는 경우 특례세율을 적용받을 수 있다.

⑤ 추가투자에 포함하는 경우(CITc §18 ⑥)

ⓐ 조세특례의 조건

감면분야나 감면지역에서 생산규모확장, 생산능력증대 및 생산기술혁신 등을 통하여 기존사업을 확대하는 법인의 경우, 기존사업의 잔여 감면기간 동안 조세특례를 신청할지 또는 추가투자에 적용되는 신규투자감면 조세특례를 신청할지 선택할 수 있다. 법인이 기존사업의 잔여 감면기간 동안 조세특례를 신청하는 경우 투자확대사업은 기존사업과 같은 감면분야나 감면지역이어야 한다. 추가투자의 경우 다음 요건 중 하나를 충족하여야 한다.

---

1. 투자가 완료되어 사업이 개시되는 때 고정자산의 증가액이 200억동 이상이거나(감면분야에 대한 추가투자의 경우), 또는 100억동 이상(사회경제열악지역 및 사회경제취약지역에 대한 추가투자의 경우)
2. 증가된 고정자산 가액이 투자 이전 고정자산 가액의 20% 이상
3. 증가된 생산능력이 투자 이전 생산능력의 20% 이상

법인이 추가투자에 조세특례를 적용하는 경우 추가투자로 인한 소득을 구분계산하여야 한다. 추가투자로 인한 소득을 구분기장하지 않는 경우, 고정자산 취득원가 총액에 대한 신규 고정자산 취득원가의 비율에 따라 그 소득을 계산한다.

감면기간은 추가투자가 완료되어 소득을 창출하는 과세연도부터 기산한다. 추가투자사업의 매출이 발생하는 첫해로부터 최초 3년 이내에 소득이 창출되지 않는 경우, 감면기간은 4차연도부터 기산된다.

법인이 기존사업기술의 갱신, 대체, 혁신에 투자하지만 위의 요건을 충족하지 않는 경우 조세특례를 잔여 감면기간에 대하여 적용한다.

분할, 합병, 소유자변경(기존법인의 자산, 사업재산 또는 사업부문을 승계하는 경우 포함)에 따른 추가투자에 대하여 조세특례를 적용하지 않는다. 법인의 분할, 합병, 소유자변경에 따른 추가투자를 하는 법인은 기존법인의 조세특례를 승계하여 잔여 감면기간에 대하여 조세특례를 받을 수 있다.

ⓑ 조세감면대상 이외의 투자

조세특례를 받는 법인이 신규생산라인, 생산규모확대 등에 투자하지만 조세특례의 대상이 아닌 경우, 추가투자로 인한 소득에 대하여 조세특례를 받을 수 없다. 법인이 추가투자로 인한 소득을 구분기장 하는 경우, 조세특례를 배제하는 추가소득을 다음 방법 중 한 가지로 계산한다.

|1방법|

$$\text{배제대상 추가투자소득} = \text{조세특례 배제대상 소득을 제외한 소득금액} \times \frac{\text{추가투자 고정자산 가액}}{\text{총 고정자산 가액}}$$

총 고정자산가액은 재무상태표에서 확인되는 추가투자로 취득한 고정자산가액과 기존 고정자산의 역사적 원가를 포함하는 가액이다.

|2방법|

$$\text{배제대상 추가투자소득} = \text{조세특례 배제대상 소득을 제외한 소득금액} \times \frac{\text{추가투자 금액}}{\text{총투자 금액}}$$

총투자금액은 재무상태표에서 확인되는 법인의 지분투자 및 대부투자 금액의 총액을 말한다.

조세감면대상 이외의 투자

A사는 호치민의 산업단지에서 플라스틱제품을 생산하며 조세특례를 적용받는다. 매출이 발생하는 때로부터 12년간 15%의 세율을 적용받으며 소득이 발생한 때로부터 3년간 면세되고 그 이후 7년간 5%의 세율을 적용받는다. 2014년 50억동의 기계장치에 추가투자를 한다. 2014년말에 총고정자산의 가액이 200억동이고 2014년 창출된 소득이 12억동(조세특례대상이 아닌 소득 2억동 포함)인 경우

- 조세특례 배제 추가투자로 인한 소득 : (12억 − 2억) × 50억 ÷ 200억 = 2억5천만
- 조세특례 배제소득 : 2억 + 2억5천만 = 4억5천만
- 조세특례 대상소득 : 12억 − 4억5천만 = 7억5천만

⑥ 조세특례기간의 기산

조세특례기간 중에 법인이 조세특례요건을 충족하지 못하게 되는 경우, 해당 과세연도에 조세특례를 적용하지 않으며 일반 법인세율로 법인세를 납부하여야 한다. 이경우, 해당연도는 조세특례기간으로 기산된다.(CITc §18 ⑧)

조세특례를 적용하는 최초 과세연도에 조세특례기간이 12개월 미만인 경우, 법인은 최초 과세연도에 조세특례를 적용하거나 다음 과세연도부터 조세특례를 적용하는 것으로 신고할 수 있다. 다음 과세연도부터 조세특례를 적용하는 것으로 신고하는 경우, 최초 과세연도에는 일반 법인세율을 적용하여 법인세를 신고하여야 한다.(CITc §18 ⑧ a)

(2) 구분기장

여러 가지 사업을 하는 법인이 조세특례를 받기 위해서는 조세특례소득과 과세소득을 구분기장하여 법인세 신고를 하여야 한다. 구분기장하지 않는 경우, 조세특례소득은 해당 과세연도의 총수입금액 또는 총비용에 대한 조세특례대상 수입금액 또는 비용의 비율을 곱하여 산출한다. 법인이 구분기장할 수 없는 소득이나 비용이 있는 경우 조세특례 대상 수입금액이나 비용은 법인의 총수입금액이나 총비용에 대한 조세특례대상 수입금액이나 비용의 비율에 따라 결정한다.(CITA §18 ②, CITd §19 ①, CITc §18 ②)

(3) 조세특례 중복적용 금지

동일한 과세연도에 여러 가지 조세특례를 적용할 수 있는 경우에는, 해당 법인은 그 중 한 가지 조세특례만을 선택하여 적용한다.(CITA §18 ④, CITd §19 ③, CITc §18 ⑦)

> **Case** 조세특례 중복적용 금지
>
> (1) 2014과세연도에 B사는 조세특례(10% 법인세율) 대상인 소프트웨어 생산으로 20억 동의 소득, 조세특례대상이 아닌 컴퓨터 판매로 20억동의 소득, 주식거래로 10억동 의 손실을 계상한다. 2013과세연도에 B사는 컴퓨터 판매로 10억동의 손실을 계상하 여 2014과세연도로 이월하였다. B법인은 증권거래손실을 컴퓨터 판매소득과 상계 할 수 있으며, 컴퓨터 판매소득의 잔여액은 10억동이다.(소득 20억 − 손실 10억)
>   - 2013년 컴퓨터 판매손실을 2014년 컴퓨터 판매소득에서 공제(소득 10억 − 이월결 손금 1억) = 0
>   - 조세특례 대상소득에 대한 산출세액 : 20억 × 10% = 2억
> (2) 2014과세연도에 C사는 조세특례(10% 법인세율) 대상인 소프트웨어 생산으로 20억 동의 소득, 조세특례대상이 아닌 컴퓨터 판매로 20억동의 소득, 주식거래로 10억동 의 손실을 계상한다. 2013과세연도에 C사는 20억동의 손실을 계상하였으나 어떤 사 업활동인지 확실하지 않다. 이 경우, 손실을 조세특례소득에서 공제할 수 있다.
>   - B법인은 증권거래손실을 컴퓨터 판매소득과 상계할 수 있으며, 컴퓨터 판매소득 의 잔여액은 10억동이다.(소득 20억 − 손실 10억)
>   - 2013년 컴퓨터 판매손실을 2014년 소프트웨어 생산소득에서 공제(소득 20억 − 이 월결손금 1억) = 0
>   - 과세소득에 대한 산출세액 : 10억 × 22% = 2억2천만동

(4) 손실과 소득의 상계

동일 과세연도에 조세특례사업에서 손실이 발생하고 과세사업에서 소득(부동산, 사업, 사업권, 광물탐사추출처리권 양도소득 제외)이 발생되는 경우 또는 그 반대의 경우, 법인은 그 손실과 소득을 상계할 수 있다. 이 경우 상계한 후에 남은 소득은 과세된다.(CITc §18 ⑨ No.1)

법인이 과거연도에 손실이 발생하였으며 이월결손금 공제기간이 경과하지 않은 경우, 이월결손금을 해당 과세연도의 소득금액에서 공제할 수 있다. 법인이 각 사업 에 대한 손실을 구분기장하지 않은 경우 조세특례소득에서 공제한 후 남은 손실을

과세소득(부동산, 사업, 사업권, 광물탐사추출처리권 양도소득 제외)에서 공제한다.(CITc §18 ⑨ No.2)

> **Case** 손실과 소득의 상계
>
> 2014년에 A사는,
> - 조세특례대상 소프트웨어 생산에서 10억동의 손실이 발생하고
> - 과세대상 컴퓨터판매에서 10억동의 소득이 발생하며
> - 증권양도에서 20억동의 소득이 발생한다.
>
> A사는 소프트웨어생산 손실을 컴퓨터판매소득 또는 증권양도소득에서 공제할 수 있다. 나머지 소득은 일반 법인세율로 법인세를 과세한다. 소프트웨어생산 손실 10억동을 컴퓨터판매소득 10억동 또는 양도소득 20억동에서 공제하는 경우 법인은 잔여소득 20억동에 대하여 법인세율 22%를 적용하여 법인세를 납부한다.(20억 × 22% = 4억4천만동)

(5) 세무조사에서 요건위반이 확인되는 경우

과세당국이 세무검사나 세무조사를 하는 경우, 해당 법인이 조세특례의 요건을 충족하는지 확인한다. 법인이 조세특례요건을 충족하지 못하는 경우 과세당국은 소급하여 법인세를 추징하며 법에 따른 처벌을 할 수 있다.(CITc §22)

조세특례 대상기간 중에 관할세무서장이 세무검사나 세무조서를 통하여 요건위반 사실을 발견하는 때에는 다음과 같은 조치를 취한다.(CITc §18 ⑩)

① 조세특례에 해당하는 법인세액이 법인이 신고한 세액보다 큰 경우(법인이 조세특례 신고를 하지 않은 경우 포함), 법인은 세무검사나 세무조사에서 확인한 세액에 대하여 조세특례를 받을 수 있다.

② 조세특례에 해당하는 법인세액이 법인이 신고한 세액보다 작은 경우, 법인은 세무검사나 세무조사에서 확인한 세액에 대하여만 조세특례를 받을 수 있다.

③ 법인의 위반정도에 따라 관할세무서장은 법에 따른 처벌을 할 수 있다.

제3장 소득세법

① 납세자, 과세소득, 과세기간 등

소득세법은 소득세의 납세자, 과세소득, 면세소득 및 세액계산에 관하여 규정한다.(PITA §1)

1.1 소득세의 납세자

① 납세자

소득세의 납세자는 베트남 내외에서 발생하는 과세소득이 있는 거주자와 베트남 내에서 발생하는 과세소득이 있는 비거주자이다.(PITA §2 ①) 거주자의 과세소득은 그 지급장소에 상관없이 베트남 내외에서 버는 소득이다. 비거주자의 과세소득은 소득의 지급이나 수취 장소에 상관없이 베트남 내에서 발생하는 소득이다.(PITc §1)

② 거주자 및 비거주자의 정의

거주자는 다음 요건 중 하나에 해당하는 사람을 말하며, 비거주자는 거주자에 해당하지 아니하는 사람을 말한다.(PITA §2 ②, PITc §1)

1. 1역년 동안, 또는 베트남에 최초 체류하기 시작한 날로부터 계속 12개월 동안 183일 이상 베트남에 체류하는 경우
2. 베트남에 거소를 두고 상주거소를 등록하거나, 또는 베트남에 체류하기 위해 기한부 임대차계약에 따른 임차주택을 점유하는 경우

1.2 소득세 과세소득의 범위

소득세 과세소득은 다음을 말하며 면세소득(PITA §4)은 제외한다.(PITA §3, PITc §2)

① 사업소득

㉮ 모든 산업의 재화와 용역의 생산 및 판매 소득 ; 생산, 판매, 건설, 음식, 용역의 제공(주택, 토지사용권, 수면 및 기타자산의 임대 포함)

㉯ 법령에 따라 허가, 인가, 면허를 받은 분야의 자유직업소득

㉰ 비과세 대상이 아닌 농업, 임업, 염전, 어업으로 인한 소득

② 근로소득

㉮ 현금 또는 현물로 지급하는 급여나 임금

㉯ 수당 및 지원금. 다만, '유공자우대에 관한 법'에 따른 수당, 저항운동·국방·국제업무참여자·퇴역군인 수당, 국방안보·군 지원금, 위험근로자 수당, 열악지역 근로자 수당, 고충에 대한 비정기 수당, 직업사고 지원금, 직업질병 지원금, 출산 및 입양 지원금, 육아휴직 지원금, 산후회복 지원, 근로능력감소에 대한 지원, 일시연금, 월지급 배우자연금, 퇴직금, 퇴직수당, 실업 지원금, 기타 노동법 및 사회보장법에 따른 지원 ; 사회보장 수혜자를 위한 지원 ; 고령직원 지원 ; 사회경제열악지역에 배치되는 근로자에 대한 일시지원금, 법령에 따라 해양도서지역 근무 공무원 일시 지원금, 베트남으로 이전하는 외국인 또는 외국으로 이전하거나 파견되는 베트남인의 일시 이사지원금 ; 농어촌 근무 의료진에 대한 지원금 ; 직업상 필요한 편익

㉰ 대리인 수수료, 중개인 수수료, 과학기술연구참여대가, 프로젝트참여대가, 사용료, 상의료, 예술·체육활동참여대가, 광고대가 및 기타용역대가 형태의 보수

㉱ 사업자단체, 이사회, 경영진, 프로젝트관리위원회, 관리위원회, 전문가단체 및 기타단체로부터 받는 보수

㉲ 급여 이외 현금이나 현물 : 주택, 전기, 수도 등의 제공(공업단지, 사회경제취약지역 및 사회경제열악지역에서 고용주가 건설하여 근로자에게 무상으로 제공하는 주택, 전기 및 수도 등은 제외. 다만, 근로자가 작업장에서 거주하는 경우, 주택 임차료나 감가상각비, 전기 및 수도 요금 등을 작업장 전체면적에 대한 근로자의

사용면적의 비율로 곱하여 과세소득을 계산. 고용주가 근로자를 대신하여 지급하는 주택 임차료 등은 해당 사업장 근로소득(주택임차료 등을 제외)의 15% 범위에서 과세소득에 포함) ; 근로자를 위하여 지급하는 생명보험이나 기타 선택보험, 임의 연금보험의 보험료, 임의 연금기금 기여금(고용주가 근로자를 위하여 보험료를 지급하지 않고 임의보험을 매입한 경우, 보험료 상당액을 근로자의 과세소득에 포함) ; 근로자를 특정한 골프장, 테니스장, 문화, 예술, 스포츠 클럽 회원권, 건강관리, 유흥, 운동, 여가활동 등에 대한 지출 ; 법령에 정한 한도를 초과하는 문구, 사업여행, 전화, 의복 등(공공기관, 공산당기관, 협회의 임직원의 일정 한도 지출액, 영리법인이나 연락사무소에서 근무하는 근로자의 일정 한도 지출액, 국제기구 및 외국단체의 연락사무실의 근로자의 규정에 따른 비용, 회사규정에 따른 근로자의 출퇴근비용, 회사의 근로자 재교육과정에 대한 지원금은 제외) ; 고용주가 근로자에게 지급하는 기타 지원금으로, 휴가나 공휴일 중에 지급하는 수당 ; 특정인에 대한 세무신고나 자문 대가 ; 계약에 따른 운전사, 요리사나 기타 계약에 따른 가사도우미에 대한 대가

㉻ 주식보상 등과 같은 현금 또는 현물 방식의 상여금(법에 따른 상금과 관련된 상금, 국가, 지방정부나 협회가 부여하는 상금과 관련된 상금, 상장과 관련된 상금(호치민상, 국가상 등), 정부가 인정하는 국내 또는 국제 상장과 관련된 상금, 정부가 인정하는 기술개선 및 발명 상금, 관할당국에 대한 범법제보 상금금은 제외)

③ 자본투자소득

㉮ 대부계약에 따라 대부하는 대여금의 이자. 다만 금융기관(외국은행 포함)이 지급하는 이자는 제외한다.

㉯ 주식의 배당

㉰ 주식회사, 파트너십, 협동조합, 조인트벤처, 공동사업계약, 기업법 및 협동조합법의 기타 사업방식에 따른 투자소득 ; 금융기관법에 따른 금융기관 지분투자소득, 증권투자펀드 및 기타투자펀드 투자소득, 사적회사나 1인주주회사 투자소득

㉱ 법인 청산, 유형전환, 분할(분할합병 포함), 합병(신설합병 포함), 감자의 경우 당초 투자자본을 초과하는 금액

㉲ 채권, 국채, 기타 베트남기관이 발행한 채권의 이자. 다만, 비과세이자는 제외한다.

ⓑ 기타 유형의 지분투자 소득으로, 현물, 종별주식, 토지사용권, 특허지분의 투자를 포함한다.

ⓢ 투자지분이나 소득의 재투자로 인한 배당

④ 자본양도소득

㉮ 주식회사(1인 회사 포함), 파트너십, 협동조합, 공동사업계약, 국민신용펀드, 경제 기구 및 기타기구의 지분투자소득

㉯ 증권양도소득으로, 주식, 주식매입선택권, 채권, 국채, 펀드증서 및 증권법에 따른 기타 증권의 양도소득 ; 기업법에 따른 합자회사 지분의 양도소득

㉰ 기타 증권양도소득

⑤ 부동산양도소득

㉮ 토지사용권 양도소득

㉯ 토지사용권 및 지상재산 양도소득(지상재산이란 주택, 구조물 및 구축물, 기타 농 산물, 임산물 및 수산물을 말한다.)

㉰ 주택(건축 중 주택 포함) 소유권 양도소득

㉱ 수면임차권 양도소득

㉲ 토지현물출자로 인한 양도소득

㉳ 부동산 관리신탁인이 부동산 양도권이나 이와 유사한 권리를 보유하는 경우, 부 동산관리신탁소득

㉴ 기타 위와 유사한 부동산양도소득

⑥ 상금소득

㉮ 복권 당첨금

㉯ 각종 판촉활동에 따른 경품

㉰ 각종 도박, 카지노의 상금

㉱ 각종게임, 부상(副賞) 있는 시합 및 기타 이와 유사한 경우의 상금

⑦ **지적재산권소득**

㉮ 지적재산권법에 따른 지적재산권의 소유권, 사용권의 양도소득과 기술양도법에
따른 기술양도소득(저작권은 문학, 예술, 과학적 작업으로 방송프로그램의 영상,
소리나 위성송출신호를 포함. 산업재산권은 발명, 공업디자인, 상품디자인, 사업
비밀, 제조법, 상표 및 원산지표기 등을 포함. 종자식물이나 파종식물과 같은 종
자권리)

㉯ 기술법에 따른 기술양도(기술노하우의 양도, 기술계획, 기술공정, 기술공법, 공정,
시방서, 도면, 기술도, 컴퓨터프로그램, 정보와 같은 기술지식의 양도, 제품개선
및 기술혁신과 같은 공법의 양도, 재양도로 인한 소득을 포함)

⑧ **프랜차이즈소득**

프랜차이즈 권리자가 사용자에게 사업권을 허여하고 수취하는 소득(프랜차이즈권
리를 재허여하는 경우 포함)

⑨ **상속소득**

유증 또는 상속을 받은 개인이 수취하는 소득

㉮ 상속 증권(주식, 주식매입권, 채권, 국채, 펀드증서 및 기타 증권법에 따른 증권
; 기업법에 따른 합자회사 출자지분), 상속된 회사 및 사업 출자금[주식회사, 조합,
파트너십, 공동사업계약의 지분 ; 사적회사 및 개인사업의 출자금(1인 소유인 경
우 전체 사업), 법에 따라 설립된 조합 및 펀드의 출자금)]

㉯ 상속 부동산[토지사용권, 토지사용권 및 지상재산, 주택 소유권(건축중인 것 포
함), 시설 및 구축물(건설중인 것 포함), 토지 및 수면 임차권, 기타 부동산에 해당
하는 것. 다만, 비과세 부동산소득은 제외한다.)]

㉰ 기타 상속재산의 소유권 및 사용권(자동차, 오토바이, 선박, 무동력선, 쾌속정, 예
인선, 요트, 비행기, 사냥총 등)

⑩ **증여소득**

국내외에서 법인 또는 개인으로부터 증여받은 소득

㉮ 증여받은 증권 : 주식, 주식매입권, 채권, 국채, 펀드증서, 기타 증권법에 따른 증

권 ; 기업법에 따른 합자회사의 출자지분

㉯ 증여받은 회사의 출자금 : 주식회사, 조합, 파트너십, 공동사업계약의 지분 ; 사적 회사 및 개인사업의 출자금(1인 소유인 경우 전체 사업) ; 법에 따라 설립된 조합 및 펀드의 출자금

㉰ 증여 부동산 : 토지사용권, 토지사용권 및 지상재산 ; 주택 소유권(건축중인 것 포함), 시설 및 구축물(건설중인 것 포함) ; 토지 및 수면 임차권 ; 기타 부동산에 해당하는 것. 다만, 비과세 부동산소득은 제외한다.

㉱ 기타 증여재산의 소유권 및 사용권(자동차, 오토바이, 선박, 무동력선, 쾌속정, 예인선, 요트, 비행기, 사냥총 등)

1.3 비과세 소득

① 비과세 소득

다음과 같은 소득에 대하여 소득세를 과세하지 않는다.(PITA §4, PITc §3)

1. 남편과 아내, 부모와 자녀(양자녀 포함), 시부모와 며느리, 처부모와 사위, 친조부모와 친손자녀, 외조부모와 외손자녀, 형제자매들 간의 부동산양도소득, 혼인 중 배우자가 건축한 부동산(건축 중인 것 포함)이 부부공동재산으로 간주되어 이혼으로 분할되는 경우
2. 1주택, 1토지사용권 및 그 지상재산의 소유자의 양도소득. 공동소유의 경우 다른 주택이나 토지사용권이 없는 경우 비과세. 주택이나 토지사용권을 양도일 이전 183일 이상 소유하고 전부를 양도하여야 하며, 건축 중인 것은 제외
3. 국가가 불하하여 사용료 감면대상인 토지사용권 양도소득
4. 남편과 아내, 친부모와 친자녀(양자녀 포함), 시부모와 며느리, 처부모와 사위, 친조부모와 친손자녀, 외조부모와 외손자녀, 형제자매들 간 상속·증여된 부동산의 양도소득(건축 중인 것 포함)
5. 토지나 수면 사용권이나 임차권을 보유한 농업, 임업, 염업, 어업 종사자가 해당사업지역에 거주하며(어업 제외) 창출하는 소득. 농산물, 임산물, 소금 및 수산물은 세척, 건조, 훈제, 절단, 냉동보관되는 것을 포함.
6. 국가가 가계 또는 개인에게 불하한 농업토지의 용도변경으로 인한 소득
7. 금융기관 예금이자(요구불예금, 정기예금, 일반예금, 예탁증서, 약속어음, 국채 및 기타 원금 포함), 생명보험계약에 따른 이자, 국채 이자

8. 해외의 베트남인 친척, 근로자 및 학생으로부터 송금받은 소득

9. 노동법에 따라 지급하는 야근수당 및 초과근무수당으로 1일 총급여에서 통상급여를 차감한 금액(예. A의 1일 통상급여는 시간당 4만동이다. 1일 초과근무를 하는 경우 시간당 6만동을 받는다. 이 경우, 비과세소득은 시간당 2만동이다. 휴일에 초과근무를 하는 경우 시간당 8만동을지급한다. 이 경우, 비과세소득은 시간당 4만동이다.)

10. 사회보장법에 따른 사회보장펀드가 지급하는 연금 ; 임의연금펀드가 지급하는 월지급 연금. 외국펀드가 베트남에 거주하며 일하는 외국인에게 지급하는 연금

11. 국가가 지급하는 장학금, 국내외단체가 지급하는 장학금

12. 생명보험, 일반보험 및 건강보험의 보상금 ; 작업사고에 대한 보상금 ; 보상법에 따른 보상 및 지원 ; 국가나 법령에 따른 배상 ; 민법상 계약위반으로 인한 배상

13. 국가기관이 허가하거나 승인한 자선·인도·비영리 목적으로 활동하는 자선기금으로부터 받은 소득

14. 국가기관이 승인한 자선·인도적 목적의 외국 정부 또는 비정부기관의 원조자금으로부터 받은 소득

15. 국제운송용역을 제공하는 외국 또는 베트남 선사에서 근무하는 베트남 승무원 급여

16. 원양어업에 종사하는 재화나 용역을 제공하는 선박(사용권 포함)을 소유하는 개인의 소득

② 비과세 근로소득

다음과 같은 근로소득은 비과세한다.(PITc §3 ① g)

1. 근로자 및 그 가족(자녀, 배우자, 부모)이 걸린 치명적 질병의 검사 및 치료를 위한 고용주 지원(병원비에서 보험금을 공제하고 근로자가 실제로 지급한 금액 한도)

2. 국가기관, 공공기관, 공산당조직 및 협회의 차량사용규정에 따라 수취하는 금액

3. 공공주택규정에 따라 수취하는 금액

4. 투표나 시민을 위한 법적서류, 결산, 정치보고서, 사찰서의 자문, 평가 및 검토에 대하여 급여 이외로 수취하는 대가 ; 국회, 소수민족협의회, 국회위원회, 국회의원, 중앙정부, 공산당조직의 업무를 위한 의복이나 기타활동을 위하여 수취하는 대가

5. 고용주가 제공하는 간식 및 점심 비용(요리, 구매 또는 점심표 등). 현금을 지급하는 경우 노동부장관령이 정한 금액 한도

6. 고용주가 외국인근로자 또는 베트남인 해외근로자에게 1년에 한번 지급하는 고향방문 왕복여행비용

7. 고용주가 지급하는 외국인근로자 자녀의 베트남 내 수학 또는 베트남인 해외근로자

자녀의 해외수학을 위한 학비(유치원에서 고등학교)

8. 후원금(후원금 수익자가 후원기관의 구성원이고 ; 정부예산 또는 법령에 따라 후원금이 지급되며; 문학, 예술, 과학연구, 국가정책목표달성이나 정관에 따른 활동에 해당)

9. 근로계약에 따라 석유나 광산과 같은 산업분야의 베트남 외국인근로자를 파견하거나 재배치하기 위하여 고용주가 지급하는 대가(예. X는 Y사가 베트남 석유시추시설에 파견한 외국인이다. 근로계약에 따라 X 의 근무주기는 28일 계속근무 후에 28일 휴무이다. Y사는 X가 근무를 교대할 때마다 거주지국에서 베트남 왕복항공권을 지급한다.)

10. 고용주가 정한 규정에 따라 근로자의 가족행사에 지급하는 대가로 법인세법의 비용한도에 해당하는 금액

1.4 과세기간, 소득세 감면, 외화소득환산 등

(1) 과세기간

① 거주자의 과세기간

거주자의 경우 다음과 같이 과세기간을 적용한다.(PITA §7 ①) 납세자가 해당연도에 183일 이상 베트남에 체류하는 경우 과세기간은 역년으로 한다. 납세자가 해당연도에 183일 미만 체류하지만 베트남 입국일로부터 계속된 12개월 동안 183일 체류하는 경우, 최초의 과세연도는 입국일로부터 계속된 12개월로 한다. 그 다음 연도에는 역년을 과세연도로 한다. 예를 들면, B는 베트남에 2014.4.29. 처음으로 입국하였다. 2014년 12.31까지 B는 130일을 체류한다. 2015년에 4.19까지 B는 65일을 체류한다. 최초 과세연도는 2014.4.20. 개시하여 2015.4.19. 종료한다. 그 다음 과세연도는 2015.1.1. 개사하여 12.31. 종료한다.(PITc §6 ①)

1. 1년 단위 합산과세 : 사업소득, 근로소득
2. 소득발생시 개별과세 : 자본투자 소득, 자본양도소득(증권양도소득 제외), 부동산양도 소득, 상금소득, 지적재산권소득, 프랜차이즈소득, 상속소득, 증여소득
3. 1년 단위 합산과세 또는 소득발생시 개별과세 : 증권양도소득

② 비거주자의 과세기간

비거주자의 경우, 소득이 발생하는 때마다 개별적으로 과세하는 방식을 적용한다.(PITA §7 ②) 비거주 사업자가 국내사업장(매장, 작업장 등)을 두는 경우, 과세기간은 거주 사업자의 경우와 마찬가지로 결정한다.(PITc §6 ②)

(2) 소득세의 감면

천재, 화재, 사고, 중병으로 납세능력에 영향을 미치는 어려움에 처한 납세자의 경우 피해의 정도에 따라 소득세를 감면할 수 있다. 세액감면은 천재지변 등이 발생한 과세연도에 대하여 적용한다. 세액감면 대상 손해는 손해를 회복하기 위한 총비용에서 보험업자, 손해를 초래한 법인이나 개인이 지급하는 보상금을 차감하여 계산한다. 감면세액은 납부세액을 한도로 한다. 세액감면을 하기 위한 납부세액은 해당 과세연도에 납부한 소득세의 총액으로 하며 다음을 포함한다.(PITA §5, PITc §4)

1. 투자소득, 증권양도소득, 부동산양도소득, 상금, 권리사용료, 프랜차이즈소득, 상속소득, 증여소득에 대하여 납부하였거나 원천징수한 소득세
2. 사업소득, 근로소득에 대하여 납부할 소득세

(3) 외화 또는 현물소득의 베트남동 환산

수입금액과 소득은 베트남동으로 계산한다. 외화로 수취하는 수입금액 및 소득은 그 소득을 수취하는 때 납세자가 계좌를 개설한 은행의 매입환율을 적용하여 베트남동으로 환산한다. 납세자가 베트남 은행계좌를 보유하지 않은 경우 그 소득을 수취하는 때 Vietcombank의 매입환율을 적용하여 베트남동으로 환산한다. 베트남동의 환율이 없는 외화의 경우 베트남동의 환율이 있는 외화를 이용하여 환산한다.(PITA §6 ①, PITc §5 ①)

금전 이외의 것으로 받은 소득의 경우, 소득이 발생한 때에 그 재화·용역, 또는 같은 종류의 비슷한 재화·용역의 시장가격에 따라 베트남동으로 환산하여야 한다.(PITA §6 ②, PITc §5 ②)

(4) 조세조약의 우선 적용

베트남이 체결한 조세조약의 규정이 소득세법의 규정과 다른 경우, 조세조약의 규정이 우선한다.(PITA §9)

② 거주자 소득금액 및 세액의 계산

2.1 소득의 계산

(1) 사업소득

① 사업소득

사업소득이란 수입금액에서 과세기간 중에 사업소득의 창출과 관련된 합리적인 비용을 모두 공제한 금액을 말한다.(PITA §10 ①) 수입금액 및 비용의 계산은 회계기준에 따른 장부 및 관련 영수증 등에 따라 이루어져야 한다.(PITA §10 ④)

② 수입금액

수입금액은 재화·용역의 생산·판매활동에서 과세기간 중 발생한 재화판매금액, 수수료, 임가공보수 등 재화·용역의 공급대가 총액을 말한다. 재화소유권을 이전할 때, 용역제공을 완료할 때, 또는 재화·용역의 매출계산서를 교부할 때, 수입금액을 수취한 것으로 본다.(PITA §10 ②)

③ 관련비용

과세기간 중 사업소득의 창출과 관련된 합리적인 비용이란 다음을 말한다.(PITA §10 ③)

---

1. 급여 및 임금, 근로자에게 지급하는 기타비용, 수수료
2. 제조판매에 사용하는 원료·연료·원자재·에너지·재화의 원가, 외부 용역의 구매 비용
3. 제조판매에 사용하는 고정자산의 감가상각, 유지·보수비용
4. 차입금 이자비용
5. 관리 비용

---

6. 법률의 규정에 따라 납부하여야 하는 세금, 부담금, 요금
7. 소득창출과 관련된 기타비용

④ 공동사업자

하나의 사업등록으로 여러 사람이 함께 사업을 하는 경우, 각자의 사업소득은 다음 중 하나의 방법으로 계산한다.(PITA §10 ⑤)

1. 사업등록에 기재된 개인의 납입 자본금의 비율에 따라 계산한다.
2. 사업등록에 기재된 개인들 사이의 합의에 따른다.
3. 사업등록에 자본금 납입비율이 정해지지 아니하거나, 개인들 사이의 소득분배에 관한 합의가 없는 경우, 투자자소득의 평균금액으로 계산한다.

⑤ 추계과세

개인사업자가 회계장부의 비치, 계산서 및 영수증의 발행을 제대로 하지 아니하여 수입금액, 비용 및 소득금액을 확정할 수 없는 경우 관할 과세관청은 조세관리법의 일정세액수준(TAA §39 ①)에 따라 수입금액 및 소득금액을 정할 수 있다.(PITA §10 ⑥)

(2) 근로소득

근로소득은 납세자가 과세기간 중에 받은 소득의 총액이다. 근로소득의 수입시기는 법인이나 개인이 납세자에게 소득을 지급한 때 또는 납세자가 소득을 받은 때이다.(PITA §11)

(3) 자본투자소득

자본투자 소득은 납세자가 과세기간 중에 받은 자본투자 소득의 총액이다. 자본투자 소득의 수입시기는 법인 또는 개인이 납세자에게 소득을 지급한 때 또는 납세자가 소득을 수취한 때이다.(PITA §12)

(4) 자본양도소득

자본양도 소득은 양도가액에서 취득가액과 자본양도 소득의 창출과 관련된 합리적인 비용을 공제하여 산출한다. 취득가액과 자본양도와 관련된 비용을 확인할 수 없는 경우 자본양도가액을 소득금액으로 본다.(PITA §13 ①·②) 자본양도 소득의 수입시기는 자본양도거래가 관련법의 규정에 따라 완료되는 때이다.(PITA §13 ③)

(5) 부동산양도소득

① 실지거래가액에 의한 소득

부동산양도 소득은 양도할 때마다 다음과 같이 부동산 양도가액에서 부동산 취득가액 및 관련비용을 공제하여 산출한다. 취득가액 및 관련비용을 확인할 수 없는 경우, 부동산 양도가액을 소득금액으로 본다.(PITA §14 ①·②)

> 1. 양도가액 : 양도시의 계약에 따른 가격
> 2. 취득가액 : 구매시점의 계약에 따른 가격
> 3. 관련비용 : 영수증 및 계산서에 따라 공제되며, '토지사용권법'의 규정에 따른 부담금 및 요금, 토지조성 및 건물보수 비용, 토지매립비, 주택·기반시설·구축물 건축비용, 부동산양도와 관련된 비용을 포함한다.

부동산양도 소득의 수입시기는 법률의 규정에 따라 양도계약이 효력을 갖는 때이다.(PITA §14 ④)

② 기준시가에 의한 소득금액

정부는 토지 양도가액을 확인할 수 없거나, 양도할 때에 계약서에 토지사용권 양도가액을 인민위원회가 공시한 가격보다 낮게 기재한 경우, 부동산 양도가액을 산정하는 기준 및 방법을 시행령으로 규정한다.(PITA §14 ③)

(6) 상금소득

납세자가 상금을 받을 때마다 상금금액이 1천만동을 초과하는 소득 상당액을 상금소득으로 본다. 상금소득의 수입시기는 법인 또는 개인이 납세자에게 소득을 지급

하는 때이다.(PITA §15)

(7) 지적재산권 및 프랜차이즈 소득

지적재산권, 사용권 및 기술의 이전 또는 프랜차이즈의 실시계약으로 납세자가 받는 1천만동을 초과하는 소득 상당액을 지적재산권소득 또는 프랜차이즈소득으로 본다.(PITA §16 ①, §18 ①)

특허권 또는 프랜차이즈 소득의 수입시기는 법인 또는 개인이 납세자에게 소득을 지급하는 때이다.(PITA §17 ②, §18 ②)

(8) 상속 또는 증여 소득

납세자가 상속 또는 증여가 이루어질 때마다 받은 상속 또는 증여 재산가치가 1천만동을 초과하는 소득 상당액을 상속 또는 증여 소득으로 본다. 상속 또는 증여 소득의 수입시기는 다음과 같다.(PITA §18)

> 1. 상속소득의 경우 : 납세자가 상속을 받을 수 있는 때
> 2. 증여소득의 경우 : 법인 또는 개인이 납세자에게 증여하는 때, 또는 납세자가 증여소득을 받을 수 있는 때

2.2 소득공제

(1) 인적공제

인적공제란 거주자인 납세자의 사업소득 및 근로소득 과세표준을 계산하기 위하여 소득에서 공제하는 금액으로, 다음 2가지를 말한다. 인적공제는 납세자의 합산소득에 대하여 연 1회 공제할 수 있다.(PITA §19 ① · ②, PITc §9 ①)

> 1. 납세자 본인공제 : 월 11,000,000동(연 132,000,000동) – 2020년 과세연도부터 적용
> 2. 부양가족공제 : 월 4,400,000동(연 52,800,000동) – 2020년 과세연도부터 적용

(가) 납세자 본인공제

사업소득과 근로소득이 모두 있는 납세자는 합산소득에 대하여 인적공제를 적용한다. 1월 미만의 경우 1월로 본다. 베트남 거주자가 된 외국인의 경우 1월(또는 그 외국인이 베트남에 입국한 달)부터 근로계약이 종료되거나 베트남을 출국하는 달까지 인적공제를 적용한다.(PITc §9 ① c)

> **Case** 납세자 본인공제(PITc §9 ① c)
>
> (1) 외국인 E는 2014.3.1.부터 베트남에서 근무하고 있다. 2014.11.15. 근로계약이 종료되어 출국한다. E는 2014.3.1.부터 출국일까지 베트남에 183일 이상 체류한다. 따라서 2014년에 E는 거주자에 해당하고 2014년 1월부터 11월까지 인적공제를 받을 수 있다.
>
> (2) 외국인 G는 2013.9.21. 베트남에 입국하며, 2014.6.15. 근로계약이 종료하여 베트남을 출국한다. G는 베트남에 187일 체류한다. 이에 따라 1차 과세연도(2013.9.21.부터 2014.9.20.)에 G는 베트남 거주자에 해당하며 2013년 9월부터 2014년 6월까지 인적공제를 받을 수 있다.

(나) 부양가족공제

납세자는 부양가족의 납세번호를 받아서 신청일이 속하는 날이 소득하는 달부터 부양가족공제를 받을 수 있다. 직계존비속 이외의 기타부양가족의 공제는 해당 과세연도 12월 31일까지 신청하여야 한다. 부양가족공제는 해당 납세자에게 1회 적용된다. 여러 납세자들이 동일한 부양가족에 대하여 부양가족공제를 받을 수 있는 경우, 그 중 1명의 납세자만 부양가족공제를 받아야 한다.(PITc §9 ① c) 월 11백만동 이하의 사업소득 및 근로소득이 있는 납세자는 부양가족을 등록하지 않을 수 있다.(PITc §9 ① h)

부양가족이란 납세자가 부양의무를 지는 다음과 같은 사람을 말한다.(PITA §19 ③, PITc §9 ① d)

> 1. 18세 미만의 자녀(양자녀, 혼외자, 의붓자식 포함), 18세 이상으로 장애인으로 근로를 할 수 없는 자녀, 베트남이나 국외에서 고등학교, 대학이나 직업학교에서 공부하는 18세 이상의 자녀(고등학교 12학년의 6월부터 9월까지 대학입학을 기다리는 기간 포함)로 소득이 없거나 월평균소득이 1,000,000동 이하인 경우
> 2. 배우자

3. 납세자의 부모(시부모, 장인장모, 계부모, 양부모 포함)
4. 납세자의 형제자매, 조부모, 삼촌, 고모(외삼촌, 이모 포함), 조카 및 기타 법에 따라 부양의무가 있는 친인척으로 다음에 해당하는 경우
   - 장애가 있어 근로를 할 수 없는 경우. 이는 무능력장애인법에 따른 개인을 말한다.(에이즈, 암, 신장 환자 등 포함)
   - 소득이 없거나 월평균 합산소득이 1,000,000동을 초과하지 않는 경우
   - 근로연령에 해당하지 않은 개인으로 소득이 없거나 월평균 합산소득이 1,000,000동을 초과하지 않는 경우

(2) 보험료 공제

보험료란 의무적으로 가입하여야 하는 사회보험, 건강보험, 고용보험 및 산업책임보험의 보험료를 말한다.(PITc §9 ② a)

고용주가 근로자를 위하여 납부하는 생명보험(임의 연금보험 제외) 및 기타 임의보험 보험료의 10%를 공제한다. 고용주가 근로자를 위하여 베트남법에 따른 생명보험(임의 연금보험 제외)이나 기타 임의보험을 계약하고 보험료를 납부하는 경우, 고용주가 납부하는 보험료를 과세소득에 포함하지 않는다.(PITc §7 ⑥)

임의연금펀드 및 임의연금보험 기여금은 과세소득에서 월 1백만동을 한도로 공제한다. 기여금에는 근로자가 납부하는 금액과 고용주가 대신하여 납부하는 금액을 모두 포함하며, 모든 연금펀드에 대한 기여금을 합산하여 계산한다.(PITc §9 ② b)

베트남 거주자에 해당하는 외국인, 또는 국외원천 근로소득이나 사업소득이 있는 거주자가 외국에서 베트남의 의무보험료와 비슷한 의무보험료를 납부하는 경우, 그 보험료를 근로소득이나 사업소득에서 공제할 수 있다.(PITc §9 ② c)

Case 임의연금펀드 기여금(PITc §9 ② c)

Y씨는 재무부장관이 인정한 보험업자에게 임의연금펀드를 가입하였다. Y씨는 임의연금에 대하여 다음과 같이 공제를 받을 수 있다.
- 임의연금기여금이 월 800,000동으로 연 9,600,000동인 경우, 연 9,600,000동을 공제받을 수 있다.
- 임의연금기여금이 월 2,000,000동으로 연 24,000,000동인 경우, 연 12,600,000동을 공제받을 수 있다.

(3) 기부금 공제

다음과 같은 자선이나 인도적 목적의 기부금은 사업소득 과세표준 및 근로소득 과세표준을 계산하기 위하여 소득에서 공제된다. 과세연도에 이루어진 기부금은 해당 과세연도의 과세소득의 범위 내에서 공제한다. 공제되지 않은 기부금은 다음 과세연도에 공제받을 수 있다.(PITA §20 ①, PITc §9 ③)

> 1. 불우아동, 장애인, 무의탁 노인을 돌보거나 부양하는 단체에 기부하거나, 이들의 거소에 기부하는 경우
> 2. 자선, 인도, 장학 기금에 기부하는 경우

기부금 대상 단체, 거소 또는 기금은 국가기관으로부터 설립을 허가받거나 승인받아야 하며 비영리목적의 자선, 인도 또는 장학 목적으로 활동하여야 한다.(PITA §20 ②)

2.3 과세표준의 계산

사업소득	근로소득	자본투자 소득	자본양도, 부동산양도 소득	상금, 지적재산권, 프랜차이즈 소득	상속·증여 소득
+ 수입금액 △ 관련비용	+ 수입금액	+ 수입금액	+ 수입금액 △ 관련비용	+ 수입금액 △ 1천만동	+ 수입금액 △ 1천만동
△ 비과세소득	△ 비과세소득	△ 비과세소득	△ 비과세소득	△ 비과세소득	△ 비과세소득
△ 인적공제	△ 인적공제	–	–	–	–
△ 보험료공제	△ 보험료공제	–	–	–	–
△ 기부금공제	△ 기부금공제	–	–	–	–
= 과세표준	= 과세표준	= 과세표준	= 과세표준	= 과세표준	= 과세표준

(1) 사업소득 과세표준

사업소득의 과세표준은 소득에서 관련 비용 및 비과세소득을 공제한 금액에서 사회보험, 의료보험, 의무보험가입 대상 산업이나 업종의 직업책임보험의 보험료, 개인

퇴직연금 기여금, 인적공제 및 기부금공제를 차감한 금액이다.(PITA §21 ①, PITc §7 ①)

(가) 사업소득의 과세소득 계산

사업소득의 과세소득은 해당 과세기간의 수입금액에서 합리적으로 관련되는 비용을 차감하여 다음과 같이 계산한다.(PITc §8 ①)

① 회계기준에 따른 기장을 하지 않는 사업자(PITc §8 ① a)

㉮ 회계기준에 따라 기장을 하고 계산서를 사용하지만, 수입금액, 비용 및 과세소득을 계산할 수 없는 사업자(일정세율 사업자)의 과세소득은 과세기간의 일정수입금액에 과세소득비율을 곱하여 산출한다.

㉯ 계산서를 사용하는 일정세율 사업자는 계산서에 따른 분기별 수입금액이 일정수입금액을 초과하는 경우에는 일정수입금액에 대한 단일세율(10%) 소득세 이외에 초과액에 대한 소득세를 납부한다. 계산서를 사용하는 일정세율 사업자가 소득세의 환급을 청구하는 경우, 해당 과세연도의 수입금액은 과세연도의 계산서에 따른 수입금액이 일정수입금액 미만인 경우 일정수입금액으로 하며, 그 이상인 경우 수입금액은 계산서에 따른 수입금액으로 한다.

㉰ 사업자가 수입금액을 계상하지만 비용을 계상하지 않은 경우 수입금액에 과세소득비율을 곱한 금액에 기타과세소득을 합하여 과세표준을 계산한다. 기타과세소득은 사업기간 중에 수취하는 소득으로, 계약위반 보상금, 지체상금, 사업자금 은행이자, 외상이자 및 할부판매이자, 유형자산매각수익, 폐품 및 파손품 매각수익을 말한다.

㉱ 재화와 용역을 판매하기 위하여 계산서가 필요한 이동판매사업자 및 비사업자는 거래건별 과세소득에 대하여 10%의 소득세를 신고납부하여야 한다.

㉲ 과세소득비율은 다음과 같이 적용한다. 납세자가 여러 사업활동을 하는 경우, 주된 사업활동의 비율을 적용한다. 주된 사업활동을 확인할 수 없는 경우에는 기타 사업활동의 비율을 적용한다.

사업활동	과세소득의 비율(%)
재화의 판매 및 공급	7
용역의 공급, 건설(원재료 제외)	30
제조, 운송, 재화공급과 관련된 용역제공, 건설(원재료 포함)	15
기타 사업활동	12

② 기장을 하고 계산서를 발행하는 사업자

기장을 하고 계산서를 발행하는 사업자의 과세소득은 수입금액에서 관련비용을 공제하고 기타과세소득을 합하여 계산한다.(PITc §8 ① b)

㉮ 수입금액은 재화의 판매 및 가공, 수수료, 재화 및 용역의 공급으로 수취하는 모든 대가로 보조금, 할증금 및 추가금을 포함한다.

- 할부판매 수입금액은 할부판매이자를 제외한 판매가격으로 한다. 외상판매의 경우 외상금액에 대한 이자상당액을 제외한 판매가격. 외상판매 또는 할부판매 대금을 여러 과세기간에 걸쳐 지급하는 경우 계약에 따라 해당 과세기간에 매입자로부터 받아야 할 금액에서 이자상당액을 제외한 금액

- 재화나 용역을 근로자와 교환, 기부, 설비나 포상을 위하여 사용하는 경우 거래 시 시장의 유사한 재화나 용역의 가격

- 사업자가 생산한 재화나 용역을 자가소비하는 경우 그 재화나 용역의 생산원가

- 재화가공의 경우 대가, 연료, 기계, 부자재에 대한 지급금 및 기타 지급금을 포함한 가공으로 수취하는 총금액

- 다른 사업자가 위탁한 재화의 판매의 경우 위탁계약에 따라 수취하는 수수료

- 자산의 임대로 인한 수입금액은 계약에 따라 수취하였거나 수취할 금액. 임차인이 선임대료를 지급하는 경우 해당기간에 안분한 금액

- 건설이나 설치의 경우 건설작업이나 공사부분의 완공가치, 건설이나 설치에서 원재료, 기계장비를 제외하는 경우 그 원재료 등을 제외하고 수취하는 금액, 건설이나 설치에서 원재료, 기계장비를 포함하는 경우, 그 원재료 등을 포함하여 수취하는 금액,

- 운송용역의 수입금액은 과세기간 중에 승객 및 화물 운송으로 수취하는 총금

액을 수입금액으로 한다.

㉯ 수입금액의 인식시기는 재화의 소유권 또는 사용권이 이전되는 때 또는 매출계산서를 발행하는 때, 또는 용역의 제공이 완료된 때 또는 매출세금계산서를 발행하는 때로 한다. 주택, 토지사용권, 수면 및 기타자산 임대의 경우 임대계약에 따른 날로 한다.

㉰ 기타 과세소득은 사업활동 중에 수취하는 소득으로 위약금, 지체상금, 은행이자수익, 할부이자수익, 고정자산양도차익, 폐품, 파손품 판매수익, 기타 과세소득을 포함한다.

㉱ 공제되는 합리적인 비용이란 사업과 관련되어 실제 발생된 아래와 같은 비용으로 세법에 따른 증빙을 갖춘 것을 말한다.

---

1. 근로계약, 용역계약이나 노동법에 따른 단체교섭합의에 따라 근로자에게 지급하는 급여, 수당, 복리후생비 등의 비용. 급여에는 사업주 본인이나 공동사업자 등록증에 표시된 공동사업자 본인의 급여를 포함하지 않는다. 근로자 근무복에 대한 지출로 연간 1인당 5,000,000동을 초과하지 않는 현금이나 현물. 일정 산업의 경우 재무부장관이 정한 한도

2. 해당 과세기간에 과세소득을 창출하기 위하여 재화나 용역을 생산하거나 판매하는 데 사용한 원재료, 연료, 에너지 및 재화의 시장가격에 해당하는 지출. 정부가 시장가격을 정하는 경우 그 가격. 원재료, 자산, 자본 및 재화의 손실은 비용으로 산입하지 않는다. 다만, 천재지변, 화재, 전염병, 불가항력으로 인해 보상받지 못하는 경우는 제외한다. 개인적 목적 및 사업목적에 모두 사용하는 재화나 용역의 경우, 사업목적 사용분만을 비용에 산입한다.

3. 재화나 용역의 생산이나 판매에 사용하는 고정자산의 감가상각비 및 수리비. 다음 요건을 충족하는 경우 고정자산의 감가상각비를 비용으로 계상할 수 있다.
   • 생산이나 사업에 고정자산을 사용하는 경우
   • 해당 고정자산이 사업자의 소유라는 증빙이 있는 경우
   • 해당 고정자산을 사업자의 회계장부에 기표하고 회계기준에 따라 관리하는 경우
   9석 이하 자동차의 감가상각비는 비용으로 계상할 수 없다. 고정자산의 감가상각비는 법령에 정한 한도 내에서 비용으로 산입한다. 감가상각이 완료되었으나 아직 사용하는 고정자산은 더 이상 상각할 수 없다. 사업 및 다른 목적으로 모두 사용하는 고정자산의 감가상각비는 사업목적의 사용비율에 따라 비용으로 산입한다.

4. 생산이나 판매에 사용하는 차입금의 이자. 차입금의 이자율은 금융기관 차입계약서에 정한 차입이자율을 말한다. 금융기관으로부터 차입하지 않은 경우, 차입계약서에 따른 이자율을 적용하지만 그 이자율은 차입당시 배트남 국영은행이 고시한 기준이자율의 1.5배를 초과할 수 없다. 차입금에는 개업을 하기 위한 자본금에 충당하기 위하여 차입한 금액은 포함하지 않는다.

5. 일반관리비. 전기, 수도, 전화 요금, 문구비용, 감사 및 법무 용역, 기획, 보험, 기술용역비 등. 고정자산이 아닌 자산의 취득원가로 기술문서, 특허 기술이전, 상표의 취득원가나 사용대가는 정액법으로 비용에 산입한다. 리스계약에 따른 고정자산의 임차료. 여러 과세기간의 임차료를 일시에 지급하는 경우, 해당 과세기간에 정액법으로 배분하여 비용으로 산입한다. 생산이나 판매와 관련한 기타 외부용역에 대한 비용. 제품의 보관, 포장, 운송, 선적, 저장 및 보증과 관련한 비용

6. 사업과 관련한 조세, 공과금, 수수료 및 토지임차료(부가가치세 매입세액, 원천징수소득세, 법에 따라 비용에 산입하지 않는 기타 조세, 공과금, 수수료 등 제외). 허가세, 수출세, 수입세, 소비세, 자원세, 농지세, 비농지세, 환경세, 투지임차료, 수면임차료. 법에 따라 비용에 산입할 수 있는 부가가치세. 법에 따라 사업자가 정부에 납부하는 공과금 및 수수료

7. 근로자의 업무여행에 대한 비용(교통비 및 숙박비 제외)으로 재무부가 정한 공무원 출장비 한도의 2배 이내 금액. 교통비 및 숙박비는 증빙을 갖추는 경우 전액 비용으로 산입한다. 근로자에게 일정 비용을 교통비 및 숙박비로 지급하는 경우 재무부가 정한 공무원 여비규정에 따라 비용에 산입한다.

8. 과세소득을 창출하기 위하여 필요한 적격 증빙을 갖춘 비용

9. 외상판매나 할부판매의 과세소득에 대응되는 비용

③ 공동사업자

여러 개인이 공동으로 사업자등록을 하는 경우(토지사용권, 주택이나 다른 자산의 공동 취득 포함), 각 사업자가 수취하는 과세소득은 아래 방법 중 하나로 계산한다. 아래 방법으로 계산한 과세소득에서 소득공제를 차감하여 과세표준 및 산출세액을 계산한다.(PITc §8 ① c)

㉮ 사업자등록증에 표시된 각 사업자의 출자금의 비율에 따라 배분

㉯ 사업자들의 합의에 따른 소득배분비율에 따라 배분

㉰ 사업자등록증에 출자금의 비율이 표시되지 않거나 소득배분비율의 합의가 없는 경우 각 사업자의 평균소득에 따라 배분

(나) 복권판매대리인 등의 과세소득

복권판매대리인, 보험판매대리인 및 온라인판매인 등의 과세소득에는 대리수수료, 보상금, 지원금과 복권발행회사, 보험업자 및 온라인판매회사로부터 받는 모든 형태의 대가를 포함한다. 과세소득은 복권발행회사, 보험업자 및 온라인판매회사가 납세자에게 소득을 지급하는 때에 계산한다.(PITc §7 ⑤ a·b)

(2) 근로소득 과세표준

근로소득의 과세표준은 소득에서 비과세소득을 공제한 금액에서 사회보험, 의료보험, 의무보험가입 대상 산업이나 업종의 직업책임보험의 보험료, 개인퇴직연금 기여금, 인적공제 및 기부금공제를 차감한 금액이다.(PITA §21 ①, PITc §7 ①)

① 근로소득 과세소득의 계산

근로소득은 과세기간에 납세자가 수취하는 급여, 상여금 및 기타 관련소득의 합계로 한다. 근로소득은 납세자에게 해당 소득을 지급하는 때 계산한다. 보험금으로 인한 소득은 보험업자나 임의연금펀드가 보험금을 지급하는 때에 계산한다. 사업소득 및 근로소득이 있는 경우에는 그 소득들을 합산하여 과세소득으로 한다.(PITc §8 ②)

② 근로소득이 세후소득인 경우 과세소득의 환산

근로자에게 지급하는 근로소득이 세후소득인 경우, 과세소득은 실제로 수취한 소득(비과세소득 제외)에 근로자를 대신하여 고용주가 지급한 대가를 가산하고 공제금액을 차감하여 계산한다. 고용주가 예상세액이나 예상주택임차료를 적용하는 경우에는 과세소득에 그 예상세액이나 예상주택임차료를 가산하지 않는다. 근로자를 대신하여 지급하는 금액에 주택임차료를 포함하는 경우 과세소득에 그 주택임차료를 가산한다. 다만, 가산하는 주택임차료는 과세소득 총액(실제 또는 예상 주택임차료를 제외한 금액)의 15%를 넘지 않는다.(PITc §7 ④ a)

| 근로소득이 세후소득인 경우 과세소득환산 공식 |

환산과세소득 = 실제수취소득 + 근로자를 대신하여 지급한 금액 – 공제액

거주자가 소득세를 정산하여야 하는 경우, 해당 연도의 과세소득은 환산 과세소득에 따른 매월 과세소득의 합계액이다. 여러 회사로부터 세후소득을 수취하는 경우 해당연도의 과세소득은 각 회사가 매월 지급하는 과세소득의 합계액이다.(PITc §7 ④ b)

| 세후 근로소득의 과세표준 환산(PITc 별표 §2) |

세후소득/월	환산 과세소득
4.75백만동 이하	세후소득 /0.95
4.75백만동 초과 9.25백만동 이하	(세후 소득 − 0.25백만동)/0.90
9.25백만동 초과 16.05백만동 이하	(세후 소득 − 0.75백만동)/0.85
16.05백만동 초과 27.25백만동 이하	(세후 소득 − 1.65백만동)/0.80
27.25백만동 초과 42.25백만동 이하	(세후 소득 − 3.25백만동)/0.75
42.25백만동 초과 61.85백만동 이하	(세후 소득 − 5.85백만동)/0.70
61.85백만동초과	(세후 소득 − 9.85백만동)/0.65

Case 근로소득 과세표준의 계산(PITc §7 ④ a)

(1) 2014년에 D씨와 X사의 근로계약에 따라 D씨는 월 31.5백만동의 근로소득을 지급받는다. 이와 별도로 X사는 D씨를 대신하여 월 1백만동의 스포츠클럽 회비를 납부한다. D씨는 의무보험을 월 1.5백만동 납부한다. 계약에 따라, X사는 D씨를 대신하여 소득세를 납부하여야 한다. 2014년에 D씨는 본인의 인적공제만 받을 수 있으며 부양가족이 없다. 또한 기부금도 없다. 이 경우, 월 소득세 산출세액은 다음과 같다.
   - 세후과세소득 : 31.5백만동 + 1백만동 − (11백만동 + 1.5백만동) = 20백만동
   - 과세소득환산 : (20백만동−1.65백만동)/0.8 = 22.9375백만동
   - 소득세 산출세액 : 22.9375백만동 × 20% −1.65백만동 = 2.9375백만동
(2) X사는 또한 D씨를 위하여 월 6백만동의 주택임차료를 지급한다. 이 경우 소득세 산출세액은 다음과 같다.
   ㉮ 1단계 : 과세소득에 포함된 주택임차료의 계산
   - 과세소득 계산(주택임차료 제외) : 31.5백만동 + 1백만동 − (11백만동 + 1.5백만동) = 20백만동
   - 과세소득 : (20백만동 − 1.65백만동)/0.8 = 22.9375백만동
   - 과세소득(주택임차료 제외) : 22.9375백만동 + 11백만동 + 1.5백만동 = 35.4375백만동
   - 과세소득총액의 15%(주택임차료 제외) : 35.4375백만동 × 15% = 5.3156백만동/월

즉, 과세소득에 포함되는 주택임차료는 5.3156백만동이다.

ⓐ 2단계 : 과세소득의 계산

- 과세소득의 환산 : 31.5백만동 + 1백만동 + 5.3156백만동 − (11백만동 + 1.5백만동) = 25.3156백만동
- 과세소득환산 : (25.3156백만동 − 3.25백만동)/0.75 = 29.4208백만동
- 산출세액 : 29.4208백만동 × 20% − 1.65백만동 = 4.234백만동
- D가 수취하는 월 과세소득 : 31.5백만동 + 1백만동 + 5.3156백만동 + 4.234백만동 = 42.0496백만동(또는 29.4208백만동 + 11백만동 + 1.5백만동 = 41.9208백만동)

(3) 위 상황2에서 D는 X사로부터 받는 소득 이외에 2014.1.부터 2014.5.까지 Y사로부터 12백만동의 소득을 수취한다. Y사도 또한 D를 위하여 소득세를 대신 납부한다. 이 경우 2014년에 확정되는 소득세는 다음과 같다.

- X사에서 수취하는 과세소득 : 42.05백만동 × 12개월 = 504.6백만동
- Y사에서 수취하는 과세소득 :
  + 월 과세소득 : (12백만동 − 0.75백만동)/0.85 = 13.235백만동
- Y사에서 수취하는 과세소득 : 13.235백만동 × 5개월 = 66.175백만동
- 2014년 D의 과세소득 총액 : 504.6백만동 + 66. 175백만동 = 570.775백만동
- 월 과세소득 : (570.775백만동 /12개월) − (11백만동 + 1.5백만동) = 35.065백만동
- 해당연도에 납부하여야 하는 소득세 :
  (35.065백만동 × 25% − 3.25백만동) × 12개월 = 66.194백만동

(3) 그 밖의 소득 과세표준

자본투자소득, 자본양도소득, 부동산양도소득, 상금소득, 지적재산권소득, 프랜차이즈소득, 상속소득 및 증여소득의 과세표준은 수입금액에서 관련비용이나 비과세소득을 차감한 금액이다.(PITA §21 ②)

(가) 자본투자소득

납세자가 자본투자소득을 지급받는 때에 과세소득으로 계산한다. 의제배당은 기업이 청산, 전환, 분할, 합병 또는 감자의 경우 해당 소득이 발생하는 것으로 본다. 이익잉여금 자본전입으로 인한 소득은 그 이익을 전입하거나 감자하는 때에 발생하는 것으로 본다. 주식의 의제배당소득은 주식을 양도하는 때에 발생하는 것으로 본다. 납세자가 어떠한 형태나 방식으로 투자하여 소득을 수취하는 경우 그 소득을 수

취하는 때에 과세소득으로 산정한다.(PITc §10)

(나) 자본양도소득

자본양도소득의 과세표준은 양도가액에서 취득가액 및 관련비용을 차감하여 산출한다. 법인이 외화로 기장하는 경우 자본의 양도가액 및 취득가액은 외화로 계산한다. 법인이 베트남동으로 기장하지만 자본을 외화로 계산하여 양도하는 경우 양도가액은 양도일 현재 베트남 국립은행이 고시하는 평균 은행거래환율에 따라 베트남동으로 환산한다.(PITc §11 ①)

㉮ 양도가액은 납세자가 양도계약에 따라 수취하는 금액을 말한다. 양도계약에서 가격을 정하지 않거나 정한 가격이 시장가격과 다른 경우 세무당국은 조세관리법에 따라 양도가액을 정할 수 있다.

㉯ 취득가액은 양도하는 지분의 가치를 말한다. 지분의 가치는 설립시의 납입자본, 추가납입자본, 취득한 지분가액 및 이익잉여금의 가치를 포함한다. 법인 설립시 납입자본과 추가 납입자본은 장부가액을 금액을 말한다. 취득한 지분가액은 취득계약서에 따른 금액으로 한다. 계약서가 불분명하거나 계약금액이 시장가격과 다른 경우 세무당국은 조세관리법에 따라 취득가액을 정할 수 있다. 이익잉여금은 장부가액을 말한다.

㉰ 자본양도소득에서 공제할 수 있는 비용은 자본양도소득의 창출과 관련된 것으로 양도 관련 법절차 진행비용, 양도시 발생하는 수수료 및 공과금 등이다.

㉱ 자본양도소득은 계약서에 따른 시기에 산정한다. 지분양도로 다른 지분을 취득하는 경우 양도소득은 납세자가 지분을 양도하거나 감자하는 때에 수취하는 것으로 본다.

(다) 증권양도소득

증권양도의 과세소득은 각 양도가액으로 한다. 증권거래소에 상장된 회사의 증권양도가액은 증권시장의 실제 양도가액을 말하며, 그 밖의 경우에는 계약서 기재가액, 실제거래가액 또는 양도 직전 장부가액을 말한다.(PITc §11 ②)

㉮ 증권양도소득의 산정시기는 증권거래소에서 거래되는 공개회사의 증권의 경우 납세자가 유가증권양도로 소득을 수취하는 때, 증권거래소에서 거래되지 않고 베

트남 증권예탁원의 시스템을 통하여 거래되는 공개회사의 경우 증권예탁원에서 소유권을 양도하는 때, 그 밖의 경우 증권양도계약서에 따른 때, 자본납입 등을 하면서 조세를 납부하지 않고 증권으로 납입하거나 지급하는 경우, 증권을 양도하거나 감자하는 때에 발생한 것으로 본다.

㉴ 주식으로 배당을 받는 경우 소득세의 납부를 이연하여, 해당 납세자가 그 주식을 양도하는 때에 자본투자소득 및 증권양도소득에 대한 소득세를 납부한다.

- 자본투자소득에 대한 소득세의 과세소득은 장부상 배당지급액 또는 수취주식수에 주식액면가액을 곱한 금액에 자본투자소득에 대한 소득세율을 곱하여 산출한다. 배당으로 지급한 주식의 양도가액이 액면가액보다 낮은 경우에는 양도일 현재의 시장가격으로 자본투자소득에 대한 소득세를 계산한다. 납세자가 주식배당을 받은 후 그 주식을 양도하는 경우, 주식배당액에 대하여 소득세를 납부하여야 한다.

- 증권양도소득에 대한 소득세는 일반적인 방법에 따라 계산한다.

Case 자본투자소득 및 증권양도소득(PITc §11 ②)

K씨는 증권거래소에 상장된 주식회사의 주주이다. 2011년 K씨는 X사로부터 배당으로 5,000주의 주식을 받았다.(주당 액면가 10,000동) 2014년 2월 X씨는 2,000주를 주당 30,000동에 양도하였다. 2014년 8월 7,000주를 주당 20,000동에 양도하였다. 주식을 양도하는 경우, X씨는 자본투자소득 및 증권양도소득에 대한 소득세를 납부하여야 한다.

- 2014년 2월 양도분 :
  - 자본투자소득에 대한 소득세 : (2,000주 × 10,000동) × 5% = 1,000,000동
  - 증권양도소득에 대한 소득세(예정) : (2,000주 × 30,000동) × 0.1% = 60,000동
- 2014년 8월 양도분 :
  - 자본투자소득에 대한 소득세 : (3,000주 × 10,000동) × 5% = 1.500,000동
  - 증권양도소득에 대한 소득세(예정) : (7,000주 × 20,000동) × 0.1% = 140,000동

(라) 부동산양도소득

부동산양도소득은 각 양도소득에 세율을 곱하여 소득세를 계산한다.(PITc §12)

㉮ 건물이 없는 부동산사용권의 양도가액은 양도계약서에 기재한 가격으로 하며, 양도계약서에 가격이 기재되지 않았거나 기재한 가액이 양도시 해당지역의 인민위

원회가 고시한 토지가격보다 작은 경우 인민위원회가 고시한 토지가격을 적용한다. 건물(무허가 건물 포함)이 정착된 토지의 사용권 양도가액은 양도계약서에 기재한 가격으로 하며, 양도계약서에 가액이 기재되지 않았거나 기재한 가액이 양도시 해당지역의 인민위원회가 고시한 토지가격보다 작은 경우 인민위원회가 고시한 토지가격을 적용한다.

㉯ 토지와 함께 주택을 양도하는 경우 주택, 구축물 등의 가액은 해당지역의 인민위원회가 고시한 가격으로 한다. 인민위원회 고시가격이 없는 경우 주택 및 건축물 구분에 대한 건설부장관령을 적용한다.

㉰ 무허가 건물의 경우 계약서에 가액이 명시되지 않거나 그 양도가액이 '간주건물가액 = 총계약금액 × 인민위원회 고시가격/(토지가격 + 인민위원회 고시가격)'보다 작은 경우 간주건물가액을 적용한다. 인민위원회가 단위가격을 고시하지 않은 경우 건설부장관이 고시한 건설단가를 적용한다.

㉱ 토지임차권이나 지상권, 수면사용권의 가액은 양도계약서의 기재금액으로 한다. 양도계약서에 가액이 기재되지 않았거나 기재한 가액이 양도시 해당지역의 인민위원회가 고시한 가격보다 작은 경우 인민위원회가 고시한 가격을 적용한다.

㉲ 부동산 양도소득의 산정시기 : 양도계약서에 따라 양수인이 양도인의 소득세를 대신 지급하지 않는 경우 양도계약서에 명시된 날에 양도하는 것으로 본다. 양도계약서에 따라 양수인이 양도인의 소득세를 대신 지급하는 경우, 부동산권리나 부동산임차권 등을 등록하는 때에 양도하는 것으로 본다. 무허가 건물이나 무허가건물과 관련된 토지사용권을 양수하는 경우, 양수인이 관할세무서에 소득세신고서를 제출하는 때에 양도하는 것으로 본다.

㉳ 부동산을 공동소유하는 경우 각 납세자는 소유지분에 비례하여 소득세를 납부하여야 한다. 소유지분은 지분투자약정서 등의 서류에 따라 결정된다. 서류가 없는 경우 공동소유자들의 수로 나누어 소유지분을 계산한다.

(마) 지적재산권소득

지적재산권소득의 소득세는 과세표준에 세율을 곱하여 산출한다. 사용료의 과세표준은 지적재산권이나 기술을 양도하고 납세자가 수취하는 대가의 합계가 천만동을 초과하는 경우 그 초과금액을 말한다. 이 경우, 여러 계약을 체결하거나 여러 번에 걸쳐 대가를 지급하는 경우 모두 합하여 계산한다. 양도대상을 공동소유하는 경우 과세소득을 관할당국이 발행한 권리증의 소유비율에 따라 공동소유자들에게 배분한다.(PITc §13)

(바) 프랜차이즈소득

프랜차이즈소득의 소득세는 과세표준에 소득세율을 곱하여 산출한다. 프랜차이즈소득의 과세표준은 납세자가 수취하는 대가 중 1천만동을 초과하는 금액으로 한다. 이 경우 여러 건의 계약을 하거나 여러 번에 걸쳐 대가를 지급하는 경우에도 합하여 계산한다.(PITc §14)

(사) 상금소득

상금소득의 소득세는 과세표준에 소득세율을 곱하여 산출한다. 상금소득의 과세표준은 납세자가 수취하는 대가 중 1천만동을 초과하는 금액으로 한다. 상금이 여러 개인에게 수여되는 경우 그 개인들에게 나누어 과세소득을 계산한다. 한 개인이 여러 건의 상금을 수취하는 경우 그 상금들을 모두 합하여 계산한다. 게임이나 경쟁에서 수취한 상금소득은 매 건별로 계산한다.(PITc §15)

㉮ 복권당첨금의 과세표준은 1회당 1천만동을 초과하는 금액

㉯ 판촉물의 과세소득은 지급할 때 시가로 1천만동을 초과하는 금액

㉰ 카지노나 게임장에서 받는 상금으로 1천만동을 초과하는 것으로, 상금은 수취하는 현금에서 상금을 타기 위하여 지출한 현금을 제외한 금액으로 하며 외화상금은 소득을 수취하는 때 국영은행 고시환율을 적용하여 베트남동으로 환산한 금액으로 한다. 수취하거나 지출한 현금은 칩이나 토큰과 같은 매개통화를 사용하여 게임을 하는 경우 이용자가 수취하는 현금은 현금으로 교환하는 칩이나 토큰 가치의 총액, 이용자가 지출하는 현금은 칩이나 토큰으로 교환하는 현금의 총액을 말한다.

㉱ 슬롯머신을 사용하는 게임의 경우, 이용자가 수취하는 현금은 슬롯머신에서 인출하는 현금의 총액에서 잭팟을 제외한 금액, 이용자가 지출하는 현금은 게임 중에 슬롯머신에 투입하는 현금의 총액이다.

㉲ 잭팟, 주기적 상금이나 이와 유사한 상금은 상금의 총액으로 한다.

ⓑ 과세소득을 확인할 수 없는 경우 수상자를 대신하여 상금 지급인(카지노 등)은 지급총액에 대하여 소득세를 과세한다. 소득세를 지급한 상금지급인은 관할세무서에 원천징수내역을 신고하여야 한다.

ⓢ 매개통화를 사용하여 게임을 하는 경우 이용자가 게임장에 입장하여 퇴장하는 때까지, 슬롯머신의 경우 슬롯머신에 현금을 투입하여 인출하는 때까지, 잭팟, 주기적 상금이나 이와 유사한 상금은 각각을 게임으로 본다.

> **Case** 상금소득(PITc §15)
>
> (1) M씨는 게임장에서 3번 현금을 칩으로 바꾸었다. 3번 바꾼 칩의 가치는 500불이었다. 또한 2번 칩을 현금으로 바꾸었으며 그 가치는 700불이다. 이 경우, M씨가 수취한 상금소득은 다음과 같다.
>   • 상금소득 = 700 USD − 500 USD = 200 USD.
>   • 과세표준 = 200 USD × 베트남동 환율 − 1천만동
> (2) N씨는 현금으로 슬롯머신 비용을 지급하였다. 게임에서 300불을 투입하였다. 게임이 끝나고 N씨는 기계에서 1,500불을 인출하였다. N씨는 또한 1,000불의 잭팟을 땄다. (현금으로 인출) 현금의 지출과 인출에 근거할 때 N씨의 상금소득은 다음과 같다.
>   • 잭팟소득 : 전액이 과세소득 = 1000 USD + 과세표준 = 1000 USD × 베트남동 환율 − 1천만동
>   • 슬롯머신소득 = 1500 USD − 1000 USD − 300 USD = 200 USD + 과세표준 : 200 USD × 베트남동 환율 − 10백만동

(아) 상속소득 및 증여소득

상속소득이나 증여소득은 수취인이 소유권이나 사용권을 등록하는 때에 산정한다. 상속소득 및 증여소득의 소득세는 과세표준에 소득세율을 곱하여 산출한다. 상속소득 및 증여소득의 과세표준은 상속소득이나 증여소득에서 1천만동을 공제하는 금액으로 한다. 상속소득 및 증여소득의 가치는 다음과 같이 산정한다.(PITc §16)

㉮ 유가증권의 가치는 액면가액이 아닌 소유권을 등록하는 때의 시가로 하며, 비용공제를 인정하지 않는다. 증권거래소에서 거래되는 유가증권의 가치는 명의개서를 하는 때의 증권거래소 거래가격으로 한다. 그 밖의 경우 유가증권의 가치는 명의개서 직전 발행인이 제공하는 재무제표의 장부가액으로 한다.

㉯ 사업출자금의 가치는 명의개서 직전 해당회사의 장부가액으로 한다.

㉰ 토지사용권의 가치는 명의개서 직전 인민위원회사 고시한 토지사용권 가격으로 한다. 주택 및 건물의 가치는 명의개서 직전 주택분류, 건설기준을 담당하는 관할 당국의 규정에 따르며, 가치를 산정할 수 없는 경우 인민위원회가 정한 가격을 적용한다.

㉱ 소유권이나 사용권을 등록하여야 하는 기타자산의 가치는 명의개서를 하는 때에 인민위원회가 정한 가격으로 한다.

㉲ 수입재화의 가치는 인민위원회가 정한 가격에서 수입시 납부한 관세 및 국세 등을 차감한 가격으로 한다.

2.4 소득세의 세율

(1) 사업소득 및 근로소득의 세율

① 사업소득 및 근로소득의 누진세율

사업소득 및 근로소득에 대하여 아래와 같이 누진세율을 적용한다.(PITA §22)

연간 소득금액(백만동)	월 소득금액(백만동)	누진세율
60 미만	5 미만	과세소득 × 5%
60 이상 120 미만	5 이상 10 미만	과세소득 × 10% − 250,000
120 이상 216 미만	10 이상 18 미만	과세소득 × 15% − 750,000
216 이상 384 미만	18 이상 32 미만	과세소득 × 20% − 1,650,000
384 이상 624 미만	32 이상 52 미만	과세소득 × 25% − 3,250,000
624 이상 960 미만	52 이상 80 미만	과세소득 × 30% − 5,850,000
960 이상	80 이상	과세소득 × 35% − 9,850,000

② 복권판매대리인 등의 원천징수세율

복권판매대리인, 보험대리인, 온라인판매에 대한 소득세는 과세표준에 소득세 원천징수세율을 곱하여 산출한다. 복권발행회사, 보험회사 및 온라인판매회사는 납세자가 수취하는 월별 과세표준에 대하여 다음 세율로 소득세를 원천징수한다.(PITc §7 ⑤)

구 분	월별 과세표준	원천징수세율
복권판매인	9,000 이하	0%
	9,000 초과	5%
보험판매인, 온라인판매인	9,000 이하	0%
	9,000 초과 20,000 이하	5%
	20,000 초과	10%

> **Case** 근로소득에 대한 납부세액 계산(PITc §7 ③)
>
> C는 해당 월에 근로소득 4천동을 수취하고, 근로소득의 7%를 사회보험료로 1.5%를 건강보험료로 지급한다. C는 18세 미만 자녀 2명을 두고 있으며 지출한 기부금은 없다. 해당 월에 소득세 예정신고 납부세액은 다음과 같이 계산된다.
> - 소득금액 : 4천만동
> - 공제금액 : 23.2백만동
>   인적공제 : 11백만동
>   부양가족공제 : 4.4백만동 × 2명 = 8.8백만동
>   사회보장보험 및 건강보험 : 4천만동 × (7% + 1.5%) = 3.4백만동
> - 과세표준 : 40백만동 − 23.2백만동 = 16.8백만동
> - 산출세액 : 16.8백만동 × 15% − 0.75백만동 = 1.77백만동

③ 임의보험 보험금의 원천징수세율

보험계약이 만료되는 경우 보험업자는 고용주가 근로자를 위하여 지급하는 보험금의 10%를 소득세로 원천징수한다. 보험금을 분할하여 지급하는 경우 지급할 때마다 보험금의 10%를 소득세로 원천징수한다. 베트남법에 따른 생명보험 등이 아닌 경우, 고용주가 근로자에게 지급하기 전에 보험금의 10%를 소득세로 원천징수한다.(PITc §7 ⑥)

(2) 일정세율 : 사업소득 및 근로소득 이외의 소득

자본투자소득, 자본양도소득, 부동산양도소득, 상금소득, 지적재산권소득, 프랜차이즈소득, 상속소득 및 증여소득에 대하여 다음과 같이 일정세율을 적용한다.(PITA §23)

소득 구분	일정세율
1. 자본투자소득	5%
2. 지적재산권소득 및 프랜차이즈소득	5%
3. 상금소득	10%
4. 상속소득 및 증여소득	10%
5. 자본양도소득	20%
6. 자본양도소득 중 증권양도소득	0.1%
7. 부동산양도소득	25%

③ 비거주자 국내원천소득의 원천징수

3.1 국내원천소득의 구분과 원천징수세율

(1) 사업소득

비거주자의 사업소득에 대한 소득세는 생산·판매활동에 따른 수입금액에 다음 세율을 곱하여 산출한다.(PITA §25 ① · ③)

> 1. 재화 판매활동의 경우 : 1%
> 2. 용역 판매활동의 경우 : 5%
> 3. 재조, 건설, 운송 및 기타사업활동의 경우 : 2%

수입금액은 재화·용역의 공급으로 발생하는 모든 수입금액을 말하며, 재화·용역의 매입자가 비거주자를 위해 대신 지급하고 상환받지 않은 비용을 포함한다. 비거주자가 소득세를 부담하지 않는 계약의 경우, 사업장소에 상관없이 비거주자가 베트남 내에서 재화·용역을 공급하고 받은 모든 금액이 수입금액이 된다.(PITA §25 ① · ③)

비거주자의 사업수입금액은 거주자의 사업수입금액 산정방법을 준용하여 산정한다. 비거주자가 여러 사업분야에서 수입금액을 수취하면서 구분할 수 없는 경우에는 가장 높은 세율을 적용한다.(PITc §17)

(2) 근로소득

비거주자의 근로소득에 대한 소득세는 근로소득의 과세표준에 20%의 세율을 곱하여 산출한다.(PITA §26 ①) 이 경우, 근로소득은 소득을 지급한 곳에 관계없이 비거주자가 베트남 내에서 근로를 제공하고 수취하는 급여 또는 임금의 총액을 말한다.(PITA §26 ②)

비거주자의 근로소득은 거주자의 근로소득 산정방법을 준용하여 계산한다. 베트남과 국외에서 동시에 근로를 제공하는 비거주자의 베트남원천 근로소득을 구분할 수 없는 경우 다음과 같이 베트남원천 근로소득을 계산한다. 아래에서 기타 베트남원천소득은 근로소득과 별도로 현금 또는 현물로 근로자에게 제공되거나 고용주가 근로자를 위하여 지급하는 혜택을 말한다. 해당연도 근무일수는 베트남 노동법에 따라 계산한다.(PITc §18)

㉮ 비거주자가 베트남에 체류하지 않는 경우

$$\text{베트남원천소득} = \frac{\text{베트남 근무일수}}{\text{해당연도 근무일수}} \times \text{세전 합산근로소득} + \text{기타 베트남원천소득}$$

㉯ 비거주자가 베트남에 체류하는 경우

$$\text{베트남원천소득} = \frac{\text{베트남 근무일수}}{365\text{일}} \times \text{세전 합산근로소득} + \text{기타 베트남원천소득}$$

(3) 자본투자소득

비거주자의 자본투자소득에 대한 소득세는 비거주자가 베트남 내 법인 또는 개인에게 자본을 투자한 대가로 받은 자본투자소득에 5%의 세율을 곱하여 산출한다.(PITA §27) 비거주자의 자본투자소득은 거주자의 자본투자소득 산정방법을 준용하여 계산한다.(PITA §19)

(4) 자본양도소득

비거주자의 자본양도소득에 대한 소득세는 양도가 베트남 내 또는 외국에서 이루어졌는지 여부와 상관없이 비거주자가 베트남법인 또는 개인의 지분을 양도하여 받은 양도가액에 0.1%의 세율을 곱하여 산출한다.(PITA §28)

이 경우 투자가 베트남 또는 국외에서 이루어졌는지 여부는 따지지 않는다. 자본양도소득을 계산할 때 비용을 공제하지 않는다. 비거주자의 자본양도소득은 거주자의 자본양도소득 계산방법을 준용하여 계산한다.(PITc §20)

(5) 부동산양도소득

비거주자의 베트남 내 부동산 양도소득에 대한 소득세는 부동산 양도가액에 2%의 세율을 곱하여 산출한다.(PITA §29)

양도가액이란 비거주자가 수취하는 대가의 총액을 말하며 취득원가나 비용을 공제하지 않는다. 양도가액은 거주자 양도소득 계산방법을 준용하여 계산한다.(PITc §21)

(6) 지적재산권소득 및 프랜차이즈소득

비거주자의 지적재산권소득에 대한 소득세는 베트남 내에서 지적재산권 또는 그 사용권의 이전, 또는 기술이전이 이루어지는 경우, 건별로 1천만동을 초과하는 소득에 대하여 5%의 세율을 곱하여 산출한다.(PITA §30 ①)

비거주자의 프랜차이즈소득에 대한 소득세는 베트남 내에서 프랜차이즈권 계약에 대하여 건별로 1천만동을 초과하는 소득에 대하여 5%의 세율을 곱하여 산출한다.(PITA §30 ②)

지적재산권소득 등은 거주자의 계산방법을 준용하여 계산한다.(PITc §22)

(7) 상금소득, 상속소득 및 증여소득

비거주자의 상금소득, 상속소득 및 증여소득에 대한 소득세는 그 소득에 대하여 2%의 세율을 곱하여 산출한다.(PITA §31 ①) 상금소득 등은 거주자의 계산방법을 준

용하여 계산한다.(PITc §23)

비거주자의 상금소득은 베트남 내에서 상금소득 건별로 1천만동을 초과하는 소득을 말한다. 비거주자의 상속소득 및 증여소득은 베트남 내에서 비거주자가 받은 소득 건별로 1천만동을 초과하는 소득을 말한다.(PITA §31 ②)

3.2 국내원천소득의 수입시기

국내원천 사업소득의 수입시기는 비거주자가 소득을 수취하는 때, 또는 재화·용역의 매출계산서를 발행하는 때이다.(PITA §32 ①)

국내원천 근로소득, 자본투자소득, 특허권 또는 프랜차이즈 소득, 상금소득, 상속소득 및 증여소득의 수입시기는 베트남 소재 법인 또는 개인이 비거주자에게 소득을 지급하는 때, 또는 비거주자가 외국 소재 법인이나 조직으로부터 소득을 받는 때이다.(PITA §32 ②)

국내원천 자본양도소득, 부동산양도소득의 수입시기는 양도계약이 효력을 발휘하는 때이다.(PITA §32 ③)

3.3 국내원천소득의 원천징수 및 신고

소득을 지급하는 법인 또는 개인은 비거주자에게 지급하는 소득에 대하여 각각 소득세를 징수하여 납부하여야 한다.(PITA §33 ①) 소득을 수취하는 비거주자는 조세관리법의 규정에 따라 소득에 대하여 각각 소득세를 신고납부하여야 한다.(PITA §33 ②)

④ 납세자등록, 소득세신고, 원천징수 및 환급

소득세에 대한 등록, 신고, 공제, 납세, 결산, 조세환급, 법률위반처리 등의 조세관리는 조세관리법의 규정에 따라 이루어진다.(PITA §8 ①)

4.1 납세자등록

다음과 같은 법인이나 개인은 주소지를 관할하는 세무서에 소득세 납세자등록을 하여야 한다.(PITc §24 ①)

> 1. 개인에게 소득을 지급하는 법인이나 개인
> 2. 과세소득을 수취하는 개인
> 3. 인적공제를 받는 부양가족

특별한 경우 다음과 같이 납세자등록을 하여야 한다.(PITc §24 ③ · ④)

㉮ 근로소득자는 소득지급인 또는 관할세무서장에게 납세자등록신청서를 제출한다. 소득지급인은 받은 근로소득자의 신청서를 관할세무서에 제출하여야 한다.

㉯ 여러 종류의 소득(사업소득, 근로소득, 기타 과세소득)을 수취하는 개인은 소득지급인 또는 지방국세청에 납세자등록신청서를 제출한다.

㉰ 공동사업자의 대표는 납세번호를 받기 위하여 납세자등록신청을 할 수 있다. 공동사업자의 대표에게 부여된 납세번호는 공동사업자들의 부가가치세, 소비세 및 면허세의 신고납부에 사용하며, 대표자 본인의 소득세를 신고납부하는 데 사용한다. 다른 공동사업자들은 소득세 납세번호를 받기 위하여 납세자등록신청을 하여야 한다.

㉱ 부동산을 양도한 개인이 납세번호를 받지 못한 경우 관할세무서장은 납세번호를 부여하여야 한다.

㉲ 부양가족공제를 신청한 부양가족이 납세번호를 받지 못한 경우 관할세무서장은 납세번호를 부여하여 부양가족공제를 적용한다.

4.2 원천징수

소득을 지급하는 법인 또는 개인은 납세자에게 지급하는 소득에 대하여 소득세를 징수하여 납부하여야 한다.(PITA §24 ① a) 소득을 지급하는 법인 또는 개인은 납세자의 소득 및 부양가족에 관한 정보를 과세관청에 제공하여야 한다.(PITA §24 ②)

(1) 원천징수

소득을 지급하는 자는 수취인에게 소득을 지급하기 전에 소득세를 원천징수하여야 한다.(PITc §25 ①)

① 근로소득

소득지급인은 3개월 이상 근로를 제공하는 거주자(여러 곳에서 근로를 제공하는 근로자 포함)의 근로소득에서 누진세율에 따라 소득세를 원천징수한다. 3개월 이상 근로계약을 체결하고 그 이전에 퇴직하는 경우에도 누진세율에 따라 소득세를 원천징수한다.

소득지급인은 베트남에서 근로를 제공하는 외국인의 근로소득(183일 이상 근로하는 경우)에서 누진세율에 따라 소득세를 원천징수한다. 다만, 183일 미만 근로하는 경우에는 일정세율로 원천징수한다.

근로자를 대신하여 고용주가 지급하는 생명보험이나 임의보험의 보험금(임의연금보험 제외)에 대하여 보험업자는 원천징수하여야 한다. 고용주는 베트남법에 의해 설립되지 않았지만 판매가 허용된 생명보험이나 임의보험의 보험료를 지급하는 경우 원천징수할 수 있다.

② 보험대리인 등의 소득, 법인에 대한 자산임대소득

복권회사, 보험업자 및 전자상거래회사는 대리인들에게 지급하는 수수료가 연 1억동을 초과하는 경우 소득세를 원천징수하여야 한다.

개인으로부터 자산을 임차하는 법인은 임대인에게 임대료가 연 1천만동을 초과하고 임차인이 임대인을 대신하여 조세를 납부하기로 약정한 경우 임대료를 지급하기 전에 소득세 및 부가가치세를 원천징수하여야 한다.

③ 자본투자소득

자본투자소득의 지급인은 수취인에게 소득을 지급하기 전에 소득세를 원천징수하거나, 수취인이 소득세를 신고납부한다.

④ 증권양도소득

증권양도소득을 양도인에게 지급하기 전에 다음과 같이 원천징수한다.

㉮ 증권거래소에서 거래되는 증권 : 납세자가 계좌를 개설한 증권회사나 상업은행은 소득을 지급하는 때에 소득세를 원천징수한다. 증권투자를 수탁한 자산관리회사는 위탁인에게 소득을 지급하는 때에 원천징수한다.

㉯ 증권거래소에서 거래되지 않는 증권 : 베트남 유가증권예탁원에 등록된 상장회사의 유가증권의 경우, 납세자가 예탁계좌를 개설한 증권회사나 상업은행이 유가증권을 양도하는 때에 소득세를 원천징수한다.

㉰ 상장회사가 아닌 주식회사로 증권을 발행하여 증권회사가 위탁관리하는 경우 : 유가증권을 양도하는 때에 위탁관리 증권회사가 소득세를 원천징수한다.

㉱ 비거주자의 출자지분 양도소득 : 출자를 받은 법인이나 개인이 소득세를 원천징수한다.

⑤ 상금소득

상금 지급인이 당첨자에게 상금을 지급하는 때 원천징수한다.

⑥ 지적재산권소득 및 프랜차이즈소득

지적재산권소득 및 프랜차이즈소득을 지급하는 법인이나 개인은 해당 소득을 지급하는 때 소득세를 원천징수한다. 계약에 따라 분할로 대가를 지급하는 경우 최초 지급대가에서 1천만동을 차감한 금액에 대하여 원천징수세액을 계산한다. 그 이후 지급대가에서 순차적으로 1천만동까지 차감하여 원천징수세액을 계산한다.

⑦ 기타의 경우 원천징수

근로계약을 체결하지 않은 거주자 또는 3개월 미만의 근로계약을 체결한 거주자에게 2백만동 이상의 소득을 지급하는 법인이나 개인은 소득을 지급하는 때 10% 소득세를 원천징수한다.

⑧ 비거주자가 수취하는 소득

비거주자에게 소득을 지급하는 법인이나 개인은 소득을 지급하는 때에 소득세를 원천징수한다.(PITc §25 ① a)

(2) 원천징수 소득세의 신고

소득세를 원천징수한 지급인은 월별 또는 분기별 소득세를 신고하여야 한다. 해당 월 또는 분기에 원천징수세액이 없는 경우에는 소득세를 신고하지 않을 수 있다. 소득세신고는 해당 과세연도의 원천징수가 이루어진 첫 달부터 하며, 해당 사업자의 부가세 신고가 분기별인 경우에는 분기별로 신고하고, 부가세 신고가 월별인 경우이거나 없는 경우(대표사무소의 경우) 월별로 신고한다.(PITc §26 ① a 및 b) 원천징수여부와 상관없이 소득지급인은 수취인을 대신하여 소득세를 신고하고 정산한다.(PITc §26 ① c)

(3) 원천징수의 면제

개인이 수취한 과세소득의 총액에서 인적공제를 차감하면 과세대상에 해당하지 않는 경우, 그 개인은 소득지급인에게 원천징수면제신청서를 제출할 수 있다. 이에 따라, 소득지급인은 원천징수를 하지 않는다. 과세연도 말에 소득지급인은 원천징수 면제대상 목록을 작성하여 관할세무서장에게 제출한다.(PITc §25 ① i)

(4) 원천징수영수증

원천징수하는 경우 소득지급인은 원천징수영수증을 소득수취인에게 발행한다. 소득지급인이 소득수취인을 대신하여 정산을 하는 경우 원천징수영수증을 발행하지 않는다.(PITc §25 ② a)

근로계약서를 작성하지 않거나 근로계약이 3개월 미만인 경우 소득세를 원천징수할 때마다 원천징수영수증을 발행하거나, 동일 과세연도의 지급액을 합산하여 원천징수영수증 1매를 발행할 수 있다. 근로계약이 3개월 이상인 경우 소득지급인은 해당 과세연도의 지급액을 합산하여 1매의 원천징수영수증을 발행한다.(PITc §25 ② b)

> **Case** 원천징수영수증(PITc §25 ② b)
>
> (1) Q씨는 X사와 근로계약을 체결하고 2013년 9월부터 2014년 4월까지 한 달에 한 번씩 X사의 소유지에서 관상용식물을 재배한다. X사는 매달 3백만동을 Q씨에게 지급한다. 이 경우, Q씨는 X사에게 매달 원천징수영수증을 요구하거나 또는 2013년 말

에 1매(2013년 9월부터 12월까지) 그리고 2014년에 1매(2014년 1월부터 4월까지)의 원천징수영수증을 요구할 수 있다.

(2) R씨는 Y사와 장기근로계약을 체결한다.(2013년 9월부터 2014년 8월) 이 경우 R씨가 정산을 하기 위하여 Y사에게 원천징수영수증을 요구하는 경우, Y사는 2013년에 1 매(2013년 9월부터 12월까지) 그리고 2014년에 1매(2014년 1월부터 8월까지)의 원천 징수영수증을 발행한다.

4.3 소득세의 신고

소득을 수취하는 개인은 조세관리법의 규정에 따라 소득세를 신고납부하여야 한다.(PITA §24 ① b)

(1) 근로소득 및 사업소득의 신고(PITc §26 ②)

① 근로소득에 대한 소득세신고를 하는 거주자

원천징수를 하지 않는 베트남 소재 대사관이나 영사관, 외국법인이 지급하는 근로 소득을 수취하는 거주자는 분기별로 관할세무서에 소득세를 신고한다. 국외의 법인 이나 개인으로부터 근로소득을 수취하는 거주자는 분기별로 관할세무서에 소득세를 신고한다.

② 사업소득에 대한 소득세신고를 하는 거주자(공동사업자 포함)

㉮ 기장을 하고 계산서를 발행하지만 비용을 확인할 수 없는 사업자(공동사업자 포함)의 경우 관할세무서에 분기별로 소득세를 신고한다.

㉯ 기장이나 계산서 의무를 이행하지 않고 수입금액이나 비용을 확인할 수 없는 사업자(공동사업자 포함)의 경우 일정세율로 소득세를 납부하며 매년 소득세 를 신고한다.

㉰ 이동판매상은 과세소득이 발생하는 때에 소득세신고를 하여야 한다.

㉱ 과세당국이 판매하는 계산서를 사용하는 사업자는 수입금액을 수취하는 때에 소득세를 신고한다. 재화나 용역을 판매하고 계산서를 발행하여야 하는 비사업 자는 수입금액을 수취하는 때에 소득세를 신고한다.

㉤ 주택, 토지, 수면 및 기타재산 사용권의 임대소득을 수취하는 개인(공동사업자 포함)은 분기별 또는 수입금액을 수취하는 때 소득세를 신고한다.

③ **근로소득이나 사업소득의 경우 소득세를 연말정산 하거나 다음 과세연도로 이월하여 상계할 수 있다. 다만 다음 경우 예외이다.**

㉮ 납부할 세액이 납부한 세액보다 작은 경우

㉯ 사업소득만 있고 일정세율로 소득세를 납부하는 개인(가계 포함)

㉰ 주택 또는 토지사용권 임대소득만 있고 관할세무서에 소득세를 신고하는 개인 (가계 포함)

㉱ 3개월 이상 근로계약을 한 근로자로 다른 소득이 월평균 1천만동 미만으로 10% 의 원천징수가 이루어진 경우, 해당 근로자가 소득세신고를 요청하지 않은 때

㉲ 3개월 이상 근로계약을 한 근로자로 주택이나 토지사용권 임대로 월 2천만동 미만을 수취하면서 관할세무서에 해당 임대소득에 대하여 소득세를 신고한 경우, 해당 근로자가 소득세신고를 요청하지 않은 때

④ **근로소득 지급인은 다음 경우 소득세를 연말정산한다. 이 경우, 지급한 소득에 대하여만 소득세를 정산한다.**

㉮ 3개월 이상 근로계약을 하고 근로소득만을 수취하는 경우(해당 과세연도에 12개월 미만 근로를 제공한 경우 포함)

㉯ 3개월 이상 근로계약을 하고 기타 과세소득이 있는 경우

⑤ **특별한 경우 소득세 정산**

㉮ 국외원천소득을 수취하여 외국에서 소득세를 납부하는 거주자는 외국납부세액을 공제할 수 있다. 공제세액은 베트남세법에 따라 국외원천소득에 대하여 납부할 세액을 초과하지 않는다.(한도= 국외원천소득/과세소득총액)

㉯ 베트남에서 1역년 중 183일 미만 체류하지만 12개월 기간 중 183일 이상 체류하면서 근로소득을 수취하는 개인의 경우, 1차 과세연도에 12개월의 말로부터 90일 이내에 세액정산신고서를 제출하고, 1차 과세연도 이후 각 역년의 말로부터 90일 이내에 세액정산신고서를 제출한다. 이 경우, 2차 과세연도의 납부세액은 다음과 같이 계산한다.

$$2\text{차 과세연도의 납부세액} = 2\text{차 과세연도의 산출세액} - \text{이중과세분 세액공제}$$

$$2\text{차 과세연도의 납부세액} = 2\text{차 과세연도의 산출세액} \times \text{이중과세분 세액공제}$$

$$\text{이중과세분 세액공제} = \frac{1\text{차 과세연도 산출세액}}{12} \times \text{이중과세 해당 개월수}$$

㉲ 외국인에 해당하는 거주자가 근로계약을 해지하는 경우 출국 전에 세액정산신고서를 관할세무서에 제출하여야 한다.

㉳ 주택, 토지사용권, 수면사용권 및 기타재산을 임대하는 개인은 아래와 같이 세액정산신고서를 제출하여야 한다. 다만, 비과세대상의 경우에는 제외한다.

- 월별로 소득세를 신고하거나 또는 계약에 따라 1년 이내에 수취하는 소득에 대하여 소득세를 신고하는 개인은 그에 따라 소득세를 정산한다.

- 개인이 계약에 따라 1년 이후에 수취하는 소득, 또는 리스기간에 대하여 수취하는 일시금에 대하여 소득세를 신고하는 경우 ; 1차연도에 세액을 모두 정산하는 경우 총수입금액에 대하여 인적공제를 적용하고 다음 과세연도로 이월하지 않는다. 세액을 매년 정산하는 경우 총수익금액을 나누어 신고하고 인적공제는 1차연도에 적용한다. 자산임대수입금액은 이후 연도들에 배분하고 해당연도에 발생하는 인적공제는 적용한다.

㉴ 보험대리인, 복권대리인, 다단계판매인은 요건을 충족하는 경우 관할세무서에 직접 세액을 정산하여 신고한다.

㉵ 근로소득 또는 사업소득을 수취하고 천재지변, 화재, 사고, 질병으로 세액감면을 받을 수 있는 납세자는 관할세무서에 직접 세액을 정산하여 신고한다.

㉶ 베트남 내에 사업장을 가진 비거주자에 해당하는 사업자(공동사업자 포함)는 거주자와 마찬가지 방법으로 소득세를 정산하여 신고한다.

S씨는 베트남에 처음으로 입국하여 2014.6.1.부터 2016.5.31.까지 근로를 제공하는 외국인이다. 2014년 S씨는 베트남에 80일 체류하면서 134백만동의 근로소득을 수취하였다. S씨는 2015.1.1.부터 2015.5.31.까지 110일 체류하면서 106백만동의 근로소득을 수취하였다. 2015.6.1.부터 2015.12.31.까지 S씨는 105일을 채류하면서 122백만동을 수취하였다. S씨는 부양가족공제를 신청하지 않고, 보험료나 기부금이 없다. 이 경우 S씨의 소득세는 다음과 같이 계산된다.

+ 2014년에 S씨는 비거주자이지만, 2014.6.1.부터 2015.5.31.의 12개월 기간 중에 S씨는 190일(80일 + 110일)을 베트남에 체류하였다. 따라서 S씨는 거주자에 해당한다.

+ 2014.6.1.부터 2015.5.31.의 1차 과세연도 :
- 1차연도의 근로소득 합계 : 134백만동 + 106백만동 = 240백만동
- 인적공제 : 11백만동 × 12 = 132백만동
- 과세소득 : 240백만동 - 132백만동 = 108백만동
- 1차연도의 산출세액 : 60백만동 × 5% + (108백만동 - 60백만동) × 10% = 7.8 백만동

+ 2차연도(2015.1.1부터 2015.12.31.), S씨는 215일(110일 + 105일) 체류하였으므로 거주자에 해당한다.
- 2015년 근로소득 : 106백만동 + 122백만동 = 228백만동
- 인적공제 : 11백만동 × 12 = 132백만동
- 2015년 과세소득 : 228백만동 - 132백만동 = 96백만동
- 2015년 산출세액 : (60백만동 × 5%) + (96백만동 - 60백만동) × 10% = 6.6백만동

+ 2015년 세액정산을 할 때 이중과세분은 5개월이다. 2015년 1월부터 5월)
- 이중과세분 세액공제 : (7.8백만동/12개월) × 5개월 = 3.25백만동
- 2015년 소득세 납부세액 : 6.6백만동 - 3.25백만동 = 3.35백만동

(2) 부동산양도소득의 신고

부동산양도소득을 수취하는 납세자는 그 소득이 발생하는 때에 소득세를 신고한다(세액감면의 경우 포함).(PITc §26 ③)

㉮ 납세자가 금융기관에 담보대출, 차입금상환 또는 연체금상황을 위하여 토지사용권이나 주택소유권을 넘겨서 금융기관이 그 부동산을 처리하거나 매각하는 경우, 그 금융기관은 채권을 정산하기 전에 그 납세자를 대신하여 그 납세자의 소득세

를 신고한다.

㉯ 납세자가 법인이나 개인으로부터 차입을 하거나 지급을 하기 위하여 토지사용권
이나 주택소유권을 담보로 제공한 후 차입금 등을 상환하기 위하여 그 부동산의
전부 또는 일부를 양도하는 경우, 그 납세자는 소득세를 신고납부하거나, 또는 그
법인이나 개인이 그 납세자를 대신하여 소득세를 신고납부한다.

㉰ 납세자가 법원결정에 따라 법인이나 개인에게 부동산을 양도하는 경우, 그 납세
자는 소득세를 신고납부하거나, 또는 그 법인이나 개인이 그 납세자를 대신하여
소득세를 신고납부한다. 관할당국에 의해 압류되어 경매되는 부동산의 경우 소득
세를 과세하지 않는다.

㉱ 소득세 비과세 대상에 해당하는 제조업에 사용하는 농지(주택 포함)에 해당하지
않는 부동산을 양도하는 경우, 양도인은 소득세를 신고한다.

(3) 자본양도소득의 신고(증권양도 제외)

출자지분을 양도한 납세자는 대금수취 여부와 상관없이 양도가 이루어진 때에 소
득세를 신고하여야 한다.(PITc §26 ④ a) 출자지분양도소득을 수취하는 납세자는 직접
소득세를 신고하지 않으며, 양수인이 원천징수를 하여 신고한다.(PITc §26 ④ b) 출자
지분 양도인이 납세의무를 이행하였다는 증빙없이 법인이 출자자 명부를 갱신하는
경우, 양수 법인은 양도인을 대신하여 소득세를 신고납부한다.(PITc §26 ④ c)

(4) 증권양도소득의 신고

증권거래소에서 상장회사의 유가증권을 양도하는 개인은 직접 소득세신고를 하지
않는다. 개인이 증권계좌를 개설한 은행, 투자자산을 수탁한 자산관리회사는 소득세
를 원천징수하여 신고한다.(PITc §26 ⑤ a)

개인이 증권거래소 이외의 장소에서 유가증권을 양도하는 경우, 베트남 증권예탁
원에 등록된 공개회사의 유가증권을 양도하는 개인은 직접 소득세를 신고하지 않는
다. 그 개인이 예탁계좌를 개설한 증권회사나 은행이 원천징수하여 신고한다. 증권
회사로 하여금 주주명단을 명의개서 하도록 한 공개회사가 아닌 주식회사의 유가증
권을 양도한 개인은 직접 소득세를 신고하지 않는다. 권한을 위임받은 증권회사는

소득세를 원천징수하여 신고한다.(PITc §26 ⑤ b)

위 외의 경우에는 증권을 양도하는 개인은 소득세를 신고하여야 한다.(PITc §26 ⑤ c)

양도인이 납세의무를 이행하였는지 여부를 확인하지 않고 유가증권 발행회사가 주주명의를 개서한 양도한 경우, 양수인이 양도인을 대신하여 소득세를 신고납부한다.(PITc §26 ⑤ d)

유가증권 양도인은 연말에 관할세무서에 직접 소득세를 신고할 수 있다.(PITc §26 ⑤ dd)

(5) 상속소득 및 증여소득의 신고

상속이나 증여 소득을 수취한 개인(비과세되는 경우 포함)은 그 소득이 발생하는 때에 소득세를 신고한다.(PITc §26 ⑥ a)

관련 국가기관 등은 상속인이나 수증인이 상속이나 증여 소득에 대한 소득세를 납부(비과세되는 경우 포함)한 후에 부동산, 유가증권, 출자지분 및 기타자산의 사용권이나 소유권의 명의개서를 진행한다.(PITc §26 ⑥ b)

(6) 거주자 국외원천소득의 신고

국외원천소득을 수취하는 거주자는 해당 소득이 발생하는 때에 소득세를 신고한다. 국외원천 근로소득을 수취하는 거주자는 분기별로 소득세를 신고한다.(PITc §26 ⑦)

(7) 비거주자가 국외에서 수취하는 베트남원천소득

비거주자가 베트남 원천소득을 국외에서 수취하는 경우 그 소득이 발생되는 때에 소득세를 신고한다. 비거주자가 베트남원천 근로소득을 국외에서 수취하는 경우 분기별로 소득세를 신고한다.(PITc §26 ⑧ a)

비거주자가 베트남의 부동산양도나 자본양도로 발생한 소득을 국외에서 수취하는 경우 거주자의 경우를 준용하여 소득세를 신고한다.(PITc §26 ⑧ b)

(8) 배당 및 잉여금전입으로 주식을 받는 자본투자소득의 신고

배당이나 잉여금자본전입으로 주식을 수취하는 개인은 주식을 수취하는 때에 소득세를 신고하지 않을 수 있다. 이 경우, 지분을 양도하거나 감자하거나 해당 기업을 청산하는 때에 자본양도소득 및 자본투자소득에 대한 소득세를 신고하여야 한다.(PITc §26 ⑨)

(9) 자본, 증권 및 부동산 현물출자지분 양도소득의 신고

다른 출자지분, 유가증권, 부동산을 현물출자하는 개인은 출자 당시에는 양도소득에 대한 소득세를 신고하지 않을 수 있다. 그 현물출자 지분을 양도하거나 감자하거나 해당기업을 청산하는 때에 출자한 출자지분, 유가증권, 부동산의 양도소득에 대한 소득세를 신고한다.(PITc §26 ⑩)

(10) 주식으로 지급하는 상여금의 신고

고용주가 주식으로 지급하는 상여금을 수취하는 때에 소득세를 신고하지 않을 수 있다. 그 주식을 양도하는 때에 주식양도소득을 신고한다.(PITc §26 ⑪)

4.4 소득세의 환급

다음과 같은 경우에 소득세를 환급한다.(PITA §8 ②)

---

1. 납부할 세액보다 납부한 세액이 많은 경우
2. 납세수준에 도달하지 못한 소득금액임에도 불구하고 세금을 납부한 경우
3. 관할국가기관의 결정에 따른 경우

소득의 지급인이 소득세를 납부하는 경우 그 지급인을 통하여 환급이 이루어진다. 소득 지급인은 과다납부세액과 과소납부세액을 상계한 후에 과다납부세액을 다음 과세연도의 세액에 충당하거나, 또는 납세자의 신청에 따라 환급한다.(PITc §28 ②) 소득세를 신고한 납세자는 관할세무서에 조세환급을 신청하거나 다음 과세연도의 세액에 충당하도록 신청할 수 있다.(PITc §28 ③)

기한을 넘겨 소득세 신고서를 제출하여 소득세 환급을 신청한 납세자의 경우 지연 신고 가산세를 면제한다.(PITc §28 ④)

⑤ 일정세율 사업자 등의 소득세 및 부가가치세 과세특례

자영업자(가계 및 공동사업자 포함), 복권판매인, 보험판매인 및 다단계판매인, 비과세요건을 충족하지 않는 농업, 임업, 염업 및 수산업을 영위하는 사업자에 대하여 소득세 및 부가가치세 과세특례를 적용한다. 이 경우, 사업자의 수입금액이 연 1억동 이하이면 소득세 및 부가가치세를 면제한다.(PITc15 §1)

5.1 일정세율 사업자 과세특례

(1) 일정세율 사업자 과세특례의 개요

일정세율 사업자란 자진신고사업자, 복권판매대리인 등, 자산임대사업자를 제외한 자영업자를 말한다. 일정세율 사업자가 수취하는 소득세 과세수입금액이 연간 1억동 이하이면 소득세 및 부가가치세를 면제한다. 일정세율 사업자가 역년 중 12개월 미만 사업을 한 경우 수취하는 환산수입금액이 연간 1억동 이하이면 소득세 및 부가가치세를 면제한다. 역년 중 12개월 미만 사업을 하는 사업자에는 신규사업자, 계절사업자, 사업을 중단하거나 종료한 사업자를 포함한다. 환산수입금액이란 사업수행기간 동안 발생한 수입금액을 연간 수입금액으로 환산한 금액을 말한다.(PITc15 §2 ① a·b)

공동사업자 또는 가계사업자의 수입금액이 1억동 이하이면 소득세 및 부가가치세를 납부하지 않는다. 이 경우 모든 구성원의 소득을 합산하여 1사업자로 계산한다.(PITc15 §2 ① c)

국내사업장을 가진 비거주자 사업자는 거주자와 마찬가지로 소득세 및 부가가치세의 과세특례를 적용한다.(PITc15 §2 ① d)

(1) A씨는 2015년 4월 사업을 시작하여 9개월 후 9천만동(월 1천만동)을 벌 것으로 기대한다. 1년간 환산수입금액은 1억2천만동이다.이 경우, A씨는 2015년 4월부터 수입금액 9천만동에 대하여 소득세 및 부가가치세를 납부하여야 한다.

(2) B씨는 세무당국으로부터 고지서를 받았다. 2015년 10월 B씨는 사업을 중단하였다. 이 경우, B씨는 2015년 마지막 3월에 대한 일정세액을 면제받는다.

(3) 가계사업자 C는 구성원이 4명이다. 2015년 가계사업자 C는 사업소득 180백만동을 벌었다. 이 경우 가계사업자 C는 소득세 및 부가가치세를 납부하여야 한다.

(2) 일정세율 사업자 납부세액의 계산

일정세율 사업자 납부세액은 과세수입금액에 세율을 곱하여 산출한다.(PITc15 §2 ②)

부가가치세 또는 소득세 납부세액 = 과세수입금액 x 부가가치세 또는 소득세 일정세율

(가) 과세수입금액

소득세 및 부가가치세 과세수입금액은 사업의 과세기간 중에 재화나 용역의 공급으로 수취하는 수입금액(세액을 포함한 금액)이다. 일정세율 사업자가 세무당국에서 교부한 영수증을 사용하는 경우 과세수입금액은 영수증에 따른 일정수입금액을 기준으로 한다. 사업자가 과세수입금액을 산정할 수 없거나 사실이 아닌 경우 세무당국은 조세관리법의 규정에 따라 과세수입금액을 결정할 수 있다.(PITc15 §2 ② a)

과세수입금액은 해당 과세연도 이전연도의 11월 20일부터 12월 15일 중에 산정한다. 사업자가 해당 과세연도에 새로 사업을 시작하거나 해당 과세연도에 사업규모를 변경하는 경우 사업의 개시일 또는 변경일로부터 10일 이내에 과세수입금액을 산정한다. 영수증에 따른 실제수입금액은 자진신고사업자의 경우를 준용하여 결정한다.(PITc15 §2 ② c)

(나) 일정세율

소득세 및 부가가치세의 일정세율은 다음과 같다. 여러 사업을 겸영하는 사업자는

각 사업유형에 적용되는 일정세율에 따라 일정세액을 계산한다. 각 사업유형의 수입금액을 구분할 수 없는 경우에는 세무당국이 조세관리법의 규정에 따라 각 사업유형에 따른 수입금액을 결정한다.(PITc15 §2 ② b, 별표 §1)

업 종	부가세율	소득세율
재화의 도매 및 소매(수수료대리인 판매 제외)	1%	0.5%
용역, 건설(건축자재 제외)		
− 숙박용역 : 관광객 및 투숙객에게 단기숙박시설 제공 ; 학생, 근로자 등에게 장기숙박시설 제공 ; 음식료, 오락과 숙박시설 제공. 다만, 아파트 월 또는 연 임대와 같은 장기숙박시설의 제공은 제외한다.(부동산임대로 구분) − 화물처리 및 운송부대용역(터미널 운영, 티켓판매, 주차용역 등) − 우편 및 배달 용역 − 중개, 경매, 수수료대리용역 − 법무, 재무, 회계, 세무, 관세 용역 − 전산자료처리용역, 통신망 및 전산통신장비 임차 − 사무지원 및 기타 지원용역 − 사우나, 마사지, 노래방, 댄스장, 당구장, 인터넷, 게임방 − 세탁소, 미장원 − 컴퓨터 및 전기용품 수리, 기타 수리용역 − 건설자문, 설계 및 감리용역 − 기타 용역 − 건축 및 설비(건축자재 제외, 산업기계장비 설치 포함)	5%	2%
자산의 임대 + 주택, 토지, 상점, 창고, 장소(다만 숙박용역은 제외) + 자동차 및 기타 기계장치 임대(운전자 제외) + 기타 자산의 임대(부수용역 제외)	5%	5%
복권, 보험, 다단계판매 대리인 활동		
제조, 운송, 재화가 수반되는 용역, 건축자재를 포함하는 건설		
− 재화의 제조 및 가공 − 광물의 채취 및 가공 − 여객 및 화물 운송 − 재화를 수반하는 용역(훈련, 수리, 재화판매와 관련한 기술이전)	3%	1.5%

업 종	부가세율	소득세율
- 음식료 용역 - 기계장치, 자동차 수리 - 건축자재를 포함하는 건설 및 설치(공업기계장치 설치 포함)		
기타 사업활동 - 매입세액공제방법에 따라 부가가치세 5% 대상 제품 제조 - 매입세액공제방법에 따라 부가가치세 5% 대상 용역 제공 - 위에 해당하지 않는 활동 - 기타 부가가치세 비과세 용역	2%	1%

(3) 일정세율 사업자의 세액납부

① 세액의 통지 및 신고

매년 11월 20일부터 12월 5일까지 세무당국은 일정세율 사업자에게 다음 연도의 신고세액을 통지한다.(PITc15 §6 ②)

일정세율 사업자는 해당 과세연도의 직전 과세연도 12월 15일까지 세액신고서를 제출한다. 새로이 사업을 시작하거나 업종 또는 규모를 바꾼 일정세율 사업자는 변경일로부터 10일 이내에 세액신고서를 제출한다. 세무당국의 영수증을 사용하는 일정세율 사업자는 세액이 발생한 분기의 다음 분기 30일까지 세액신고서(영수증 수입금액 및 일정수입금액의 합계)를 제출한다.(PITc15 §6 ③)

② 세액의 고지 및 납부

세무당국은 매년 1월 20일까지 납부 고지서(서식 No.1/TBT-CNKD)와 내역(서식 No.1/CKTT-CNKD)을 일정세율 사업자에게 발송한다. 납부고지서는 우편 또는 직접 송부한다.(PITc15 §6 ⑨ a) 납부고지서에 따라 일정세율 사업자는 매 분기의 말일까지 소득세 및 부가가치세를 납부하여야 한다. 영수증을 사용하는 일정세율 사업자는 영수증 수입금액 신고기한까지 세액을 납부하여야 한다.(PITc15 §6 ⑨ b)

일정세율 사업자가 개인재산을 사용하여 법인과 동업하면서 그 사업의 수입금액을 결정할 수 없는 경우, 법인이 그 자영업자를 대신하여 세액을 납부할 수 있다.(PITc15 §6 ①)

③ 일정수입금액 산정

일정세율 사업자는 납부세액을 결정하기 위하여 일정수입금액을 산정한다. 그 자영업자가 일정수입금액을 산정하지 않거나 세액신고를 하지 않거나 산정한 일정수입금액이 부적절한 경우 세무당국은 조세관리법의 규정에 따라 일정수입금액을 결정할 수 있다.(PITc15 §6 ④ b)

사업유형이나 규모, 소재지 등을 변경한 일정세율 사업자는 변경사항을 신고하여 일정수입금액 등을 재산정하여야 한다. 납세자가 사업변경을 하지 않았지만 일정수입금액이 50% 이상 차이 나는 것이 확인되는 경우, 세무당국은 해당연도의 잔여기간에 대하여 일정수입금액을 재산정한다.(PITc15 §6 ④ c) 일정세율 사업자의 일정수입금액은 1년간 적용한다.(PITc15 §6 ④ a)

④ 사업자등록의 확인

일정세율 사업자가 제출한 세액신고서 등에 따라 관할세무서는 매년 1월 1일까지 사업자등록을 확인한다. 매달 사업자의 사업상태를 반영하여 관할세무서는 사업자등록을 정비하여 해당 월 또는 분기에 그 내용을 일정세율 사업자에게 통지한다.(PITc15 §6 ⑦)

⑤ 세액의 감면

일정세율 사업자가 사업을 중단하거나 종료하는 경우, 중단하거나 종료하기 1일 전까지 세무당국에 신고하여야 한다. 세무당국은 중단 또는 종료 기간을 고려하여 세액을 감면하여 통지한다. 사업을 1개월(해당월의 1일부터 말일) 이상 중단한 경우 세액의 3분의 1 이상을 감면한다. 사업을 2개월 이상 중단한 경우 세액의 3분의 2 이상을 감면한다. 해당 분기에 사업을 중단한 경우 일정세액의 고지를 취소한다. 사업일 1개월 미만 중단한 경우 일정세액을 경감하지 않는다.(PITc15 §6 ⑪ a)

천재지변, 질병, 사고 등의 경우, 일정세율 사업자는 세액감면신청서(서식 No.1/ MGTH)를 역년의 말일로부터 90일 이내에 세무당국에 제출하여야 한다. 세무당국은 손해를 고려하여 납부세액의 범위 내에서 세액감면을 할 수 있다.(PITc15 §6 ⑪ b) 신고 납부 사업자로 변경하는 일정세율 사업자의 경우, 세액을 납부하지 않은 기간에 대하여 세무당국에 감면을 신청하여야 한다.(PITc15 §6 ⑪ c)

⑥ 10명 이상의 근로자를 고용한 사업자

10명 이상의 근로자를 고용하는 사업자는 기업법에 따른 기업을 설립하여야 한다.
사업자가 기업을 설립하지 않는 경우 세무당국은 일정세율로 세액을 부과하며 그 사
실을 기업등록당국에 통보한다.(PITc15 §6 ⑫)

5.2 자진신고 사업자 과세특례

(1) 자진신고 사업자 과세특례의 개요

국외원천소득을 수취하거나, 사업장을 갖지 않고 간헐적으로 사업을 하거나, 다른
법인과 사업을 수행하며 수입금액을 산정할 수 개인은 소득이 발생하는 때마다 세액
을 신고납부하여야 한다.(자진신고 사업자) 이 경우, 사업장을 갖지 않고 간헐적으로
사업을 하는 개인은 일정세율 사업자 과세특례를 적용받을 수 있다.(PITc15 §3 ① a)
자진신고 사업자의 역년 중 사업수입금액이 1억동 이하이면 소득세 및 부가가치세
를 면제한다.(PITc15 §3 ① b)

(2) 자진신고 사업자 납부세액의 계산

자진신고 사업자는 과세수입금액에 세율을 곱하여 납부세액을 계산한다.(PITc15 §3 ②)

(가) 과세수입금액

과세수입금액은 과세기간 중에 재화나 용역의 공급으로 수취하는 수입금액(세액을 포함한 금액)을 말하며 계약에 따른 보조금, 추가금, 배상금, 위약금이나 실제로 수취하지 않은 금액을 모두 포함한다.(PITc15 §3 ② a)

㉮ 할부판매 수입금액은 할부이자를 제외한 원금으로 한다.

㉯ 교환이나 증여를 위한 재화 및 용역의 과세수입금액은 같거나 비슷한 재화나 용역의 그 당시 시장가격으로 한다.

㉰ 재화가공의 과세수입금액의 원가는 재화를 가공하는데 필요한 급여, 연료, 기계, 부자재 및 기타 비용을 모두 포함한다.

㉱ 운송의 과세수입금액의 원가는 여객, 화물의 운송비용을 포함한다.

㉲ 건설 및 설치의 과세수입금액의 원가는 해당 연도에 완성하여 승인하거나 인도된 작업, 하청작업의 가치로 하며, 건축자재, 기계장비의 원가는 제외한다.

판매하는 재화의 경우 재화의 소유권 또는 사용권을 이전하는 때 또는 매출영수증을 발행하는 때 중 빠른 시기에 판매되는 것으로 본다. 운송이나 용역제공의 경우, 용역의 제공을 완료한 때 또는 매출영수증을 발행하는 때 중 빠른 시기에 판매되는 것으로 본다. 건축이나 설비의 경우, 작업이나 하청작업을 완성하여 승인하거나 인도하는 때로 본다.(PITc15 §3 ② d)

(나) 일정세율

자진신고 사업자에 적용되는 소득세 및 부가가치세의 세율은 일정세율 사업자에게 적용하는 세율과 같다.(PITc15 §3 ② b)

(3) 자진신고 사업자의 세액납부

자진신고 사업자는 사업장이 소재하는 지역의 관할세무서에 세액신고서를 제출한다. 도매업을 영위하는 사업자는 사업자등록을 신청한 행정관청에 세액신고서를 제출한다. 소유자산을 사용하여 다른 법인과 동업을 하면서 수입금액을 산정할 수 없는 사업자는 그 법인이 대신하여 세액을 신고할 수 있다.(PITc15 §7 ① · ② · ③)

자진신고 사업자는 과세수입금액이 발생한 분기의 다음 분기의 30일까지 세액신고서를 제출하고 세액을 납부하여야 한다.(PITc15 §7 ④ · ⑤)

5.3 자산임대사업자 과세특례

(1) 자산임대사업자 과세특례의 개요

자산임대사업자란 자산(주택, 부지, 상점, 공장, 창고를 포함하고 숙박용 제외)을 임대하여 수입금액을 창출하는 사업자를 말하며, 이에는 운전자가 없는 운송수단, 기계장치의 임대, 용역이 부수되지 않는 기타자산의 임대를 포함한다. 자산임대에 포함되지 않는 숙박용이란 관광객이나 투숙객을 위한 단기숙박시설, 학생, 근로자 등에게 제공하는 장기숙박시설, 음식용역과 함께 제공하는 하숙시설을 포함한다. 다만, 숙박용에는 부동산업으로 구분되는 아파트의 장기임대를 제외한다.(PITc15 §4 ① a)

역년 중 임대차계약의 수입금액이 1억동 이하인 경우, 소득세 및 부가가치세를 면제한다. 임차인이 수년의 임차료를 선지급하는 경우 지급총액을 해당연수로 나눈 연간 수입금액이 1억동 이하인 경우에도 마찬가지이다.(PITc15 §4 ① b) 임대자산을 공동소유하는 공동사업자나 가계사업자가 1억동 이하의 수입금액을 창출하는 경우 소득세 및 부가가치세를 면제한다. 이 경우 구성원을 모두 합하여 1사업자로 보아 수입금액을 계산한다.(PITc15 §4 ① c)

> **Case** 자산임대 사업자(PITc15 §4 ①)
>
> (1) C씨는 2015년10월부터 2017년 9월까지 2년간 매달 임대료 1천만동을 수취하는 주택임대차계약을 체결한다. 2년치 임대료를 선불로 받는다. C씨의 과세수입금액은 다음과 같다.
> - 2015년 ; 3개월 임대료 3천만동. 이 경우 소득세 및 부가가치세를 납부하지 않는다.
> - 2016년 ; 12개월 임대료 1억2천만동. 이 경우 소득세 및 부가가치세를 납부한다. 해당연도에 과세수입금액은 120백만동이고 납부세액은 12백만동이다.[120백만동 × (5% + 5%)]
> - 2017년 ; 9개월 임대료 9천만동. 이 경우 소득세 및 부가가치세를 납부하지 않는다.

(2) A와 B는 자산을 공동소유한다. 2015년에 연 180백만동에 이 자산을 임차한다. A는 공동사업자의 대표로 납세의무가 있다. 이 경우, A는 180백만동의 자산임대 수입금액에 대하여 소득세 및 부가가치세를 납부하여야 한다.

(2) 자산임대사업자 납부세액의 계산

자산임대사업자는 과세수입금액에 세율을 곱하여 납부세액을 계산한다.(PITc15 §4 ②)

(가) 과세수입금액

자산임대의 과세수입금액은 임차인이 임대차계약에 따라 지급하는 임대료(세액 포함)와 기타 지급액을 포함하여 계산한다. 다만 계약에 따라 임대인이 수취하는 배상금이나 보상금을 제외한다. 수년간 임대료를 선지급하는 경우 해당연도의 수입금액을 안분하여 계산한다.(PITc15 §4 ② a) 과세수입금액은 임대차계약에 따른 지급시기에 수취하는 것으로 한다.(PITc15 §4 ② d)

(나) 특례세율(PITc15 §4 ② b)

• 자산임대 소득세율 : 5%
• 자산임대 부가가치세율 : 5%

(3) 자산임대사업자의 세액 신고납부

① 자산임대사업자의 세액 신고납부

개인, 영리법인이 아닌 법인(규제당국, 협회, 국제기구, 대사관 및 영사관 등 포함), 임대인을 대리하여 세액을 납부할 의무가 없는 영리법인이나 기관과 임대차계약을 체결한 자산임대인은 세액을 임대자산이 소재하는 지역의 관할세무서에 신고하여야 한다. 다만, 역년 중 수입금액이 1억동 미만인 경우 소득세 및 부가가치세를 면제한다.(PITc15 §8 ①)

임대인은 지급조건에 따라 수시로 또는 1년에 한번 세액신고를 할 수 있다. 과세수입금액, 지급조건이나 임대기간에 변동을 초래하는 임대차계약조건의 변경이 있는 경우 임대인은 그 내용을 신고하여야 한다. 임대인은 여러 임대수입금액을 각각 신고하거나, 또는 합하여(동일 관할세무서에 있는 경우만 해당) 신고할 수 있다.(PITc15 §8 ① a)

임대계약조건에 따라 신고하는 경우, 임대계약이 시작되는 분기의 다음 분기 30일까지 세액신고서를 제출한다. 1년에 한 번 세액신고를 선택한 사업자의 신고기한은 역년의 말로부터 90일이다. 납부기한은 신고기한과 같다.(PITc15 §8 ① c · d)

> **Case** 자산임대 사업자의 세액신고(PITc15 §8 ①)
>
> X씨는 2015.4.10부터 2017.4.9까지 2년 간 주택을 임대하기로 계약한다. 임대료는 3개월마다 지급된다. X씨가 분기별로 세액을 신고하는 경우 신고기한은 2015.7.30. (3분기 첫 달의 30일), 2015.10.30. 등이 된다. 임대차계약에 6개월마다 임대료를 지급하기로 하고 X씨가 6개월마다 신고를 하는 경우 신고기한은 2015.7.30.(3분기의 첫 달의 30일), 2016.1.30. 등이 된다.

② 자산임대인을 대리하여 신고납부하는 자산임차 기업

자산을 임차하는 기업이나 영리법인이 임대차계약에 따라 임대인을 대신하여 세액을 신고하는 경우, 임차인은 지급하는 임대료가 연간 1억동을 초과하는 경우 부가가치세 및 소득세를 원천징수한다. 임대인이 여러 장소에서 수입금액을 벌고 그 금액이 연간 1억동을 초과하는 경우 임대인은 어느 임차인이 지급하는 금액이 1억동 이하이라도 그 임차인이 징수하여 신고하도록 할 수 있다.(PITc15 §8 ② a)

임대인을 대리하여 신고하는 임차인은 임대인을 납세자로 하여 신고서 및 납부서를 제출하여야 한다. 이 경우, 신고서를 각 임대자산에 대하여 작성하며, 여러 임대자산이 동일 세무당국의 관할지역에 소재하는 경우 한 신고서에 합하여 작성할 수 있다. 관할세무서, 신고기한 및 납부기한은 임대인이 신고하는 경우를 준용한다.(PITc15 §8 ② b · c · d)

5.4 복권판매대리인 등의 과세특례

(1) 복권판매대리인 등 과세특례의 개요

복권판매대리인, 보험판매대리인, 다단계판매인이란 복권회사, 보험회사, 다단계 판매회사의 재화나 용역을 정해진 가격에 판매하고 수수료를 받기로 직접 계약한 개인을 말한다. 복권판매대리인 등이 수취하는 수수료, 성과금, 보조금 등이 연간 1억 동 이하이면 소득세를 면제한다.(PITc15 §5 ①)

> **Case** 복권판매대리인 등(PITc15 §5 ①)
>
> D씨는 복권회사의 대리인으로 직접 계약을 한다. 2015년에 D씨는 230백만동의 수수료를 수취한다. 이 경우 D씨는 복권대리인 활동으로 인한 수입금액에 대하여 세액을 납부하여야 한다.

(2) 복권판매대리인 등 납부세액의 계산

복권판매대리인 등은 과세수입금액에 세율을 곱하여 납부세액을 계산한다.(PITc15 §5 ②)

(가) 과세수입금액

과세수입금액은 대리인이 복권회사 등으로부터 수취하는 수수료, 성과금, 보조금이나 기타 지급대가를 모두 포함한다.(PITc15 §5 ② a) 과세수입금액의 인식시기는 복권회사 등이 복권판매대리인 등에게 수수료 등을 지급하는 때이다.(PITc15 §5 ② d)

(나) 특례 소득세율

복권판매대리인 등에 대한 특례 소득세율은 5%이다.(PITc15 §5 ② d)

(다) 세액의 징수 및 납부

① 세액의 징수 및 신고

복권회사, 보험업자, 다단계판매회사가 대리인에게 지급하는 수수료가 역년에 1억 동을 초과하는 경우 복권회사 등은 소득세를 원천징수한다. 대리인이 여러 소득원천에서 수취하는 수입금액의 합계가 연간 1억동을 초과하는 경우 복권회사 등이 지급하는 수수료가 1억동 이하이더라고 대리인의 위임에 따라 소득세를 원천징수할 수 있다.(PITc15 §9 ①)

복권회사 등은 월별 또는 분기별로 복권판매대리인 등의 수입금액에서 소득세를 징수하여 신고한다. 이 경우, 복권회사 등은 연간 신고서를 제출하지 않는다. 복권회사 등이 징수하지 않는 경우 판매대리인은 연간 세액신고서(서식 No.01/TKN-XSBHĐC)를 제출하고 세액을 납부한다.(PITc15 §9 ②)

복권회사 등은 월별 신고를 세액이 발생한 달의 다음 달 20일까지 하며, 분기별 신고를 세액이 발생한 분기의 30일까지 한다. 판매대리인은 연간 신고를 역년 말로부터 90일 이내에 한다.(PITc15 §9 ③ a)

② 세액의 납부

복권회사 등은 징수세액을 자기의 관할세무서에 납부한다. 복권판매대리인 등은 거주지의 관할세무서에 세액을 납부한다. 세액의 납부기한은 신고기한과 같다.(PITc15 §9 ③ d)

5.5 세액의 위탁징수

전자납부가 가능하지 않은 세무서는 다른 법인 등(위탁징수인)이 과세특례 사업자로부터 세액을 징수하도록 할 수 있다. 위탁징수인에는 시장관리위원회, 쇼핑몰, 우체국이나 전기회사 등 전국적인 징수조직을 갖춘 기업을 포함한다. 위탁징수인은 세무당국으로부터 징수비용을 받는다.(PITc15 §10)

제4장 부가가치세법

① 부가가치세의 납세자 및 납세지

1.1 부가가치세 납세자 : 사업자

부가가치세의 납세자는 사업의 형태나 방식을 불문하고 베트남에서 과세대상 재화나 용역을 생산하거나 거래하거나, 또는 재화나 용역을 수입하는 법인이나 개인 사업자를 말하며, 다음을 포함한다.(VATA §4, VATc §3)

① 기업법, 협동조합법 및 기타 사업자법에 따라 설립되고 등록된 영리법인

② 정치법인, 사회정치법인, 사회법인, 사회전문법인, 군 및 공공서비스 법인, 기타 비영리법인

③ 투자법에 따른 외국인 투자법인 및 외국인 투자자, 베트남에서 사업을 하는 외국 법인 또는 개인

④ 생산, 거래 및 소득에 종사하는 개인, 가계 또는 공동사업자

⑤ 베트남 국내사업장이 없는 외국법인으로부터 용역(재화에 부수하는 용역)을 매입 하는 베트남의 법인 또는 개인 사업자. 이 경우, 사업자란 부가가치세 면세대상을 제외한 납세자를 말한다.

⑥ 법에 따라 기업단지, 수출업무지역, 경제개발지역에서 재화를 거래하기 위하여 설립된 수출업무법인의 지점

> **Case** 수출업무법인의 부가가치세 납세의무
>
> 산코사는 수출업무법인이다. 수출을 위하여 제조를 하는데 더하여 산코사는 판매나 수출을 취하여 재화를 수입하는 면허를 받았으며, 이를 위하여 지점을 설치하여야 한다. 지점은 독립적으로 기장을 하고 부가가치세를 신고하며, 제조업의 부가가치세와 합산하여 신고하지 않는다.
> 판매를 위한 수입재화의 경우, 산코사의 지점은 수입과 판매에 대하여 부가가치세를 신고하며 계산서를 발급하고 부가가치세를 신고납부한다.

1.2 부가가치세 납세지

납세자는 사업장이 소재한 지역에서 부가가치세를 신고납부한다. 세액공제방법에 따라 부가가치세를 납부하는 납세자가 본사가 소재한 지역 이외의 지역에 본사에서 회계처리를 하는 제조장을 보유하는 경우 부가가치세를 각 지역에서 납부하여야 한다. 직접납부방법을 적용하는 법인이나 협동조합이 본사가 소재한 지역 이외의 지역에 제조장을 보유하거나 다른 지역에서 판매를 하는 경우, 그 법인이나 협동조합은 해당지역에서 이루어진 매출액에 대하여 부가가치세를 납부한다. 이 경우, 법인 등이 본사에서 부가가치세를 신고납부한 경우에는 다른 지역에서 직접납부방법에 따라 부가가치세를 납부하지 않는다.(VATc §20 ① · ② · ③)

통신사업자가 본사가 소재한 지역 이외의 지역에서 후불제로 통신용역을 제공하면서 본사에서 회계처리를 하는 지점을 두고 세액공제방법에 따라 부가가치세를 납부하는 경우, 통신사업자는 다음 중 하나의 방법으로 부가가치세를 신고납부할 수 있다.(VATc §20 ④)

> 1. 통신용역 제공수입금액의 총액에 대한 부가가치세를 본사 소재지 관할세무서에 신고납부한다.
> 2. 본사 및 지점이 소재한 지역에서 부가가치세를 각각 납부한다. 지점이 소재한 지역에서 직접납부방법에 따라 통신용역 제공수입금액의 2%를 부가가치세로 납부한다. (후불제 통신용역은 10% 부가가치세율 적용대상)

② 과세대상 재화 및 용역

2.1 과세대상 재화 및 용역

생산, 유통, 소비의 과정에서 발생하는 재화·용역의 가치증가분에 대하여 부가가치세를 과세한다.(VATA §2) 과세 재화 및 용역은 베트남에서 생산되거나 거래되거나 소비되는 것으로, 국외에서 구매되는 것을 포함하며, 부가가치세가 면세되는 재화 및 용역을 제외한다.(VATA §3, VATc §2)

2.2 부가가치세 면세 재화 및 용역

다음과 같은 재화 및 용역의 거래는 부가가치세를 과세하지 아니한다.(VATc §4) 부가가치세 면세사업자는 영세율이 적용되는 경우(VATA §8 ①)를 제외하고 부가가치세 매입세액을 공제하거나 환급받을 수 없다.(VATA §5)

① 농림업, 축산업, 수산업에서 생산하거나 포획하거나 판매하거나 수입하는 것으로 가공 되지 아니한 것(세척, 건조, 껍질제거, 분쇄, 도정, 분할, 절단, 제업, 냉동냉장, 아황산처리나 기타보존처리 등의 단순가공 포함) 예를 들면, A사는 B사를 위하여 돼지를 사육하는 계약을 체결하고, B사는 A사에게 종돈, 사료 및 수의약품을 판매하고 A사는 돈육제품을 B에게 판매한다. B사가 A사에게 지급하는 양돈 대가는 부가가치세 과세대상이 아니다. B사가 A사로부터 구매하는 돈육제품의 경우 돼지나 미가공돈육은 부가가치세 과세대상이 아니지만, 소세지, 베이컨, 가공육이나 기타 가공돈육제품은 부가가치세 과세대상이다.

② 계란, 가축, 채소 및 작물 등의 재배, 사육, 수입 및 거래. 가축 및 채소 등의 수입업자나 매매업자가 부가가치세 면세대상이 되려면 해당관청에서 면허를 받아야 하며, 법정요건을 충족하여야 한다.

③ 용수공급, 경작, 하천준설, 경작지 객토, 추수 용역

④ 유기질비료, 화학비료(황, 질소, 칼륨, 복합) 및 생물비료 ; 가축, 가금, 어류 및 기타 동물용 곡물, 잔반, 깻묵, 어분, 골분, 새우분 및 기타 동물사료와 동물사료 첨가물 ; 어업선(90㎡ 이상의 어업용 또는 어류운반용 선박과 이에 사용되는 기계장

치) ; 트랙터, 써레기, 정미기, 파종기, 뿌리제거기, 토지정리기, 사탕수수파종기, 수확기계 등의 농업생산 기계장비

⑤ 바다소금, 암염, 정제염, 요오드첨가 식염

⑥ 임차인에게 판매하는 국가소유 주택

⑦ 토지사용권의 양도

⑧ 생명보험, 건강보험, 학생보험 및 기타 인적보험, 농업 및 목축업 보험, 어업용 선박 및 기계장치 보험, 재보험

⑨ 다음과 같은 금융, 은행 및 증권 사업

ⓐ 자금대여, 채권 등의 할인양도, 은행보증, 금융리스, 신용카드발급, 신용기관이 받는 신용카드 수수료, 조기상환 수수료, 지체상금, 부채조정 수수료, 융자금관리수수료 및 기타 신용제공수수료는 부가가치세 면세 대상이다. 그 밖에 신용카드 재발급 및 교체, 거래증빙 사본제공 등 신용제공과 직접 관련이 없는 용역수수료는 부가가치세 과세대상이다.

ⓑ 은행의 국내 및 국외 팩토링 ; 신용기관, 법원 및 대여자의 승인을 받은 차입자가 보증차입을 변제하기 위한 담보매각(담보물의 소유자가 채무상환을 못하여 변제를 위하여 금융기관에 담보물을 이전하는 경우 계산서를 발행하지 않으며, 금융기관이 담보물을 양도하는 경우 과세재화에 해당하면 계산서를 발행하여야 한다) 예를 들면, 2015.4.1. A사는 B은행으로부터 1년 만기로 자금을 차입하고 기계장치를 담보로 제공한다. 2016.3.31. A사는 차입금을 상환하지 못하여 담보물을 B은행에 양도한다. A사는 담보물을 양도하면서 계산서를 발행하지 않아도 된다. B은행이 채권을 회수하기 위하여 담보물을 매각하는 경우 매각된 담보물은 부가가치세 과세대상이 아니다. 다른 사례를 들면, 2015.12.16. B사는 C은행으로부터 1년 만기로 자금을 차입하고 공장 및 토지사용권을 담보로 제공한다. B사와 C은행은 공장 등에 근저당을 설정하였다. 2016.12.15. B사는 채무를 상환하지 못하여 담보자산을 매각하여 변제하기로 C은행과 합의하였다. 2017년 B사가 공장을 매각하는 경우 부가가치세 과세대상이 아니다.

ⓒ 금융기관의 신용제공을 위하여 국영은행의 관계회사가 제공하는 정보제공용역. 예를 들면, 국영은행의 관계회사 X는 신용정보를 제공한다. 2014년에 X는

시중은행들에게 신용정보를 제공하기로 계약을 체결한다. 시중은행들의 자금 대여를 위한 신용정보의 제공으로 수취하는 수입금액은 부가가치세 과세대상 이 아니다. 그러나 자금대여 이외의 활동에 사용하는 신용정보 제공대가는 10%의 부가가치세 과세대상이다.

ⓓ 금융기관이 아닌 납세자가 사업목적이 아니라 일시적으로 하는 자금대여. 예를 들면, C법인은 여유자금이 있어 T사에게 6개월 만기로 자금을 대여하고 이자를 받기로 한다. 그러한 이자는 부가가치세 과세대상이 아니다.

ⓔ 증권관련 용역 : 증권거래중개, 자산거래, 증권발행보증, 투자자문, 보관, 증권 투자펀드관리, 증권회사관리, 증권투자 포트폴리오관리, 증권시장이나 증권거 래소의 거래인 서비스 및 온라인거래 기술지원, 베트남 증권예탁원에 등록되 어 보관되는 증권관련 용역, 증권대차거래 자금대여, 증권정보제공 발행인의 증권발행

ⓕ 자본거래 : 주식의 전부 또는 일부 양도, 증권양도, 신주인수권 양도, 기타 주식 양도(합병 등). 예를 들면, 2015년 4월 A사는 B법인을 설립하고 기계장치를 현 물출자 한다. A의 현물출자 가치는 25억동으로 B법인 자본금의 25% 상당금액 이다. 2014년 11월 A사는 C재단에 B법인 주식을 40억동에 양도한다. 이 양도 금액은 부가가치세 과세대상이 아니다.

ⓖ 채권 매각

ⓗ 외환 거래

ⓘ 파생금융상품거래 : 선물 및 선도 계약, 콜옵션 및 풋옵션, 기타 파생금융상품 거래

ⓙ 베트남 금융기관의 부실채무를 청산하기 위하여 정부소유기업이 보유하는 담보의 매각

⑩ 의료 및 수의 용역 : 인간 및 동물의 질병 검사, 치료 및 예방, 산아제한, 환자의 회복 및 재활, 노인 및 장애인 돌봄(건강 및 영양 관리, 문화활동, 스포츠, 오락, 물리치료, 재활 포함), 환자이송, 의료시설 병실 및 병상 대여, 검진 및 방사선촬 영, 수혈, 의료용역 등에 포함된 의약품

⑪ 공공 우편 및 통신, 공공 인터넷용역, 국외에서 제공되는 우편, 통신 용역

⑫ 동물원, 수목원, 공원, 가로수, 가로등, 장례식장 등

 ⓐ 동물원, 수목원, 공원, 가로수, 국유림의 관리, 식목 및 재배, 동물보호

 ⓑ 가로등으로, 거리, 골목길, 동네, 수목원 및 공원을 포함한다.

 ⓒ 장례식장, 장례식차, 장례식, 화장, 이장, 묘지관리 용역

⑬ 기부금이나 후원금에 의한 유지, 보수 및 건설, 문화예술작업, 공공작업, 기반시설, 장려정책수혜자(사회보장수혜자, 빈곤가정 포함)의 주거에 대한 인적지원. 기부금이나 후원금이 투자금액의 50% 이상인 경우에는 투자금액 전액에 대하여 부가가치세를 면제한다.

⑭ 법에 따른 교육 및 직업훈련 : 외국어교육, 예술교육, 스포츠훈련, 아동돌봄 및 기타 훈련. 유치원부터 고등학교의 식사 및 통학, 기숙학교, 시험 및 자격증 발급(교육과정과 상관없는 시험 및 자격증발급 제외). 예를 들면, 교육센터 X는 관할당국으로부터 훈련 및 자격증발급은 인증 받았다. X는 Y에게 훈련을 하도록 위탁하고 X는 시험과 자격증발급만을 관장한다. 이 경우, 시험 및 자격증발급은 부가가치세 면제대상이다.

⑮ 정부예산으로 지원하는 음성 및 영상 방송

⑯ 출판, 수입신문, 잡지, 전문지, 정치서적(공산당이나 국가의 정치선전, 도덕함양, 정치지도자의 연설 및 저작 등), 교과서(유치원, 초중고의 교육훈련 서적 및 참고서), 교재(대학 및 직업학교 서적 포함), 법전, 과학기술서적, 소수민족어 서적(서적, 포스터, 민족깃발 포함), 선전물로 음성·영상·데이터 포함. 화폐 및 화폐원판

⑰ 버스나 트램 등의 대중교통

⑱ 베트남에서 생산되지 않아 수입하는 재화 : 과학기술개발용 기계장치 및 부품·용품, 원유탐사시추용 기계장치·부품·용품 및 특수차량, 항공기 및 선박(엔진 포함). 이 경우, 수입자는 수입 및 수출 통관서류를 제출하여야 하며, 투자기획부장관은 수입재화목록을 작성한다. 수입재화의 용도를 변경하거나 국내시장에 판매하는 경우 부가가치세를 과세한다.

⑲ 국방 및 치안을 위한 무기 및 특수차량

 ⓐ 국방부와 공안부가 작성한 국방 및 치안을 위한 무기 및 특수차량, 이들의 수리용역

ⓑ 수입관세를 면제받는 국방 및 치안을 위한 무기 및 특수차량으로 총리령으로 정한 연간수량 이내의 것

⑳ 인도적 지원이나 무상지원으로 외국법인이나 외국인에게 판매하는 재화나 용역. 인도적 지원이나 무상지원은 재무부장관이 인정한 것을 말한다.

ⓐ 규제당국, 정치적 법인, 사회정치적 법인, 사회정치전문 법인, 사회법인 및 군대에 대한 증여나 베트남 내 개인에 대한 증여

ⓑ 재화나 용역을 구매하는 외국법인이나 외국인은 판매자에게 인적사항을 보내 인도적 지원 인증서를 받아야 한다. 이 경우, 부가가치세 포함 가격에 재화나 용역을 구매한 외국법인 등은 환급신청을 할 수 있다.

㉑ 외교관 면세 대상인 외국기관(외교사절, 영사, 국제기구 등)의 소유물(외교관 면세대상 외국기관이 부가가치세 포함 가격에 재화·용역을 매입한 경우 부가가치세 환급신청을 할 수 있다), 국외에서 베트남으로 반입하는 베트남 국민의 소유물. 관세 면제 범위 내의 수하물

㉒ 베트남 영토를 통하여 운반되는 재화, 일시적으로 수입하거나 수출되는 재화, 외국인과의 계약에 따라 제조를 위하여 수입되거나 수출되는 원자재, 외국과 자유무역지역(수출가공지역, 보세창고, 특별경제구역, 상업산업지역 등) 간 또는 자유무역지역 내 거래. 자유무역지역과 다른 지역과의 거래는 국경거래로 본다.

㉓ 기술 및 지적재산권의 양도. 기술 등의 양도가 기계장치의 양도와 함께 이루어지는 경우 기술 등의 가액을 구분하여 부가가치세를 면제하며, 구분할 수 없는 경우 전체 양도가액에 대하여 부가가치세를 과세한다.

㉔ 보석으로 가공되지 않은 금괴나 금조각의 수입

㉕ 가공되지 않은 천연자원 및 미네랄의 수출, 그 가치의 51% 이상이 천연자원 또는 미네랄(에너지비용 포함) 해당하는 재화의 수출

ⓐ 국내의 천연자원으로 금속 및 비금속 미네랄, 원유, 천연가스 및 석탄가스 포함

ⓑ 가공재화에서 천연자원의 비율은 직전연도 재무상태표의 '(천연자원 또는 미네랄의 가액 + 에너지비용)/총제조원가'로 산출한다. 채취한 천연자원의 경우 직간접 채취비용을 더하고 운반비용을 차감하여 계산하며, 매입한 천연자원의 경우 매입미용을 더하고 운반비용을 차감하여 계산한다. 에너지비용은 연료,

전기 및 열 에너지비용을 포함한다. 제조원가는 재료비, 노무비 및 제조간접비를 포함하여 회계기준에 따라 계산하며, 판매관리비는 제외한다. 수출 첫해의 경우 추정비율을 1년간 적용하며, 추정이 불가능한 경우 실제비율을 적용한다. 제조사업자가 직접 수출하지 않고 수출하는 다른 사업자에게 재화를 판매하는 경우 수출기업은 제조사업자가 직접 수출하는 유사제품에 적용되는 부가가치세 신고방법을 적용한다.

㉖ 인체에 이식되는 인공신체, 목발 및 휠체어 등 장애인용품

㉗ 연간 수입금액이 1억동 이하인 개인 및 가계 사업자가 공급하는 재화 및 용역

㉘ 면세점에서 파는 재화 및 용역, 국유재산관리청이 파는 국유재산, 국가가 부과하는 수수료 및 부담금, 정부건설에 군이 수행하는 폭탄제거용역

③ 부가가치세 신고의무

(1) 부가가치세 신고의무

과세사업을 영위하는 사업자는 부가가치세를 신고하여야 한다. 과세사업은 다음과 같은 경우를 포함한다.(VATc §5 ①)

---

1. 사업자가 대가를 현물로 지급하는 경우
2. 탄소배출권의 양도로 대가를 받는 경우
3. 수리, 보증, 판매촉진 및 광고 용역을 제공하는 경우

Case 부가가치세 신고의무

1. P사는 매입한 채권에서 이자를 받고 매입한 주식에서 배당을 받는다. P사는 이자 및 배당에 대하여 부가가치세 신고의무가 없다.
2. A사는 B사로부터 계약해지 대가로 5천만동을 받았다. A사는 영수증을 교부하여야 하지만, 부가가치세 신고의무는 없다.
3. X사는 Y사로부터 재화를 매입한다. X사는 또한 Y사에게 거래보증금을 주고 그에 대하여 따로 이자를 받는다. X사는 그 이자에 대하여 부가가치세 신고의무가 없다.

4. X사는 4억4천만동 상당의 재화를 Z사에게 판매한다. 계약에 따라 Z사는 3개월 할부로 대가를 지급하면서 총액의 1%를 이자로 지급한다. 3개월 후 X사는 총 4억4천만동의 원금과 이자 13,200,000동을 수취한다. X사는 이자에 대하여 부가가치세 신고의무가 없다.

5. A보험사와 B사는 보험을 계약한다. B사가 보험금을 청구하면 A보험사는 보험금을 현금으로 지급한다. B사는 수취한 보험금에 대하여 부가가치세 신고의무가 없다.

6. A사는 우유제조업자로, 판매자들에게 판촉, 마케팅 및 제품전시를 위한 비용을 지급한다. 판매자는 그 비용을 수취하는 때에 부가가치세 신고의무가 있다.

(2) 부가가치세 신고의무가 없는 경우

① 국내사업장이 없는 외국법인으로부터 용역을 수취하는 경우

사업자가 국내사업장이 없는 외국법인 또는 비거주자로부터 해외에서 용역을 수취하는 경우 부가가치세 신고의무가 없다. 이는 국외에서 제공되는 차량 및 기계장치 수리, 광고·마케팅·판촉활동, 재화·용역거래의 중개, 훈련, 국제우편통신용역, 외국위성전송라인 및 주파수대 임대를 포함한다.(VATc §5 ②)

② 과세사업자가 아닌 사람이 자산을 일시적으로 판매하는 경우

과세사업자가 아닌 사람이 자산을 일시적으로 판매하는 경우 부가가치세 신고의무가 없다. 예를 들면, 과세사업자가 아닌 A는 중고 승용차를 6억동에 B에게 판매한다. A는 이에 대하여 부가가치세 신고의무가 없다. 다른 예를 들면, 과세사업자가 아닌 E는 은행융자를 받기 위하여 승용차를 담보로 제공한다. E가 융자금을 갚지 못하여 은행은 담보물을 처분한다. 이 경우 담보물 처분에 대하여 부가가치세 신고의무가 없다.(VATc §5 ③)

③ 투자프로젝트를 양도하는 경우

재화나 용역을 제조하거나 거래하는 사업의 투자프로젝트를 다른 사업자에게 양도하는 경우 부가가치세 신고의무가 없다. 예를 들면, P사는 공업용 알콜공장에 투자프로젝트를 진행한다. 2014년 3월 공정 90%가 진행되었으며 투자금액은 260억동이다. P사는 자금애로로 완공되지 않은 투자프로젝트를 280억동에 X사에게 양도한다. 이 경우, P사는 부가가치세 신고의무가 없다.(VATc §5 ④)

④ 과세사업자가 농림수산물 등을 판매하는 경우

과세사업자가 가공되지 않거나 단순가공한 농림수산물 등을 다른 과세사업자에게 판매하는 경우, 부가가치세 신고의무가 없다. 이 경우, 부가가치세를 제외한 계산서를 교부하여야 한다.(VATc §5 ⑤ No.1) 과세사업자가 가공되지 않거나 단순가공한 농림수산물 등을 개인이나 가계 과세사업자에게 판매하거나 개인이나 과세사업자가 법인에게 판매하는 경우, 5%의 부가가치세를 신고하여야 한다.(VATc §5 ⑤ No.2)

직접계산방식으로 부가가치세를 납부하는 개인이나 가계, 법인이나 협동조합 과세사업자가 가공되지 않거나 단순가공한 농림수산물 등을 판매하는 경우 수입금액의 1%를 부가가치세로 신고하여야 한다. 회사나 협동조합에 판매되는 가공하지 않거나 단순가공한 제품에 대한 부가가치세를 신고하는 경우, 판매자와 구매자는 부가가치세 매입세액을 조정하여 계산서를 발행하여야 한다.(VATc §5 ⑤ No.3)

Case 과세사업자가 농림수산물 등을 판매하는 경우

(1) B사는 농업인이나 농업회사로부터 직접 쌀을 매입한다. 이는 부가가치세 과세대상이 아니다. B사가 수출업자 C에게 쌀을 판매하는 경우 부가가치세 신고의무가 없다. B사가 국수제조업자 D에게 쌀을 판매하는 경우 B사는 부가가치세 신고의무가 없다. C 및 D에게 발행하는 계산서에 가격을 부가가치세 제외금액으로 표시하여야 한다. B사가 직접 소비자에게 쌀을 판매하는 경우 5%의 부가가치세를 납부하여야 한다.
(2) A사는 농부로부터 커피콩을 매입하여 가계 사업자 H에게 판매한다. 이 경우 판매금액의 5%에 상당하는 부가가치세를 납부하여야 한다.
(3) 가계 사업자 X는 농부로부터 찻잎을 매입하여 다른 가계 사업자 Y에게 판매한다. X는 직접계산방식으로 판매수입금액의 1%에 해당하는 부가가치세를 납부하여야 한다.

---

⑤ 사업자가 감가상각자산을 양도하는 경우

모회사가 자회사에게 또는 관계회사들 간에 부가가치세 과세대상 사업용 감가상각자산을 양도하는 경우 부가가치세 과세대상이 아니다. 다만, 재평가된 유형자산을 양도하거나 부가가치세 면세사업장에 자산을 양도하는 경우, 부가가치세 과세대상이다.(VATc §5 ⑥)

⑥ 기타 부가가치세 신고의무가 면제되는 경우

다음과 같은 경우 납세자는 부가가치세 신고의무가 없다.(VATc §5 ⑦)

ⓐ 법인을 설립하기 위한 자산의 출자

ⓑ 법인이 결합회계를 하는 자회사들 간의 자산이전. 자산이전이란 분할, 합병, 법인 형태 전환의 경우 이루어지는 자산이전을 말한다. 독립회계를 하는 자회사들 간의 자산이전의 경우 부가가치세 신고대상이다.

ⓒ 보험계약에 따라 제삼자가 청구하는 보상

ⓓ 납세자의 재화·용역 판매와 관련 없는 대지급금

ⓔ 대리인이 판매하는 재화·용역, 대리인에게 지급하는 수수료 : 이에는 우편통신용역, 복권, 항공권, 버스표, 기차표, 선박승선표, 국제운송 및 보험 대리인을 포함한다.

ⓕ 부가가치세 면세대상 재화·용역의 판매수수료

ⓖ 외국구매자가 반송한 수출재화의 재수입. 국내에서 반송된 재화는 부가가치세 과세대상이다.

4 부가가치세 과세가격 및 세액의 계산

4.1 부가가치세 과세가격

(1) 과세가격의 계산

부가가치세 과세가격은 다음과 같다.(VATA §7 ①, VATc §7) 재화·용역에 대한 과세가격에는 사업자가 수취하는 부수입 또는 추가소득을 모두 포함한다.(VATA §7 ②)

과세가격은 부가가치세 상당액을 제외한 금액을 말한다. 영수증에 부가가치세를 포함한 공급대가가 기재되어 있는 경우, 과세가격은 다음과 같이 산출한다.(VATA §7 ① a 및 k)

과세가격 = 부가가치세를 포함한 공급대가 / (1 + 부가가치세율)

① 판매하는 재화나 용역의 과세가격은 부가가치세 제외 금액이다. 특별소비세 및 환경보호세 과세대상인 재화·용역의 과세가격은 특별소비세 및 환경세를 포함하고 부가가치세를 제외한 금액이다.

② 수입재화의 과세가격은 수입가격에 수입관세(면제되거나 경감되는 경우 해당금액 적용), 특별소비세 및 환경세를 더한 금액이다.

③ 증여하거나 현물지급하는 재화·용역의 과세가격은 그 당시 동일하거나 유사한 재화·용역의 과세가격으로 한다.

> **Case** 증여의 경우
>
> (1) A사업자는 전기선풍기를 제조하며 선풍기 50개를 B회사의 철판과 교환한다. 선풍기 1대의 판매가격은 400,000동이며, 50개의 과세가격은 20,000,000동이다.
> (2) X사는 미인대회를 개최하기 위하여 당국으로부터 승인을 받았다. 입장티켓을 판매하는 것에 더하여 X사는 VIP들에게 초청장을 보냈으며, 초청대상의 이름은 초청장에 인쇄되어 있다. 이 경우 초청장의 과세가격은 영(0)이다.

④ 사업장의 생산 또는 운영에 사용하기 위하여 내부적으로 사용하는 원자재나 반제품은 부가가치세 과세대상이 아니다. 운송, 항공, 철도운송, 우편통신과 같은 사업목적으로 내부의 재화·용역을 사용하는 경우 매출 부가가치세 과세대상이 아니다. 기계장치, 원자재나 제품을 대여, 차용 또는 반환의 목적으로 이전하는 경우 사업장은 계산서를 발행하거나 부가가치세를 납부할 의무가 없다. 그러나 사업장에서 생산이나 판매를 위하여 자체적으로 제작하는 유형자산은 부가가치세 과세대상이지만, 계산서를 발행하지 않아도 된다. 자체 제작 유형자산의 매입부가가치세는 공제된다.

> **Case** 내부사용의 경우
>
> (1) A사업자는 전기선풍기 제조업자이다. A는 선풍기 50대를 공장에서 사용하기 위하여 설치한다. 이는 내부사용으로 부가가치세 과세대상이 아니다.
> (2) B사업자는 방직공장과 재단공장을 보유한다. 방직공장에서 직조된 천을 재단공장으로 보내어 제품을 만든다. 이는 내부사용으로 부가가치세 과세대상이 아니다.
> (3) P사는 근로자를 위하여 휴게동을 건축한다. P사가 휴게동을 완공하는 경우 그에 대하여 계산서를 발행할 필요가 없다. 자체 제작 유형자산에 대한 매입부가가치세는

공제된다.

(4) Y사는 생수를 생산하는 회사이다. 시장에서 생수 1병의 가격(부가세 제외)은 4,000 동이다. Y가 회의에서 300병을 소비하는 경우, 이는 내부사용이므로 부가가치세 과세대상이 아니다.

(5) 위 사례 4의 경우와 같으며, 다만 Y사는 사업목적이 아닌 다른 목적으로 300병을 소비한다. 이 경우 Y사는 300병에 대하여 부가가치세를 납부하여야 하며, 과세가격은 총 1,200,000동(4,000×300)이다.

⑤ 판촉을 위하여 사용하는 재화·용역은 부가가치세 과세대상이 아니다. 다만, 관련법에 위반하는 판촉의 경우 증여의 경우와 마찬가지로 과세한다.

ⓐ 재화·용역을 샘플이나 증여로 무상 공급하는 경우 과세가격은 영(0)이다. 예를 들면, P사는 탄산음료의 생산업자이다. 2014년 5월 및 12월에 P사는 '10개 사면 1개 공짜'의 방식으로 판촉행사를 한다. 5월의 행사는 관련법에서 허용하는 것이므로 과세가격은 영이다. 다만, 12월의 행사는 관련법에서 허용되지 않으므로 과세가격을 시가로 산정하여야 한다.

ⓑ 판촉행사기간 동안 재화·용역을 할인된 가격으로 공급하는 경우, 과세가격은 그 할인가격이다. 예를 들면, N사는 통신회사로 선불카드를 판매한다. N사는 2014년 4월 1일부터 20일까지 할인행사를 신고한다. 이 기간 동안 선불카드는 100,000동이 아니라 할인가격 90,000동에 판매된다. 이 경우 과세가격은 90,000 동이다.

ⓒ 재화·용역을 판매할 때 할인권을 주는 경우, 그 할인권에 대하여는 부가가치세를 부과하지 않는다.

⑥ 주택, 사무실, 공장, 창고, 대지, 차량 및 기계장치 등의 자산임대의 과세가격은 부가가치세를 제외한 금액이다. 일정기간에 대하여 임대료를 할부 또는 선불로 지급하는 경우, 과세가격은 그 할부금액 또는 선불금액에서 부가가치세를 제외한 금액이다. 임대료 총액의 법정금액이 있는 경우 법정금액 이내이어야 한다.

⑦ 상품을 할부로 판매하는 경우, 과세가격은 당초가격에 이자상당액을 포함한 가격이다. 예를 들면, X사는 소비자에게 오토바이를 할부로 판매한다. 과세가격은 당초판매가격 25,000,000동과 이자상당액 500,000동을 합친 25,500,000동이다.

⑧ 재화가공의 과세가격은 계약에 따른 가격으로 임금, 연료비, 기계장치, 원재료 및 제조간접비 등을 포함한다.

⑨ 건설 및 설치 용역의 과세가격은 완공된 건설 및 설치 용역의 대가이다.

ⓐ 대가에 건설자재의 가액을 포함하는 경우 과세가격은 대가의 총액을 말한다. 예를 들면, B사는 건설계약을 체결하며, 계약금액은 원자재 10억동을 포함한 15억동이다. 이 경우, 과세가격은 15억동이다.

ⓑ 대가에 건설자재, 기계장치 등을 제외하는 경우, 과세가격은 건설자재 등을 제외한 금액이다. 예를 들면, B사는 건설계약을 체결하며, 공사가액은 15억동으로 그 중 10억동의 건설자재는 투자자 A가 조달하기로 한다. 이 경우 과세가격은 5억(15억 - 10억)동이다.

ⓒ 완공 또는 양도되는 공장의 과세가격은 부가가치세 제외 금액이다. 예를 들면, X사는 Y사로 하여금 새로운 공장을 건설하게 한다. 공사금액은 2,000억동으로 공장건물 800억동, 기계장치 1,200억동을 포함하며, 부가가치세는 200억동으로 지급대가총액은 2,200억동이다. X사는 완공된 공장을 인수하여 유형고정자산 2,000억동과 매입부가가치세 20억동을 계상한다.

⑩ 부동산을 양도하는 경우 과세가격은 양도가격에서 토지가치를 차감한 가격이다. 차감되는 토지가치는 다음과 같이 계산한다.

ⓐ 판매용 주택을 건설하기 위하여 국가가 토지를 불하하는 경우 공제되는 토지가치는 지대와 토지정리보상비를 포함한다. 예를 들면, 2014년에 부동산회사 A는 판매용 주택을 건설하기 위하여 국가로부터 토지를 불하받는다. 지대는 300억동(토지정리보상비 및 지대 감면액 제외)이다. 지대 감면비율은 20%이다. 토지정리보상비는 150억동이다. 공제되는 토지가치는 240억동이다.(지대 300억×(1 - 20%) - 150억 = 90억, 토지정리보상비 150억, 공제되는 토지가치 90억 + 150억 = 240억)

ⓑ 토지사용권을 경매하는 경우 공제되는 토지가치는 경매가격이다.

ⓒ 임대용 건물이나 판매용 주택에 투자하기 위하여 토지를 사용하는 경우, 공제되는 토지가치는 국가에 지급하는 지대와 토지정리보상비이다. 예를 들면, V사는 건설회사로, 기업단지를 건설하기 위하여 국가로부터 토지를 빌리고 지대를

일시에 지급한다. 사용기간은 50년이다. 사용토지면적은 300,000㎡이고 지대는 82,000/㎡이다. 따라서 지대총액은 246억동이다. 이 토지는 지대 감면대상이 아니다. 건설이 완료되어 V사는 30년 간 16,500㎡를 A에게 부가가치세 포함 650,000/㎡에 임대한다. 이 경우, 부가가치세를 포함한 임대료는 99,132,000,000 동이다.{16,500㎡×(650,000동 − 82,000동×30년/50년) =99,132,000,000동 ; 과세가격 9,012백만(9,913,200천 /1.1), 부가가치세 901.2백만(9,012백만×10%)

ⓓ 납세자가 다른 사업자로부터 지대를 받는 경우, 공제되는 토지가치는 토지를 이전하는 때의 토지가격으로 구축물 가치를 제외한 금액이다. 납세자는 토지 가격에 포함하여 구축물 매입 부가가치세를 공제할 수 없다. 공제되는 토지가 치가 구축물 가치를 제외한 금액인 경우 구축물의 매입 부가가치세를 공제할 수 있다. 이전일의 토지가격을 산정할 수 없는 경우 토지가격은 해당지역의 인 민위원회가 고시한 가격을 적용한다.

Case 토지를 양도하거나 지대를 받는 경우

(1) 2013년 8월에 A사는 X군의 빈안 주거지역의 B로부터 토지 200㎡를 60억동에 매입 한다. A사는 토지양도계약을 체결하고 60억동을 지급하고 영수증을 수취한다. A사 는 이 땅에 건축을 하지 않고, 2014년 10월에 이 땅을 그대로 90억동에 양도한다. A사는 부가가치세 계산서를 발행하고 부가세를 납부하여야 한다. 과세가격에서 공 제되는 토지가치는 60억동이다.

(2) 2013년 11월 A사는 B로부터 토지 300㎡와 그 지상의 구축물을 100억동에 매입하였 지만 그 당시 토지가격을 입증할 자료가 충분하지 않다. 2014년 4월 A사는 그 토지 와 구축물을 140억동에 양도한다. 이 경우, 공제되는 토지가치는 그 토지 매입당시 에 인민위원회가 고시한 가격이다.

(3) 2013년 9월 B사는 토지 1,200㎡와 그 지상의 구축물을 부동산회사 A로부터 620억동 에 매입한다.(토지가격은 400억동) A사가 발행한 계산서에서 과세가격총액 600억 동, 토지가격 400억동, 구축물가격 200억동, 부가가치세 20억동으로 표기한다. A사는 공제되는 매입세액이 15억동이라고 가정할 때, 부가가치세 5억동(20억동 − 15억동)을 납부한다.
B사는 판매용 고급주택 10채(1채당 토지면적 200㎡)를 건설하며, 관련 매입세액은 30억동이다. 2015.4.1. B사는 빌라 1채를 C에게 100억동에 양도하는 계약을 체결한 다. 이 경우 공제되는 토지가치는 60억동이다. 토지가치 40억(20백만×200㎡), 구축 물가치 20억(200억/2,000㎡×2,00㎡), B사가 발행하는 계산서에서 빌라 과세가액 100

억, 공제되는 토지가치 60억, 부가가치세 4억((100 − 600×10%), 지급대가 104억으로 표시한다.

B사가 일시에 빌라 10채를 판다고 가정하면, 부가가치세 납부세액은 10억동이다. (4억×10채 − 30억)

B사가 토지가치에 구축물가치 40억동을 포함하지 않는 경우 계산서를 다음과 같이 작성한다. 빌라판매가격 100억, 공제되는 토지가치 40억, 부가가치세 6억((100억 − 40억)×10%), 지급대가 106억

ⓔ 건설이전운영(BTO) 계약에 따라 부동산 사용권을 받는 경우, 공제되는 토지가치는 계약이 체결된 때의 토지가격이다. 토지가격을 알 수 없는 경우 공제되는 토지가치는 해당지역의 인민위원회가 결정한 건설대가총액이다. 예를 들면, P사는 A지역 인민위원회와 건설이전운영계약을 체결하고 부동산 사용권을 받는 대신 교량을 건설하기로 한다. 인민위원회가 지급하여야 할 금액은 2조동이며 P사는 Y구의 토지 500헥타를 불하받는다. P사가 이 토지를 판매용 주택을 짓는데 사용하는 경우 공제되는 토지가치는 2조동이다.

ⓕ 부동산회사가 개인으로부터 농지 사용권을 매입하고 관할당국이 그 농지를 대지로 용도변경하여 주는 경우, 공제되는 토지가치는 그 개인에게 지급한 대가와 용도변경을 위하여 지급한 지대, 양도인을 대신하여 지급한 소득세 등의 기타 비용을 포함한다.

ⓖ 판매용 고층아파트를 건축한 경우 ㎡당 공제되는 토지가치는 토지가치총액을 연면적으로 나누어 산출하며, 연면적에서 공용면적(복도, 계단, 지하층 등)은 제외한다.

ⓗ 법인으로부터 토지사용권을 취득하여 양도하는 경우, 공제되는 토지가격은 법인의 자본출자계약에 따른 가격이다. 이 경우, 토지사용권의 양도가격이 출자된 토지가격보다 낮으면 전자를 적용한다.

ⓘ 부동산회사가 농지를 가진 가계 또는 개인과 그 농지를 대지로 용도전환 하기로 계약하는 경우, 양도가격에서 공제되는 토지가격을 뺀 가액을 과세가격으로 한다. 양도가격은 관할당국이 승인하여 용도전환하는 농지에 대한 보상가격을 말한다.

ⓙ 판매나 임대를 위하여 기반시설이나 주택을 건설하는 경우, 과세가격은 사업 중에 수취하는 금액에서 총계약금액에 대한 수취금액의 비율로 계산한 토지가치를 차감하여 계산한다.

⑪ 재화·용역의 판매 대리인이나 중개인, 또는 수출입 위탁에 대한 대가나 수수료의 과세가격은 부가가치세 상당액을 제외한 금액을 말한다.

⑫ 인지나 티켓(우표, 버스표, 복권 등)의 경우, 그 인지 등의 공급대가는 부가가치세를 포함한 금액으로 본다.(VATA §14 ②)

⑬ 베트남전력공사의 관계회사인 수력발전소가 생산하는 전력의 과세가격은 직전연도 상업전기 판매가격(부가가치세 제외) 평균의 60%로 한다. 직전연도의 상업전기 판매가격을 해당연도 3월 31일까지 알 수 없는 경우, 직전연도에 베트남전력공사가 부과한 가격이 직전연도의 이전연도의 상업전기 판매가격 평균보다 높으면 전자를 적용한다. 이 경우, 직전연도 상업전기 판매가격을 확인하면 해당월의 신고액을 조정하여 반영한다.

⑭ 카지노 게임이나 다른 경품경기의 과세가격은 실제소득(부가가치세 포함)을 '1+부가가치세율'로 나눈 금액이다. 예를 들면, 고객으로부터 받은 용역대가 430억, 고객에게 지급한 상금 100억, 실제수입 330억(특별소비세와 부가가치세 포함 금액), 과세가격은 330억/(1+10%) = 300억

⑮ 운송 및 물품취급 용역의 과세가격은 부가가치세를 제외한 수수료이다. 이 경우 물품을 다른 사업자가 취급하는지 여부는 상관이 없다.

⑯ 관광패키지의 과세가격은 '지급대가/(1+부가가치세율)'이다. 대가에 해외에서 사용되는 항공, 숙식 및 기타비용이 포함되어 있는 경우 과세가격에서 그러한 비용을 제외한다. 관광패키지를 위하여 매입하는 재화·용역의 매입 부가가치세는 공제된다.

(1) 관광회사 H는 타이관광객 50명에게 5일간 베트남에서 패키지관광을 제공하기로 계약한다. 관광요금은 총 32,000불이다. 계약에 따라 H사는 항공, 숙식 및 관광을 제공하여야 한다. 왕복항공료는 10,000불이다. 1불은 20,000동이다.
  • 수입금액 : (32,000 - 10,000) × 20,000동 = 440,000,000동
  • 과세가격 : 440,000,000/(1+10%) = 400,000,000동
  H사는 관련 매입 부가가치세를 공제할 수 있다.

(2) 관광회사 N은 베트남 관광객을 위하여 5일간 중국에서 패키지관광을 제공하기로 한다. 관광요금은 인당 400불이다. N사는 중국 관광사 C에게 인당 300불을 지급하여야 한다. 이 경우, 과세가격은 400 - 300 = 100불/1인이다.

⑰ 이자나 전당물품의 판매소득을 포함하는 전당포 영업소득. 과세가격은 '수취대가/(1+부가가치세율)'. 예를 들면, 전당포가 110백만동을 버는 경우 과세가격은 100백만동(110/(1+10%))이다.

⑱ 도서정가는 부가가치세 포함금액이다. 도서 판매가가 도서정가와 다른 경우 실제 판매가격을 기준으로 부가가치세를 부과한다.

⑲ 인쇄의 가격에 종이의 가격이 포함된 경우 인쇄의 과세가격은 종이가격을 포함한 금액이다.

⑳ 제삼자로부터 수취하거나 보험업자로부터 수취하는 보수, 수수료 등은 부가가치세를 제외한 금액이 과세가격이다.

㉑ 재화·용역의 과세가격은 판매자에게 지급하는 추가비용을 포함한다. 판매자가 할인을 하는 경우 과세가격은 할인된 가격이다. 판매 후에 할인이 이루어지는 경우 최종판매가격에 포함되거나 다음 과세기간으로 이월된다. 판촉행사 이후에 할인을 하는 경우 이후에 수정을 할 수 있다. 이 경우, 매입자와 판매자는 거래금액과 매출세액 및 매입세액을 수정한다.

(2) 외화로 대가를 받는 경우

과세가격은 베트남 동으로 계산한다. 납세자가 외화로 대가를 받는 경우 과세가격은 판매할 때에 적용되는 베트남 국가은행이 공시하는 '은행간 평균거래환율'에 따라 동으로 환산한다.(VATA §7 ③, VATc §7 ㉒)

4.2 부가가치세 세율

(1) 부가가치세 세율

일반적으로 재화나 용역에 대하여 10%의 부가가치세율을 적용한다. 이 경우, 그 재화·용역이 수입되었는지, 제조되었는지, 가공되었는지 또는 매매되었는지 여부는 따지지 않는다.(VATA §8 ③, VATc §11 ①)

재생한 폐기물 등으로 만든 제품의 경우 폐기물 등과 같은 부가가치세율을 적용한다. 납세자가 서로 다른 부가가치세율이 적용되는 여러 가지 재화·용역을 판매하는 경우 각각 구분하여 해당 부가가치세율을 적용한다. 구분되지 않는 경우 적용되는 부가가치세율들 중 가장 높은 세율을 적용한다. 관세특혜에 따른 부가가치세율이 부가가치세법의 규정에 따른 세율과 다른 경우 부가가치세법의 규정이 적용된다. 수입하거나 생산한 재화에 대하여 여러 가지 부가가치세율을 적용할 수 있는 경우 관할 세무서장이나 세관장은 재무부장관에게 보고하여야 한다.(VATc §11 ②)

(2) 5% 세율

다음과 같은 생활필수 재화·용역에 대하여 5% 세율을 적용한다.(VATA §8 ②, VATc §10)

① 제조나 음용에 사용하는 정수. 다만, 병입한 생수나 청량음료는 제외한다.

② 비료생산을 위한 광물이나 부식토, 식물 및 동물의 살충제 및 성장촉진제

③ 농업용 농수로, 운하, 저수지 및 호수의 준설(농지 객토 제외) ; 농업, 농산품의 전처리 및 보관(건조, 탈곡, 타작, 절단, 분쇄, 냉장, 염장 등)

④ 가공되시 않거나 난순 가공된 농축수산물(탈곡되거나 탈곡되지 않은 쌀, 옥수수, 카사바 및 밀 등)

⑤ 고무 수액 ; 소나무 수액 ; 그물, 밧줄 및 어망 제조용 실

⑥ 영업용 신선식품(요리되거나 가공되지 않고 단순히 세척되거나, 껍질을 까거나, 절단하거나, 냉장하거나, 건조된 것으로 육류, 가금류, 새우, 게, 어류 및 수산물) 조리식품은 10% 과세대상 ; 영업용 임산제품(목재, 죽순 등을 제외하며, 등나무, 대나무, 버섯, 뿌리, 잎, 꽃, 구근, 수지 등을 포함). 예를 들면, A사는 조미된 쥐치

포를 생산하는데, 쥐치를 잡아서 포를 뜨고 설탕, 소금, 조미료를 치고 포장하여 냉동한다. 이러한 조미쥐치포는 10% 과세대상이다.

⑦ 설탕, 설탕생산의 부산물(당밀 및 찌꺼기 등)

⑧ 펄프, 등나무, 대나무, 잎, 짚, 코코넛껍질, 히야신스 등으로 만든 제품 ; 농업부산물로 만든 수공예품 ; 전처리된 면화 ; 신문인쇄용지

⑨ 트랙터, 이앙기, 파종기, 탈곡기, 추수기, 콤바인 및 살충제살포기와 같은 농업용 기계장비

⑩ 건강관리를 위한 의료 기계장비(방사선장비, 외과수술도구, 앰뷸런스, 협압계, 초음파장비, 혈액장비, 피임도구 등) ; 탈지면, 붕대, 거즈, 의료용 생리대 ; 약품(기능식품 제외), 백신, 생채제품, 의료용 정제수 ; 의료용 모자, 옷, 마스크, 장갑, 신발, 수건 ; 유방 및 피부 이식물(미용목적 제외) ; 시험용 및 소독용 화학제품

⑪ 교보재(표본, 사진, 칠판, 분필, 자, 컴퍼스, 기타 교육 연구실험 기구)

⑫ 예술활동, 전시회, 체육행사, 예술작품, 영화 ; 필름의 수입, 배포 및 상영. 전시회나 체육행사는 재화판매나 장소임대의 수입금액은 포함하지 않는다.

⑬ 장난감, 부가가치세 면세대상이 아닌 서적

⑭ 과학기술용역(과학기술 연구개발에 종사하거나 지원하는 것), 지적재산 관련 활동(기술이전, 품질관리, 핵방사능안전 및 핵에너지, 과학기술의 자문, 훈련, 전파 및 적용을 포함하며 온라인게임 및 인터넷기반 오락은 제외)

⑮ 사회주택의 매매, 임대 등. 사회주택이란 국가나 각 경제분야의 기업이나 개인이 투자한 주택으로 주택법에 따른 매매가격, 임대가격 및 구매자의 요건을 충족하는 주택을 말한다.

4.3 부가가치세 영세율

(1) 영세율 대상 재화 및 용역

수출 재화·용역(면세 재화·용역 포함), 해외 및 자유무역지역의 건설 및 설비, 국제운송에 대하여 영세율이 적용된다.(VATA §8 ①, VATc §9 ①)

① 수출 재화

    ⓐ 외국으로 수출하는 재화(위탁계약에 따라 수출하는 경우도 포함)

    ⓑ 자유무역지역 또는 면세상점에서 판매하는 재화

    ⓒ 외국의 수취인에게 운반되는 재화

    ⓓ 국외에서 사용되는 외국인의 차량, 기계장치의 수리 및 유지를 위한 부품이나 공급품

    ⓕ 수출로 간주되는 경우 : 가공재화의 선적, 수입자가 지정한 국내 수취인에게 운반되는 수출재화(국내 수출), 해외 박람회나 전시회에서 판매하는 수출재화

② 국외의 외국법인이나 비거주자(베트남 국적자 포함)에게 직접 제공하여 외국에서 소비되는 용역, 자유무역지역의 기업에게 제공되어 그 안에서 소비되는 용역. 용역이 베트남 또는 외국에서 동시에 제공되는 경우 외국에서 제공된 용역에 대하여만 영세율이 적용된다. 다만, 수입재화 보험료의 경우에는 전체계약금액에 영세율을 적용한다. 국내와 국외 제공용역을 구분할 수 없는 경우에는 국내와 국외에서 발생된 비용을 기준으로 과세가격을 구분한다.

> **Case**   국내 및 국외에서 제공하는 용역
>
> (1) B사는 캄보디아에서 C사의 투자프로젝트에 대한 자문, 조사 및 설계 용역을 제공한다.(B사와 C사는 베트남법인) 계약에 따라 국내 및 국외에서 제공하는 용역이 구분한다. 캄보디아에서 제공되는 용역에 대하여는 영세율이 적용된다.
>
> (2) D사는 라오스에서 X사의 프로젝트에 대한 자문, 조사 및 타당성검토 용역을 제공한다. D사는 수수료로 50억동을 수취한다. 계약에서 국내 및 국외 제공용역을 구분하지 않는다. 라오스에서 발생된 비용은 15억동이고 베트남에서 발생된 비용은 25억동이다. 이 경우 베트남에서 제공된 용역수수료(부가가치세 포함)를 다음과 같이 계산한다.
>
> • 50억 × (25억/(25억+15억)) = 31.25억동
>
> 이 경우, D사가 조사 등을 수행하기 위하여 직원을 라오스로 보냈으며 라오스에서 재화를 구입하였다는 증빙을 제출하여야 한다.

③ 국제적인 승객 및 항공 운송. 국제운송에 국내운송부분이 일부 포함되는 경우 전체운송을 국제운송으로 본다. 예를 들면, 베트남의 X사는 싱가포르에서 한국으로

재화를 운송하기 위하여 자기 선박을 사용한다. 이 경우 소득의 전부를 국제운송 수입으로 본다.

④ 외국기업에게 직접 또는 대리인을 통하여 제공되는 항공 및 해운 용역

ⓐ 음식공급, 항공기 착륙, 이륙 및 계류, 항공보안, 공항수하물운반, 지상기술용역, 항공기 보호, 견인 및 유도, 승객탑승교, 항공관제, 승무원 및 승객 운송, 화물처리, 승객서비스 등

ⓑ 선박 예인, 견인 및 계류, 해난구조, 부두, 화물처리 등

ⓒ 외국 항공기 및 선박의 수리

⑤ 해외 또는 자유무역지역의 건설 및 설치

(2) 영세율을 적용하지 아니하는 경우

다음과 같은 경우에는 영세율을 적용하지 아니한다.(VATA §8 ① No.3, VATc §9 ③)

① 해외 재보험, 지적 재산권 및 기술의 해외이전, 자본의 해외이전, 해외 신용공여, 해외증권투자, 해외 파생금융상품용역, 해외우편통신용역(자유무역지역 용역, 선불전화카드 해외판매 포함), 천연자원 및 미네랄 수출, 수입된 담배 및 주류의 재수출(이 경우, 매입세액이 공제되지 않으며 매출세액도 부과되지 않음)

② 자유무역지역에서 영업하는 사업자의 오토바이에 공급하는 석유

③ 자무무역지역에서 영업하는 사업자에게 판매하는 자동차

④ 자유무역지역에서 영업하는 사업자에게 제공하는 용역 : 주택, 회의실, 사무실, 호텔, 창고의 임대, 근로자 운송, 식음료(음식용역이나 식음료용역은 제외)

⑤ 베트남에서 외국인에게 제공되는 다음 용역

㉮ 운동경기, 예술공연, 문화행사, 유흥, 회의, 호텔, 교육, 광고 및 관광

㉯ 온라인송금용역

㉰ 베트남 내 재화의 판매, 배달 및 소비와 관련된 용역

(3) 영세율 첨부서류

영세율이 적용되는 경우 다음 서류를 첨부하여야 한다.(VATc §9 ②)

① 수출재화의 경우 판매계약, 수출가공계약 또는 위탁수출계약, 수출재화의 대가 은행 입금증 및 기타 법정서류, 세관신고서를 첨부하여야 한다. 국외의 수취인에게 재화를 운송하는 경우 국외 구매자와의 계약, 국외 구매자에게 운송한 운송장, 국외 구매로부터 수취한 대가의 은행 입금증을 첨부하여야 한다.

> **Case** 수출재화의 서류
>
> B사는 A사로부터 윤활유를 매입하기로 하였다.(둘 다 베트남법인) A사는 싱가포르법인으로부터 윤활유를 매입하여 이를 싱가포르항에서 B에게 판매한다. A사가 싱가포르에서 윤활유를 사서 B사에게 판매하는 경우, 싱가포르항구에서 인도되었다는 증빙, 대가의 지급 및 수취 증빙을 제출하여야 한다. 이 경우 영세율이 적용된다.

② 용역수출의 경우, 외국이나 자유무역지역의 외국기업이나 외국인 용역제공계약, 용역제공대가의 은행입금증 및 기타 법정서류를 첨부하여야 한다. 또한, 외국 항공기나 선박의 수리용역 제공자는 항공기나 선박의 수입 및 수출 절차를 준수하여야 한다.

③ 국제운송의 경우 국제 여객운송 또는 화물운송 계약(여객의 경우 승선표로 대체 가능), 대가의 은행입금증 또는 기타 입금증빙을 첨부하여야 한다.

④ 국제 항구나 화물터미널에서 제공되는 항공이나 해운 용역의 경우 외국 기업이나 항공사와의 용역계약, 대가의 은행입금증 또는 기타 입금증빙을 첨부하여야 한다. 이 경우, 승객서비스는 제외한다.

⑤ 항구 내에서 제공되는 해상용역의 경우 외국 기업이나 선박대리인과의 용역계약, 대가의 은행입금증 또는 기타 입금증빙을 첨부하여야 한다.

⑤ 거래 시기

재화나 용역의 거래시기는 다음과 같이 판단한다.(VATc §8)

① 재화의 경우, 대가의 지급에 상관없이 재화의 소유권이나 사용권이 구매자에게 이전되는 때

② 용역의 경우, 대가의 지급에 상관없이 용역의 제공이 완료되거나 용역에 대한 계

산서를 발행하는 때

③ 통신용역의 경우, 통신업자와의 계약에 따라 사용료를 청구하는 때. 다만, 사용료가 발생한 때로부터 2달 이내에 청구하여야 한다.

④ 전력 및 수도 공급의 경우, 전력 및 수도 공급이 기록된 때

⑤ 부동산 거래, 판매나 임대용 기반시설, 주택의 건설의 경우 공사일정이나 계약에 따라 대금을 수취하는 때

⑥ 건설 및 설치(선박건조 포함)의 경우, 대가의 지급에 상관없이 건설이나 작업이 완료되어 사용되는 때

⑦ 수입재화의 경우 통관신고를 하는 때

6 세액공제방법

부가가치세 매출세액 또는 매입세액은 과세가격에 세율을 곱하여 산출한다.(VATA §6, VATc §6) 부가가치세 납부세액은 '세액공제방법' 또는 '직접납부방법'에 따라 계산한다.(VATA §9)

세액공제방법	직접납부방법
+ 부가가치세 매출세액 △ 부가가치세 매입세액 = 부가가치세 납부세액	+ 재화·용역 매출가액 △ 재화·용역 매입가액 = 재화·용역 부가가치 × 부가가치세율 = 부가가치 납부세액

6.1 세액공제방법 적용 사업자

(1) 세액공제방법 적용 사업자

세액공제방법은 회계, 계산서 및 영수증에 관한 세법규정을 준수하고 세액공제방법에 따라 납세하겠다고 등록한 다음과 같은 법인사업자(가계 및 개인 사업자 제외)로서 직접납부방법을 적용하지 않는 경우에 적용한다.(VATA §10 ②, VATc §12 ①)

1. 재화·용역의 판매로 연간 10억동 이상을 수취하는 납세자가 장부를 기장하고 계산서를 발행하는 경우. 다만, 가계 및 개인 사업자는 제외한다.
2. 신고에 의하여 세액공제방법을 적용하는 경우. 다만, 직접납부방법을 적용하는 가계 및 개인 사업자는 제외한다.
3. 석유 시추 및 추출을 하기 위하여 재화 및 용역을 제공하는 외국법인으로, 베트남 상대방이 매입세액공제를 하는 경우

(2) 신고에 의하여 매입공제방법을 적용할 수 있는 사업자

아래와 같은 법인이나 협동조합은 신고에 의하여 세액공제방법을 적용할 수 있다. 아래 ①의 경우 세액공제방법을 적용하는 연도의 직전 연도 12월 20일까지 관할세무서에 그 내용을 신고하여야 한다. 아래 ②에서 ④의 경우 관할세무서에 그 내용을 신고하여야 한다. 관할세무서는 5 근무일 이내에 세액공제방법 적용여부를 승인하여야 한다.(VATc §12 ③) 세액공제방법을 적용하는 경우 2년간 계속 적용하여야 한다.(VATc §12 ②)

① 연간 매출액이 10억동 이하인 법인이나 협동조합으로 기장을 하고 계산서를 발행하는 경우
② 세액공제방법을 적용하여 부가가치세를 납부하는 사업장에서 전환된 법인, 신설 법인이나 협동조합으로 자발적으로 세액공제방법을 적용하는 경우
③ 유형자산(부동산이나 기계장치 등)을 현물출자 하거나 사업장을 임차하는 신설 법인이나 협동조합
④ 계약에 따라 베트남에서 사업을 수행하는 외국법인
⑤ 법인이나 협동조합 이외에, 매입세액과 매출세액을 구분하여 기장하는 사업자

(3) 연간 수입금액의 의미

'연간수입금액'이란 재화 및 용역의 판매로 수취한 금액을 말하며 다음과 같이 계산한다.(VATc §12 ②)

① 연간수입금액이란 세액공제방법을 적용하는 연도의 직전전연도 11월초부터 직전

연도 10월말 또는 직전전연도 4분기부터 직전연도 3분기까지 과세 재화·용역의 총매출액을 말한다. 예를 들면, A사는 2011년에 설립하였으며 2013년 현재 사업을 계속하고 있다. 2014년 부가세신고방법을 정하기 위하여 2012년 11월부터 2013년 10월까지 과세 재화·용역의 매출액을 집계하였다. 계산된 연간수입금액이 10억동 이상이라면 A사는 2014년 및 2015년 2년 동안 세액공제방법을 적용할 수 있다. 만약 10억동 미만이라면 2014년부터 2년 동안 직접납부방법을 적용하며, 다만 A사는 신고에 의하여 세액공제방법을 적용할 수 있다.

② 법인이 12개월 이상 영업을 하지 않은 경우 연간수입금액은((총매출액/영업월수)×12월)의 계산식으로 환산한다. 이렇게 환산된 연간수입금액이 10억동 이상인 경우 세액공제방법을 적용한다. 예를 들면, B사는 2013년 설립되었다. 2014년 적용되는 부가세신고방법을 결정하기 위하여 B사는 3월부터 11월까지 매출액을 기준으로 환산 연간수입금액을 계산한다.((총매출액/9월)×12월) 환산 연간수입금액이 10억동 이상인 경우 B사는 세액공제방법을 적용할 수 있다.

③ 법인이 2013년 7월부터 분기별로 부가가치세 신고를 하는 경우 2012년 10월부터 12월까지 및 2013년 1월부터 6월까지 월별 매출액 및 2013년 3분기 매출액의 합계를 연간수입금액으로 한다.

④ 납세자가 해당연도 1년간 사업을 중단한 경우, 연간수입금액은 중단된 사업연도의 직전연도 수입금액을 말한다. 납세자가 해당연도의 일정기간 동안 사업을 중단한 경우 영업 월이나 분기의 매출액을 위 ②의 방법으로 환산하여 연간수입금액으로 한다. 영업이 중단된 연도의 직전연도에 12개월 미만 영업을 한 경우에도 마찬가지 방법으로 환산하여 연간수입금액을 계산한다.

(4) 수입금액 계산의 특별한 경우

사업자가 귀금속을 거래하는 경우, 귀금속 매출액을 구분하여 직접납부방법으로 부가가치세를 납부하여야 한다.(VATc §12 ④ a)

세액공제방법을 적용하는 법인이 지점을 설립하는 경우, 지점이 독립적으로 부가가치세를 신고하는 때에도 법인의 신고방법과 같은 신고방법을 적용하여야 한다. 지점에 재화·용역을 판매하지 않는 경우, 또는 본점과 같은 지역에 소재하면서 독립

적으로 신고를 하지 않는 경우에는 본점에서 합하여 부가가치세를 신고한다.(VATc §12 ④ b)

세액공제방법을 적용하지 않는 법인이나 협동조합은 직접납부방법을 적용한다.(VATc §12 ④ c)

신설 법인이나 협동조합이 설립일부터 연도 말까지 10억동 이상을 매출하고 기장을 하는 경우, 세액공제방법을 적용한다. 매출액이 10억동 미만이지만 기장을 하는 경우에는 신청에 의하여 세액공제방법을 적용할 수 있다. 이 경우 설립연도 이후에 2년간 계속 세액공제방법을 적용하여야 한다.(VATc §12 ④ d)

> **Case** 연간수입금액의 결정
>
> X사는 2014년 4월 설립하였으며, 2014년 중 직접납부방법으로 부가가치세를 신고한다. 2014년 11월 X사는 연수입금액을 산출하는데, 4월부터 11월 매출액을 8월로 나누고 12월을 곱하여 계산한다. 연간수입금액이 10억동 이상인 경우 X사는 2015.1.1.부터 2016.12.31.까지 세액공제방법을 적용할 수 있다. 10억동 이하지만 X사가 기장을 하고 계산서를 발행하는 경우 신청에 의하여 세액공제방법을 적용할 수 있다.

6.2 세액공제방법

세액공제방법은 부가가치세 매출세액에서 매입세액을 공제하여 납부세액을 계산하는 방법이다.(VATA §10 ①, VATc §12 ⑤)

$$\text{VAT payable} = \text{Output VAT} - \text{Input VAT}$$

> **Case** 부가가치세 납부세액
>
> 2014년 3월 세액공제방법을 적용하는 납세자 A는 제품을 수입하며, 수입할 때 5%의 부가가치세를 납부하였다. 2014년 5월 A는 B에게 제품을 1억동에 판매하고 계산서를 교부한다. 계산서에 과세가격 1억동, 부가가치세 5백만동, 합계금액 1억5백만동으로 표기한다. B는 이 금액을 지불한다.
> 2015년에 과세당국은 A가 적용한 매출 부가가치세가 5%가 아닌 10%라는 사실을 발견한다. 거래가 종결되었으므로 A는 B로부터 부가가치세를 더 받을 수 없다.

과세당국은 B가 지급한 105백만동은 부가가치세 10%를 포함한 금액으로 보아 부가가치세를 다음과 같이 결정한다.

- 정당한 매출세액 : 9,545천 = 105백만/(1+10%)
- 매출 과세가격 : 105,000천 − 9,545천 = 95,455천
- 납부할 세액 : 9,545천 − 5,000천 = 4,545천

6.3 부가가치세 매출세액

부가가치세 매출세액은 판매한 재화 및 용역에 대하여 발행한 계산서의 부가가치세액을 말하며, 과세가격에 해당 부가가치세율을 적용하여 산출한다. 판매가격이 부가가치세 포함금액인 경우, 부가가치세 매출세액은 판매가격에서 과세가격을 뺀 금액으로 한다. 세액공제방법을 적용하는 납세자는 재화·용역을 판매하는 때에 부가가치세를 계산하여 납부하여야 한다. 납세자가 매출계산서를 발행하는 때에 부가가치세 제외금액, 부가가치세 및 지급대가를 구분하여 표기하여야 한다. 계산서에 부가가치세 제외금액이나 부가가치세를 구분하여 표시하지 않고 판매금액만 표시하는 경우, 판매금액을 기준으로 부가가치세를 부과한다.(VATc §12 ⑤ a)

> **Case** 부가가치세 매출세액
>
> A사는 철강은 11,000,000동(부가가치세 제외금액)에 판매한다. 이 경우 부가가치세는 1,100,000동이다. 그러나 판매금액만 12,100,000동으로 표시하는 경우 부가가치세는 1,210,000동(12,100,000×10%)이다.

납세자는 기장을 하여야 하며 계산서를 교부하여야 한다. 세율적용에 오류가 있는 경우, 정당한 세율을 적용하여 산출한 세액과의 차액을 추가납부하며, 계산서의 세율이 정당한 세율보다 높은데 납세자가 그에 따른 세액을 납부한 경우에는 조정하지 않는다.(VATc §12 ⑤ a)

6.4 부가가치세 매입세액

(1) 공제대상 매입세액

세액공제방법에 따라 부가가치세를 납부하는 사업자는 다음과 같은 부가가치세 매입세액을 공제할 수 있다. 부가가치세 매입세액은 발생한 달의 납부세액에서 공제한다. 사업자가 공제한 매입세액에 오류가 있는 경우, 과세관청이 세무조사 또는 심층세무조사를 통지하기 전에 매입세액이 발생한 날로부터 6개월 이내에 수정신고할 수 있다.(VATA §12 ①, VATc §14 ⑧)

부가가치세 매입세액은 과세 재화·용역의 제조판매에 사용하는 재화·용역의 매입금액에 대한 부가가치세액, 또는 수입재화의 부가가치세를 납부한 경우나 베트남에서 사업을 수행하며 소득을 수취하는 외국법인이나 외국인을 대신하여 부가가치세를 징수한 경우 그 매입세액을 말한다. 수취한 영수증의 판매금액이 부가가치세 포함금액인 경우 납세자는 부가가치세 제외금액을 계산하여 그에 따른 매입세액을 계산한다.(VATc §12 ⑤ b)

> **Case** 부가가치세 매입세액
>
> A사는 용역대가로 110백만동을 지급하고 영수증을 수취하며, 이에는 10% 세율에 해당하는 공제대상 부가가치세 매입세액이 포함된다. 이 경우 공제대상 매입세액은 다음과 같이 계산한다.
> (110백만/(1+10%))×10% = 10백만동
> 즉, 부가세 제외금액은 100백만동이며 부가가치세는 10백만동이다.

매입자가 수취한 계산서의 세율적용에 오류가 있는 경우, 정당한 세율을 적용한 매입세액을 공제한다. 다만, 계산서의 세율이 정당한 세율보다 높으며 공급자가 그에 따른 세액을 납부한 경우에는 매입자는 관할세무서의 확인을 거쳐 공제받을 수 있다.(VATc §12 ⑤ a)

재화를 수입할 때 판매자가 매입세액을 납부하고, 매출할 때의 세율이 매입할 때의 세율과 같지만 법정세율보다는 낮은 경우, 판매가액을 부가가치세 포함금액으로 보아 정당한 매출세액과 과세가격을 계산한다.(VATc §12 ⑤ b)

① 과세 재화·용역을 제조판매하기 위하여 사용하는 재화·용역의 부가가치세 매입세액

재화·용역이 제조판매에 사용하는 재화·용역의 매입세액은 공제된다. 제조판매에 사용하지 못하더라도 자연재해, 화재 보험보상을 받지 못하는 손해, 파손이나 진부화로 재화가 손상된 경우에는 매입세액을 공제한다. 운반이나 처리과정에서 자연적으로 감소하는 재화(석유류 등)의 경우, 감소분에 해당하는 금액에 대한 부가가치세 매입세액은 공제된다. 구내식당, 휴게실, 탈의실, 주차장, 급수설비, 기업단지 내의 근로자 주택 및 의료시설 등 유형자산의 매입세액은 공제된다. 관련법의 요건을 충족하는 기업단지의 근로자를 위한 주택임대료에 대한 매입세액은 공제된다. 사업자가 근로자를 위하여 기업단지 밖에서 주택을 건설하거나 매입하는 경우 관련법의 요건을 충족하면 관련 매입세액을 공제한다. 납세자가 베트남에서 근무하는 외국인 전문가나 경영자를 위하여 주택을 임차하는 경우 그 매입세액은 공제되지 않는다. 다만, 외국인 전문가가 외국기업의 근로자에 해당하여 급여 등을 지급받고 계약에 따라 베트남 납세자가 그 외국인 전문가의 숙식비용을 부담하여야 하는 경우, 관련 매입세액을 공제할 수 있다.(VATc §14 ①)

② 과면세 겸용 재화·용역을 제조판매하기 위해 사용하는 재화·용역의 경우

부가가치세 과세 및 면세 재화·용역의 제조판매에 모두 사용하는 재화·용역(유형자산 등)을 매입하는 경우, 과세분에 대한 부가가치세 매입세액만을 공제한다. 납세자는 과세분 매입세액과 면세분 매입세액을 구분하여야 하며, 그렇지 않은 경우 과세분 매출액과 면세분 매출액에 비례하여 매입세액을 구분하여 공제한다. 부가세 과세 재화·용역과 면세 재화·용역을 모두 판매하는 경우, 월/분기별 신고 때에는 매입세액을 모두 공제하며, 연말에 공제대상 매입세액을 결정하여 연간 공제된 매입세액을 조정한다.(VATc §14 ②)

③ 면세사업 등의 부가가치세 매입세액

다음과 같은 경우에는 유형고정자산(기계장치 포함)의 매입세액, 그러한 자산의 임차에 대한 매입세액 및 보증수리 등 관련용역의 매입세액을 자산의 원가로 계상하며 공제하지 않는다.(VATc §14 ③ a)

국방 무기·차량 제조용 고정자산, 신용기관, 재보험업자, 생명보험업자, 증권회사, 의료기관, 교육기관, 화물승객운송·관광·호텔에 쓰이지 않는 상업 항공기·선박

④ 자가 제조 면세재화를 사용하여 과세재화를 생산하는 경우

사업자가 자체적으로 제조한 면세재화를 사용하여 과세재화를 생산하는 경우, 관련 부가가치세 매입세액을 모두 공제한다.(VATc §14 ④ a)

> **Case** 자가 제조 면세재화를 사용하여 과세재화를 생산하는 경우
>
> (1) X사가 어묵과 냉동새우를 만드는 공장에 투자를 한다. X사는 모든 원재료를 자체 조달하는데 양식장, 용수공급시스템, 보트, 먹이, 수의약품 및 처리시설을 모두 갖추고 있다. X사는 제조 및 처리에 필요한 고정자산 및 기타자산의 매입세액을 공제받을 수 있다.
> (2) A사는 수출과 내수를 위하여 메기를 양식하는 양식장과 뼈를 발라 순살을 제조하는 제조공장에 투자한다. A사는 메기를 다른 회사나 농가로부터 매입하여 A사의 양식장에서 제조공정에 투입하기 전까지 양식한다.
>   - A사는 제조와 관련된 고정자산이나 기타자산의 매입세액을 모두 공제받을 수 있다.
>   - 메기순살의 수출에 대하여 영세율이 적용되며, 수출과 관련된 매입세액을 모두 공제받을 수 있다.
> (3) Y사는 유제품(우유, 요거트, 치즈 등)을 생산하기 위하여 목장 및 공장에 투자한다. Y사는 목장, 농장, 우유제조시설, 먹이, 수의약품 등의 유우 및 제조 시설을 모두 갖추고 있다. Y사는 제조와 처리에 관련된 고정시설 및 기타시설의 매입세액을 모두 공제받을 수 있다.

⑤ 여러 단계에 걸쳐 과면세 재화·용역을 제공하는 경우

여러 단계에 걸쳐 활동이 이루어지고, 그 과정에서 과세재화를 생산하기 위하여 면세재화를 사용하며, 시설투자단계에서 면세 재화·용역이 제공되는 경우, 시설투자단계의 매입세액은 공제된다. 이 경우, 납세자는 재화·용역의 총매출액에 대한 과세 재화·용역의 판매금액의 비율에 따라 매입세액을 공제할 수 있다. 매입세액을 공제받은 후에 공제대상이 아니라는 사실이 확인되는 경우, 부가가치세를 수정신고하고 납부하여야 한다. 납세자가 가공되지 아니하거나 단순 가공한 면세 농림수산물

을 판매하는 경우, 총매출액에 대한 과세 매출액의 비율에 따라 매입세액을 공제한다.(VATc §14 ④ b)

> **Case** 여러 단계에 걸쳐 과면세 재화·용역을 제공하는 경우
>
> A사는 고무나무 재배지에 투자하며 시설투자단계에서 부가가치세 매입세액이 발생된다. A사는 과세재화를 제조하기 위한 원재료(처리되니 않은 제품이나 처리된 제품 포함)를 보유하지 않으며 라텍스를 생산하기 위한 공장을 지을 예정으로, 과세재화를 생산하기 위하여 농산물을 사용한다고 신고하였다. 이 경우 A사는 매입세액을 공제받을 수 있다. A사가 면세대상 라텍스를 모두 판매하는 경우에는 매입세액을 공제받을 수 없다. A가 라텍스를 일부 과세재화의 생산에 사용하고 나머지를 판매하는 경우, 매입세액은 다음과 같이 구분하여 공제된다.
> - 고정자산(고무나무 농장, 처리공장 등)의 매입세액(기반시설투자 포함)은 모두 공제된다.
> - 기타 재화·용역의 매입세액은 총매출액에 대한 과세매출액의 비율에 따라 공제된다.

⑥ 과면세 재화용역을 동시에 공급하는 경우

과세 재화·용역과 면세 재화·용역을 동시에 공급하는 납세자의 경우, 시설투자단계의 매입세액을 총매출액에 대한 과세매출액의 비율에 따라 공제할 수 있다. 이 경우 공제세액은 매출액이 발생한 연도로부터 3년 동안의 총매출액에 대한 과세매출액의 비율에 따라 정산된다.(VATc §14 ④ c)

> **Case** 과면세 재화·용역을 동시에 공급하는 경우
>
> Z사는 운송업 등에 투자하는 신설회사이다. Z사는 여객운송, 광고 및 차량수리의 영업을 할 예정이다. 여객운송 매출액은 총매출액의 30% 정도로 예상된다. 시설투자는 2년(2014년 6월부터 2016년 5월)에 걸쳐 이루어지며 차량 및 건축물을 매입할 예정이다. 이 기간 중에 Z사는 매입세액의 70%를 공제한다. Z사는 2016년 6월부터 사업을 시작한다. 3년 후인 2019년 5월 여객운송 매출액은 총매출액의 35%로 확인된다. Z사는 공제매입세액의 비율을 5%(70%-65%) 감소하여 신고한다. 이 경우 납부지연가산세나 과태료를 납부하지 않는다.

⑦ 기타 특별한 경우

ⓐ 과세재화의 판매를 위하여 증여하는 재화, 판촉 및 광고활동에 사용하는 재화의 매입세액(매입 또는 자가생산 불문)은 공제된다.(VATc §14 ⑤)

ⓑ 세관의 결정에 따라 납부하는 부가가치세는 공제된다. 다만, 조세회피에 대한 과 태료가 부과되는 경우는 제외한다.(VATc §14 ⑥)

ⓒ 면세 재화·용역의 공급에 사용되는 재화·용역의 매입세액은 공제될 수 있 다.(VATc §14 ⑪)

ⓓ 다음과 같이 납세자의 위탁에 따라 다른 납세자가 위탁자의 이름으로 매입하는 경우, 매입세액을 공제할 수 있다.(VATc §14 ⑫)

　a) 보험업자가 계약에 따라 보험가입자의 자산을 스스로 수리하게 하고 보험가입 자의 이름으로 계산서를 받으면 대가를 지급하는 경우. 이 경우, 보험업자는 계 산서의 매입세액을 공제받으며, 지급대가가 2천만동 이상이면 계좌이체를 하 여야 한다.

　b) 개업 이전에 다른 사업자에게 개업준비를 위탁하고 재화를 매입하는 경우, 다 른 사업자가 수취하는 계산서의 매입세액을 공제받을 수 있다. 지급대가가 2천 만동 이상이면 계좌이체를 하여야 한다.

ⓔ 비영리법인이 합자회사나 주식회사에 자산을 현물출자하는 경우, 영수증을 받아 야 한다. 출자자산이 사용하지 않은 재화로 계산서를 받은 경우 출자가액은 부가 가치세를 포함한 가액이다. 이 경우, 현물출자를 받은 사업자는 출자자산의 매입 세액 상당액을 공제받을 수 있다.(VATc §14 ⑬)

(2) 납부방법을 변경하는 경우

납세자가 직접납부방법에서 세액공제방법으로 변경하는 경우 직접납부방법을 적 용한 과세연도의 매입세액을 공제받을 수 있다. 세액공제방법에서 직접납부방법으로 변경하는 납세자는 전환 이전에 공제받지 못한 매입세액을 법인세를 계산할 때 비용 으로 계상할 수 있다. 다만, 변경 이전에 공제받은 매입세액은 제외한다.(VATc §14 ⑭)

> **Case** 납부방법을 변경하는 경우
>
> A사는 2014년 및 2015년에 세액공제방법을 적용하였다. 2016.1.1.부터 A사는 세액공제 방법을 적용하지 못한다. A사는 2016년 및 2017년 매출액에 대한 납부방법을 신청하면 서 2014년 11월부터 2015년 10월분에 대하여 관할세무서에 환급청구를 하였다. 2015년 부가가치세 신고서에 따라, 환급청구액은 350백만동이며 공제되지 않은 매입세액은 50 백만동이다. A사는 350백만동을 전부 환급받았다. 공제되지 않은 50백만동은 2015년 12 월 과세기간으로 이월된다. 2015년 12월 부가세 신고에서 매입세액이 전액 공제되지 않 는 경우, A사는 법인세를 계산할 때 미공제분을 비용으로 계상할 수 있다.

(3) 공제받지 못하는 매입세액

① 16억동(부가가치세 제외)을 초과하는 9인승 미만의 차량(화물 및 승객 운송, 관광 및 호텔 영업용 제외)의 경우 16억동 초과분 매입세액을 공제하지 않는다.(VATc §14 ③ b)

② 면세 재화·용역의 제조에 사용하는 재화·용역의 매입세액. 다만, 다음의 경우 에는 공제한다.(VATc §14 ⑦)

　a) 인도적 지원이나 무상지원을 하는 외국단체에게 그 목적으로 사용하는 재화· 용역을 공급하기 위하여 매입하는 경우

　b) 원유탐사를 위한 재화·용역의 매입세액은 원유를 추출할 때까지 공제한다.

③ 공제되지 않는 매입세액은 법인세를 산출할 때 비용에 포함하거나 유형고정자산 의 원가로 계상한다. 다만, 매입금액 2천만동 이상으로 계좌이체 등의 증빙이 없 는 경우에는 제외한다.(VATc §14 ⑨)

④ 직접 사업을 수행하지 않는 본점, 병원·의료기관·요양원·연구소·학교 등과 관련된 행정부서로 사업자에 해당하지 않는 경우 관련활동의 매입금액에 대한 매입세액을 공제할 수 없다. 본점 등이 과세 재화·용역을 공급하는 경우 해당 부가가치세를 신고납부하여야 한다. 예를 들면, A사의 본점은 직접 사업활동을 하지 않으며 지점으로부터 자금을 지원받지만 사무건물의 일부를 임대한다. 이 경우, 본점은 사무실임대에 대한 부가가치세를 신고하여야 한다. 그 밖에 본점의 활동에 대한 매입세액은 공제되지 않는다.(VATc §14 ⑩)

⑤ 비료, 농업생산 기계장치, 원양어선, 국내판매 가축사료의 제조를 위한 재화·용역의 매입세액은 공제되지 않으며 법인세를 계산할 때 비용으로 산입한다.(VATc §14 ⑭ a)

⑥ 다음의 경우 매입세액을 공제하지 않는다.(VATc §14 ⑮)

- 부가가치세가 표시되지 않는 등 부가가치세 계산서가 적법하지 않은 경우(법령에 따라 부가가치세 포함금액을 표시하는 경우 제외)
- 매입자의 이름, 주소 및 납세번호가 틀린 경우
- 부가가치세 계산서나 영수증이 고쳐지거나 거짓인 경우
- 계산서의 금액이 재화·용역의 실제 거래가액과 다른 경우

(4) 일반적인 경우, 매입세액 공제요건

매입세액의 공제요건은 다음과 같다.(VATA §12 ②, VATc §15)

① 수입재화의 매입에 대한 적법한 계산서나 영수증, 외국법인, 법인 및 개인을 대신하여 지급한 부가가치세의 영수증, 국내에서 사업을 수행하는 외국인을 대신하여 지급한 부가가치세의 영수증

② 2천만동 이상의 경우 매입대가를 현금 이외의 수단으로 지급한 증빙(매건 당 2천만동 미만인 경우 제외), 외국단체의 증여재화 수입

③ 현금이외의 지급수단이란 은행이체 영수증 등을 말한다. 은행이체 영수증이란 매입자의 계좌에서 매출자의 계좌로 자금을 이체한 증빙을 말한다. 매입자는 자금을 이체하는 은행계좌를 과세당국이 등록하거나 통지할 필요는 없으며, 자금이체는 수표, 지급지시, 현금지급지시, 현금카드, 신용카드 등으로 이루어진다. 납세자가 지급을 하면서 은행이체 영수증을 받지 못한 경우 현금지급이 이루어진 과세기간에 매입세액 공제액을 감액하여 신고하여야 한다.

④ 2천만동 이상의 할부 또는 외상으로 구입한 재화의 경우 납세자는 계산서 및 은행지급 영수증에 의하여 매입세액을 공제한다. 이 경우, 지급기일 이전에 은행지급 영수증을 받지 못하는 경우에도 매입세액을 공제할 수 있다.

⑤ 현금이외 지급수단으로 매입세액을 공제받을 수 있는 기타의 경우는 다음과 같다.

a) 매출금액과 매입금액을 상계하는 경우, 상계처리에 대한 증빙을 갖추어야 한다. 매입대가를 제삼자에 대한 부채와 상계하는 경우 당사자들 및 제삼자는 상계처리에 대한 증빙을 갖추어야 한다. 소비대차로 전환, 또는 제삼자 부채와 상계의 조건으로 매입을 하는 경우 소비대차 등의 계약과 자금의 지급증빙을 갖추어야 한다. 제삼자가 은행이체로 매입대가를 받게 되는 경우(판매자가 매입자에게 제삼자에게 지급하도록 요청한 경우 포함), 계약에 명시하여야 하며 제삼자는 정당한 권한이 있는 법인 또는 자연인이어야 한다.

b) 일부를 제삼자의 계좌로 송금하고 2천만동 이상의 나머지 금액을 현금으로 지급하는 경우, 계좌송금액에 대하여만 매입세액을 공제한다.

c) 매입금액을 제삼자로 지정된 국고계좌로 송금하는 경우 매입세액을 공제한다.

> **Case** 매입세액의 공제
>
> (1) A사는 B사로부터 재화를 외상으로 매입한다. 그런데 B사는 조세를 납부하지 못하였다. 세법에 따라 과세당국이 A사가 보유하는 B사의 재산에서 조세를 징수하는 경우 A사가 국고계좌로 이체하는 금액은 대가의 지급으로 간주되므로 매입세액을 공제할 수 있다.
> (2) C사는 D사에게 재화를 공급하며 D사는 대가를 지급하지 않는다. 당국은 D사가 C사에게 지급하지 않은 대가를 C사가 제삼자에게 지급하여야 할 채무로 징수하기 위하여 국고로 이체할 것을 명령한다. D사가 이 금액을 국고로 이체하는 경우 관련 매입세액을 공제할 수 있다.

⑥ 각 매입가액이 2천만동 이하이지만 같은 날 매입한 여러 매입가액이 2천만동 이상인 경우 은행지급 영수증을 제시하여야 매입세액을 공제한다.

⑦ 공급자는 납세번호를 가지고 부가가치세를 직접 납부하는 납세자이어야 한다. 납세자가 다른 납세자의 납세번호와 계산서를 쓰는 종속적인 상점인 경우 계산서에 납세자의 상점번호를 기재한 경우 각 상점을 공급자로 본다.

(5) 수출재화의 경우, 매입세액 공제요건

수출하는 재화·용역의 경우 적법한 서류를 제출한 때에만 매입세액을 공제한다. 다음과 같은 경우 주의를 요한다.(VATc §16)

① 외국기업에 재화·용역을 공급하는 계약. 수출자에게 수출을 위탁한 경우 위탁인과 수탁인 간의 위탁계약과 대금정산내역(수출재화의 종류, 수량 및 가액 포함)을 제시하여야 한다.

② 통관절차가 완료된 경우 통관서류. 포장형태로 소프트웨어를 수출하는 경우 일반 상품처럼 통관서류를 작성한다. 다음의 경우에는 통관서류가 필요없다.
  - 소프트웨어 및 전자적 수단으로 수출되는 경우
  - 외국 또는 자유무역지역의 건설이나 설치
  - 수출선적회사의 전기, 수도, 문방구, 일용품(음식, 소비재 및 개인보호장구)의 공급

③ 수출 재화·용역의 대가는 은행이체를 통해 이루어져야 한다.
  ⓐ 지급이 지연되는 경우 지연지급약정을 수출계약에 첨부하여야 한다. 납세자는 지급기일에 은행이체 영수증을 받아야 한다. 수출을 위탁한 경우 은행이체 영수증은 위탁 수출업자 명의로 받으며, 그 수출업자는 대가를 위탁자에게 송금하여야 한다. 외국기업이 수출 당사자에게 대가를 직접 송금하는 경우 계약에 명시하여야 하며 은행이체 영수증을 받아야 한다.
  ⓑ 아래의 경우는 은행이체로 본다.
    b.1) 외국기업에 대한 수출채권과 지급채무를 상계하는 경우, 1년 이내의 소비대차계약 또는 배트남은행의 소비대차증명, 수출채권과 지급채무 상계 입증서류, 상계 후 잔액을 은행이체 하였다는 입증을 갖춘 때
    b.2) 수출채권을 현물출자하는 경우, 현물출자계약, 채권을 현물출자하기로 하는 수출계약, 수출채권이 현물출자액 보다 큰 경우 잔액을 은행이체하였다는 입증을 갖춘 때
    b.3) 외국기업이 제삼자 외국기업에게 지급하도록 위임한 경우, 수출계약에 그 내용이 명시된 때
    b.4) 외국기업이 제삼자 베트남기업에게 채무 대신 수출채권을 지급하도록 하는 경우, 수출자의 은행이 제삼자의 계좌에서 이체된 금액을 입증하는 채무증명, 외국기업과 제삼자의 채무 입증서류를 갖춘 때

b.5) 외국기업이 제삼자 외국기업에게 지급하도록 위임하고, 제삼자 외국기업이 다시 제삼자 베트남기업에게 채무 대신 수출채권을 지급하도록 하는 경우, 채무상계를 포함하는 수출계약, 제삼자 베트남기업에게서 대가를 받았다는 은행증명, 외국기업, 제삼자 외국기업 및 제삼자 베트남기업의 위임 및 채무를 입증하는 서류를 갖춘 때

b.6) 외국기업이 베트남사무소에 수출대금을 지급하도록 하는 경우, 대리지급을 표시하는 수출계약을 갖춘 때

b.7) 외국법인(개인은 제외)이 베트남은행에 개설된 계좌에서 송금하는 경우, 베트남계좌 이체를 포함하는 수출계약을 갖춘 때. 외국법인은 베트남계좌로 송금할 때 수출계약이나 수출통관서류를 제시하여야 한다.

b.8) 외국기업이 은행이체로 대가를 지급하였지만 채무금액과 다른 경우, 이체금액이 채무금액에 미달하면 송금수수료, 매출할인, 하자치유 등의 미달사유를 소명하여야 하며, 이체금액이 채무금액보다 크다면 선금, 다른 매출채권의 수금 등 과다사유를 소명하여야 한다.

b.9) 외국기업이 은행이체를 하였는데 은행이름이 다른 경우 지급인, 수취인, 수출계약, 지급금액이 일치하는 경우 정당한 것으로 본다.

b.10) 납세자가 외국기업에게 재화를 수출하고 다른 외국기업 또는 베트남기업으로부터 재화를 수입하거나 매입하면서 수출처가 수입처로 직접 대금을 지급하기로 삼자 간 계약을 하는 경우, 그 내용을 수출계약, 수입 또는 매입 계약에 명시하고 관련 채권과 채무가 상계되었음을 입증하여야 한다.

b.11) 외국기업이 정당한 사유로 수출재화의 인수를 거절하여 다른 외국기업에게 재화를 판매하는 경우 새로운 매입자에 대한 증빙을 제출하여야 한다.

ⓒ 기타 법령에 따른 수출재화의 지급대가

c.1) 인력송출회사가 고용주로부터 직접 대가를 받는 경우, 해당 영수증을 갖추어야 한다.

c.2) 해외 전시회나 박람회에서 팔기 위하여 재화를 수출하고 판매액을 베트남으로 송금하는 경우, 외화 매출액을 신고하여야 하며 은행입금증을 갖추어야 한다.

c.3) 정부채무를 현물변제하기 위해 재화·용역을 수출하는 경우 외국기업으로부터 수출 재화·용역으로 변제한다는 확인서를 받아야 한다.

c.4) 외국기업으로부터 매입한 재화·용역에 대하여 수출 재화·용역으로 현물변제하는 경우 수출계약 및 수입계약, 수출액과 수입액을 상계한다는 세관신고서, 차액에 대한 은행송금증명을 갖추어야 한다.

c.5) 인접국가들에 대한 재화의 수출은 재무부 및 베트남은행의 지침을 준수하여야 한다.

c.6) 기타 재화·용역의 경우 관련 법령에 따른 지급방법을 사용한다.

ⓓ 다음과 같은 경우 은행송금증명이 없어도 매입세액을 공제한다.

d.1) 외국기업이 대가를 지급하지 않는 경우, 납세자는 수출통관서류, 매입자에 대한 대금청구서류나 소송서류, 외국기업이 도산하거나 부실화된 입증자료를 갖추어야 한다.

d.2) 수출재화 품질불량으로 폐기하는 경우 수출자는 폐기사실을 입증하는 자료를 제출하여야 한다.

d.3) 수출재화가 외국에서 손상된 경우 수출자는 손상사유, 보상금액을 입증하는 서류를 제출하여야 한다.

④ 상업송장. 수출액을 결정하는 시기는 세관신고서에 통관절차가 완료된 날이다.

(6) 간주수출의 경우 매입세액 공제요건

간주수출의 경우 매입세액 공제요건은 다음과 같다.(VATA §17)

① 외국기업에게 수출하기 위한 재화가공의 경우 수출가공계약, 재화가공 대가 및 수량, 재화의 수취인, 대금입금증빙을 갖추어야 한다. 예를 들면, A사는 신발밑창 200,000쪽을 가공하는 계약을 체결한다. 가공대가는 8억동이다. 계약에 따라 베트남 B사에게 신발밑창을 보내며 B사는 신발을 생산하여 수출한다. 이 경우, 8억동은 영세율 대상이며 계산서를 발행하여야 한다.

② 국내수출의 경우 베트남 내 수취인에게 해당재화를 인도한다는 판매 또는 가공계약, 국내수출 세관신고서, 매입자 및 재화수취인을 명시한 부가가치세 계산서, 외화입금증명을 갖추어야 한다.

③ 베트남기업이 해외건설을 하기 위하여 재화나 장비를 수출하는 경우 통관신고서, 수출재화목록을 갖추어야 한다. 해당서류를 구비하지 못하는 경우 국내매출로 보아 매출세액을 부과한다.

④ 베트남기업이 해외건설을 수행하기 위하여 다른 베트남기업으로부터 재화를 공급받는 경우 수출재화의 매입세액을 공제받기 위하여 통관신고서, 수출재화목록, 재화판매계약, 은행입금증, 부가가치세 계산서를 갖추어야 한다.

6.5 부가가치세의 환급

세액공제방법에 따라 부가가치세를 납부하는 사업자는 회계기준에 따라 기장을 하고 납세자번호를 부여받고 은행계정을 사용하는 경우 부가가치세를 환급받을 수 있다. 부가가치세는 조세관리법의 규정에 따라 환급된다.(VATA §13, VATc §19)

(1) 일반 환급

세액공제방법을 적용하는 납세자가 월별 또는 분기별로 납부하는 부가가치세액에서 공제하고 남은 매입세액은 다음 과세기간에 발생하는 부가가치세액에서 공제한다.(VATA §13 ①, VATc §18 ①) 즉, 일반적인 매입세액은 환급하지 않고 다음에 발생하는 매출세액에서 공제한다.

> **Case** 일반 환급
>
> A기업은 분기별로 부가가치세를 신고한다. 2016년 3분기에 공제받지 못한 매입세액은 8천만동이다. 이 금액을 2016년 4분기에 공제받을 수 있다. 2016년 4분기, 2017년 1분기 및 2분기에도 공제받지 못하는 경우에는 그 이후에 발생하는 부가가치세에서 계속 공제받을 수 있다.

(2) 투자 환급

투자신고를 하고 세액공제방법을 적용하는 사업자가 사업장 소재지와 같은 지역에서 수행하는 투자활동(1년 이상의 유정개발투자 포함)에 사용한 재화·용역의 연간 부가가치세가 3억동 이상인 경우 환급받을 수 있다.(VATA §13 ②, VATc §18 ②) 환

급은 다음과 같이 이루어진다.(VATc §18 ③)

① 사업자는 투자활동(판매나 임대 주택의 경우는 제외)의 매입세액과 일상적 사업
   활동의 매입세액을 구분하여 신고하여야 한다. 투자활동의 매입세액은 같은 과세
   기간의 사업활동의 납부세액을 한도로 공제한다. 공제하고 남은 매입세액이 3억
   동 이상인 경우 환급하며, 그 미만이면 다음 과세기간으로 이월하여 공제한다.

Case 투자 환급 Ⅰ

(1) A기업의 본점은 하노이에 있다. 2016년 7월 하노이에서 투자활동을 개시한다. A기
    업은 투자활동에 대한 매입세액을 구분하여 신고한다. 2016년 8월 투자활동의 매입
    세액은 5억동이다. 일상적 사업활동의 납부할 부가가치세는 9억동이다. A기업은 투
    자 매입세액 5억동을 사업활동 납부세액 9억동에서 공제할 수 있다. 이에 따라 2016
    년 8월 납부세액은 4억동이다.
(2) 사실관계는 사례(1)과 같다. 다만 A기업의 납부세액은 2억동이다. A기업은 투자 매
    입세액 5억동을 사업활동 납부세액 2억동에서 공제할 수 있다. 이에 따라 2016년
    8월 공제받지 못한 매입세액 3억동을 환급받을 수 있다.
(3) C사의 본점은 호치민에 소재한다. 2016년 7월 C사는 투자활동을 호치민에서 개시한
    다. 2016년 8월에 5억동의 매입세액이 발생하며 이를 구분하여 신고한다. 계속사업
    활동에서 발생한 납부세액은 3억동이다. C사는 계속사업활동에서 매입세액 3억동
    을 공제한다. 이에 따라 2016년 8월에 공제받지 못한 매입세액은 2억동이며 이를
    환급받을 수 없다. 2억동은 다음 과세기간인 9월달로 이월하여 공제받을 수 있다.
(4) 사실관계는 사례(3)과 같다. 다만, C사의 사업활동의 매출세액에서 공제하고 남은
    매입세액은 1억동이다. 이에 따라 투자활동의 매입세액은 환급받을 수 있으며, 사
    업활동의 공제받을 매입세액은 9월로 이월하여 공제한다.

---

② 사업자는 사업장 소재지와 다른 지역에서 수행하는 투자활동(판매나 임대 주택의
   경우는 제외)의 매입세액을 계속사업활동의 납부세액에서 공제할 수 있다. 투자
   활동의 매입세액은 같은 과세기간의 사업활동의 납부세액을 한도로 공제한다. 공
   제하고 남은 매입세액이 3억동 이상인 경우 환급하며, 그 미만이면 다음 과세기
   간으로 이월하여 공제한다. 사업자가 본점 소재지 이외의 지역에 투자활동을 관
   리하기 위한 현장이나 지점을 설치하는 경우 그 현장이나 지점은 독립적으로 사
   업자등록을 하고 관할세무서에 부가가치세 신고를 할 수 있다. 투자로 인하여 기
   업이 신설되는 경우 신설기업은 부가가치세 신고를 하여야 한다.

투자 환급 Ⅱ

(1) A사의 본점은 하노이에 있다. 2016년 7월 A사는 홍옌에서 신규투자를 시행하며 홍옌에서는 사업자등록을 하지 않았다. A사는 하노이에서 투자활동의 매입세액을 구분하여 신고한다. 2016년 8월 투자활동의 매입세액은 5억동이다. A사의 사업활동의 납부세액은 9억동이다. A사는 사업활동의 납부세액 9억동에서 투자활동의 매입세액 5억동을 공제한다. 따라서 2016년 8월 납부세액은 4억동이다.

(2) 사실관계는 사례(1)과 같다. 다만, 사업활동의 납부세액은 2억동이다. A사는 사업활동의 납부세액 2억동에서 매입세액 2억동을 공제하며 나머지 매입세액 3억동을 환급받을 수 있다.

(3) A사의 본점은 호치민에 있다. 2016년 7월 A사는 동나이에서 신규투자를 시행하며 동나이에서는 사업자등록을 하지 않았다. A사는 호치민에서 투자활동의 매입세액을 구분하여 신고한다. 2016년 8월 투자활동의 매입세액은 5억동이다. A사의 사업활동의 납부세액은 3억동이다. A사는 사업활동의 납부세액 3억동에서 투자활동의 매입세액 3억동을 공제한다. 이에 따라 공제받지 못한 2억동은 2016년 9월로 이월된다.

(4) 사실관계는 사례(3)과 같다. 다만, A사의 사업활동의 공제대상 매입세액은 1억동이다. 2016년 8월에 A사는 투자 매입세액 5억동을 환급받을 수 있다. 사업활동의 매입세액 1억동은 2016년 9월로 이월된다.

③ 다음과 같은 경우 사업자는 투자활동의 매입세액을 환급받을 수 없으며 다음 과세기간으로 이월하여 공제한다.

ⓐ 법에 따른 등기자본금이 완전히 출자되지 않은 경우

ⓑ 투자법에 따른 요건을 충족하지 않아 조건부로 사업을 수행하는 사업자가 투자를 하는 경우

ⓒ 조건부로 사업을 수행하는 사업자가 조건을 지키지 않고 투자를 하는 경우

ⓓ 천연자원이나 미네랄 채광의 투자에서 천연자원 및 미네랄의 가치와 에너지원가가 총원가의 50%를 초과하거나 재화의 제조를 위한 투자에서 천연자원 및 미네랄의 가치와 에너지원가가 총원가의 50%를 초과하는 경우

(3) 수출 환급

월 또는 분기 별로 수출 재화·용역의 매입세액을 공제한 후 남은 매입세액이 3억동 이상인 경우 월별 또는 분기별로 환급받는다.(VATA §13 ③, VATc §18 ④)

① 월별 또는 분기별로 수출 재화·용역(면세지역으로 반출하여 수출하는 경우 포함)의 매입세액을 공제한 후 남은 매입세액이 3억동 이상인 경우 월별 또는 분기별로 환급한다. 공제하지 못한 세액이 3억동 미만인 경우에는 다음 과세기간으로 이월하여 공제한다. 사업자가 수출과 국내매출을 함께 하는 경우 수출에 대한 매입세액을 구분하여 계상하여야 한다. 수출에 대한 매입세액이 구분되지 않는 경우, 직전 환급 과세기간의 이후 과세기간부터 환급신청 과세기간까지 총매출금액에 대한 수출재화·용역 매출금액의 비율을 매입세액에 곱하여 수출에 대한 공제대상 매입세액을 계산한다. 수출 재화·용역의 환급세액은 수출 재화·용역의 매출액에 10%를 곱하여 산출한 금액을 초과할 수 없다. 수출을 위탁한 경우 수출을 위탁한 사업자가 환급을 받는다. 재화를 가공하여 수출하는 경우 외국기업과 가공계약을 한 사업자가 환급을 받는다. 해외건설을 위하여 재화를 수출하는 경우 수출업자가 환급을 받는다. 현지수출의 경우 그 수출업자가 환급을 받는다.

② 재화를 수입한 후 통관절차를 거치지 않고 수출하는 경우, 또는 수출재화의 통관절차를 거치지 않는 경우 매입세액을 환급받을 수 없다.

③ 납세자가 2년 동안 계속하여 밀수, 불법 국경운송, 조세회피나 탈세를 하지 않는 등의 경우 과세당국은 환급조사를 하기 전에 환급을 한다.

(4) 합병 등의 경우 환급

세액공제방법에 따라 부가가치세를 납부하는 사업자는 사업의 양도, 전환, 합병(분할합병 포함), 분할, 해산, 파산 또는 폐업의 경우 매입세액을 환급받을 수 있다. 투자단계에서 사업개시 전에 매출이 발생하지 않고 해산하거나 폐업하는 사업자는 부가가치세 신고를 하지 않아도 되며 매입세액을 공제받거나 환급받을 수 없다. 이 경우 사업자는 해산이나 폐업사실을 관할 세무서장에게 신고하여야 한다. 해산이나 폐업 절차를 진행하면서 관련법 및 조세관리법에 따라 환급된 세액을 정산하며, 환급될 세액은 환급하지 않는다. 사업자가 폐업하며 매출이 발생하지 않은 경우 그 동안 환급된 세액을 부가가치세로 납부하여야 한다. 다만, 매입세액을 환급받은 자산을 양도하는 경우 환급세액을 조정하지는 않는다.(VATA §13 ④, VATc §18 ⑤)

2015년 A사는 투자를 하는 중으로 사업을 개시하지 않았다. 투자단계에서 7억동의 매입세액이 발생하여 2015년 8월 환급받았다. A사는 2016년 2월 자금애로로 해산하기로 결정하여 관할 세무서장에 신고한다. A사의 청산절차를 완료하기 전에 관할세무서는 환급세액을 추징하지 않았다. A사는 2016년 10월 청산절차를 완료하기 20일 전에 자산 하나를 판매하였다. 그 자산의 매입세액은 조정대상이 아니다. A사는 보유하는 자산에 대한 환급세액을 부가가치세로 납부하여야 한다.

(5) 휴대반출 환급

여권 또는 외국기관이 발급한 입국허가서를 소지한 외국에 거주하는 외국인 또는 베트남에게 출국시 휴대하는 국내 구입재화에 대하여 환급받는다.(VATA §13 ⑤)

(6) 무상원조사업의 환급

정부개발원조(ODA), 인도적 지원 또는 무상지원에 의한 재화·용역의 매입세액을 환급받을 수 있다. 이 경우, 외국인 원조자가 사업을 관리하도록 지정한 사업주체, 주계약자 또는 기업은 사업에 사용하는 베트남 내에서 매입한 재화·용역에 대한 매입세액을 환급받는다.(VATA §13 ⑥, VATc §18 ⑥)

베트남적십자는 재난지역의 이재민을 돕기 위한 인도적 지원물자를 구입하기 위하여 다국적기업으로부터 2억동을 지원받는다. 재화의 부가가치세 제외금액은 2억동이며 부가가치세는 2천만동이다. 베트남적십자는 매입세액 2천만동을 환급받을 수 있다.

(7) 외교관 및 외국인의 환급

관련법에 따라 외교특권을 부여받은 단체는 베트남에서 매입한 재화용역에 대하여 부가가치세 계산서나 영수증에 따라 매입세액을 환급받을 수 있다.(VATA §13 ⑦, VATc §18 ⑦)

외국인이나 외국의 시민이나 영주권자에 해당하는 베트남인이 베트남에서 재화를 매입하여 출국하는 경우 매입세액을 환급받을 수 있다. 환급절차는 재무부의 휴대반출품의 환급지침에 따라 이루어진다.(VATc §18 ⑧)

(8) 조세조약에 따른 환급

베트남이 체결한 양자조세조약에서 부가가치세의 환급을 규정하는 경우 관할당국은 그에 따라 환급을 할 수 있다.(VATA §13 ⑧, VATc §18 ⑨)

⑦ 직접납부방법

직접납부방법이란 과세가격에 직접납부세율을 곱하여 부가가치세를 계산하는 방법을 말한다. 과세가격은 과세 재화·용역의 매출 계산서에 표시된 매출액으로 판매자가 추가로 받는 대가를 모두 포함하는 금액이다. 부가가치세 면세 재화·용역이나 수출 재화·용역에 대하여는 직접납부세율을 적용하지 않는다. 납세자가 여러 가지 사업을 하여 서로 다른 직접납부세율을 적용하는 경우 구분하여 기장하여야 한다. 구분되지 않는 경우에는 가장 높은 직접납부세율을 적용한다.(VATc §13 ② a)

> **Case** 직접납부방법
>
> A사는 직접납부방법을 사용하여 부가가치세를 신고한다. A사는 소프트웨어를 판매하며 회사설립자문을 한다. A사는 면세되는 소프트웨어 판매에 대하여 부가가치세를 납부하지 않으며, 회사설립자문의 매출액에 대하여 5%의 부가가치세를 납부한다.

가계 또는 개인 사업자가 직접납부세액의 세율은 납세자의 실제 매출액에 대한 세무당국의 확인결과 빛 지역 세무자문위원회의 의견에 따라 정해진다. 납세자가 여러 사업에 종사하는 경우에는 주된 사업에 적용되는 직접납부세율을 적용한다.(VATc §13 ③)

(1) 세액공제방법을 적용하지 않는 경우

① 직접납부방법 적용 대상

다음과 같은 사업자는 세액공제방법을 적용하지 않고 직접납부방법을 적용하여 납부세액을 계산한다.(VATA §11 ②, VATc §13 ② a)

1. 연간 매출액이 10억동 이하인 법인 또는 협동조합. 다만, 자발적으로 세액공제방법을 적용하는 경우는 제외한다.
2. 신설 법인이나 협동조합. 다만, 자발적으로 세액공제방법을 적용하는 경우는 제외한다.
3. 가계 또는 개인 사업자
4. 투자법에 따르지 않고 베트남에서 사업을 수행하는 외국기업, 기업회계기준에 따른 기장과 계산서 발행을 하지 않는 법인. 다만, 석유 탐사 및 추출을 하기 위하여 재화·용역을 공급하는 경우를 제외한다.
5. 법인이나 협동조합 이외의 사업자. 다만, 자발적으로 세액공제방법을 적용하는 경우는 제외한다.

② 직접납부세율

직접납부방법에 따라 납부하여야 할 부가가치세 납부세액은 공급대가에 다음과 같은 직접납부세율을 곱하여 산출한다.(VATA §11 ①, VATc §13 ② b, ④)

1. 재화의 공급 및 판매 : 1%
   - 재화의 도매 및 소매. 다만 수수료를 받는 오퍼대리인의 경우는 제외한다.
2. 용역 및 건설(건축자재는 제외) : 5%
   - 숙박, 호텔 및 모텔
   - 주택, 토지, 상점, 작업장, 자산 및 기타 동산의 임대
   - 야적장, 기계, 차량의 임대, 재료 취급, 주차 및 승차권 판매 등 운송관련 용역
   - 우편 및 이메일 용역
   - 수탁대리인, 경매 및 중개 수수료
   - 법률자문, 감사, 회계 및 재무자문, 세무 및 관세 대리인
   - 정보처리용역, 인터넷포탈 및 정보통신장비의 임대
   - 사무지원용역 및 기타 사업지원용역
   - 증기탕 마사지, 가라오케, 나이트클럽, 당구장, 인터넷 및 비디오게임 용역

- 양복점, 세탁소, 미장원
- 컴퓨터 및 가정용품 등의 수리용역
- 그 밖의 용역
- 건설 및 설치 용역(공업기계장치의 설치를 포함). 이 경우, 건축자재는 제외한다.
3. 제조, 운송, 재화에 부수되는 용역, 건축자재를 포함하는 건설 : 3%
   - 재화의 제조 및 가공
   - 미네랄 채광 및 가공
   - 화물 및 여객 운송
   - 재화의 판매에 부수되는 훈련, 수리 및 기술이전
   - 음식 및 음료 용역
   - 기계장치, 운송수단 및 기타 자동차의 수리 및 유지관리
   - 건설자재를 포함한 건설 및 설치(공업기계장치의 설치 포함)
4. 기타 사업분야 : 2%
   - 세액공제방법에서 5% 세율을 적용하는 제품의 제조
   - 세액공제방법에서 5% 세율을 적용하는 용역의 공급
   - 그 밖에 위에서 열거하지 않은 사업분야

(2) 귀금속 등의 경우

금, 은, 보석과 같은 귀금속의 매매나 가공의 경우 부가가치금액에 귀금속의 매매·가공에 적용하는 부가가치세율을 곱하여 납부세액을 계산한다. 이 경우, 부가가치금액은 매출액에서 해당 귀금속의 매입액을 차감하여 계산한다.(VATA §10 ①)

귀금속의 매출액은 계산서에 표시된 금액으로 가공원가, 부가가치세 및 판매자가 추가로 받는 금액을 포함하는 대가의 총액을 말한다. 귀금속의 매입액은 가공하거나 판매하기 위하여 매입한 귀금속의 매입가격으로 부가가치세를 포함한 금액을 말한다. 과세기간에 발생한 부의 부가가치(손실)는 정의 부가가치(이익)과 상계한다. 정의 부가가치가 없거나 부의 부가가치보다 작은 경우 부의 부가가치는 동일 연도의 다음 과세기간으로 이월하여 상계할 수 있다. 다만, 부의 부가가치는 다음 연도로 이월할 수 없다.(VATc §13 ①)

⑧ 일정세율 사업자 등의 부가가치세 과세특례

일정세율 사업자 등의 부가가치세 과세특례는 소득세에서 함께 설명한다.(PITc15)

⑨ 계산서 및 영수증

모든 사업자는 매출 계산서를 사용하여야 한다. 세액공제방법 적용 사업자가 매출 계산서 기재항목을 부실하게 기재하는 경우, 부가가치세 매출세액은 공급대가에 부가가치세율을 곱한 금액으로 한다.(VATA §14 ①)

^제**5**^장 외국인계약자세

① 외국인계약자세 과세대상

1.1 외국인계약자세 과세대상

외국인계약자세의 근거법은 조세관리법(TAA §2 ①)이다. 다음과 같은 경우 외국인 계약자세를 납부하여야 한다.(FCTc §1) 이 경우 '계약'이란 외국인계약자와 베트남 당 사자 간의 계약, 합의, 협의를 말하며, '하도급계약'이란 외국인 계약자와 하도급자 (외국인 또는 베트남인) 간의 계약 등을 말한다. 베트남은 베트남이 베트남법 및 국 제법에 따라 주권을 행사하는 영토, 영해 및 영공을 말한다.(FCTc §3) 외국인계약자세 는 국내에서 용역이나 자산이 제공되는 경우 과세되므로 국내사업장의 과세의 한 방 법으로 볼 수 있다.

① 외국법인(국내사업장 여부 상관없음) 또는 외국인(거주자 여부 상관없음)으로서, 베트남법인이나 개인 또는 외국인계약자와의 계약에 따라 베트남에서 사업을 수 행하거나 베트남에서 소득을 버는 경우

② 외국법인 또는 외국인으로서, 현지 수출이나 수입의 방식으로 베트남에서 재화를 공급하고 베트남법인과의 계약에 따라 베트남에서 소득을 벌거나(다른 외국법인 이나 외국인을 위하여 재화를 가공하거나 재수출하는 경우 제외), 베트남 내에서 판매자가 재화에 대한 위험을 부담하는 운송조건에 따라 재화를 공급하는 경우

③ 외국법인 또는 외국인으로서, 베트남 내에서 베트남기업이 보유하는 재화의 실제 소유자로서 재화판매나 용역제공 활동의 전부 또는 일부를 수행하거나, 또는 베 트남기업이 보유하는 재화의 판매, 광고, 마케팅, 품질에 대한 비용을 부담하고 판매재화나 제공용역의 가격을 결정하는 경우. 이에는 베트남에서 재화판매와 관 련하여 판매용역이나 기타용역을 부분적으로 수행하는 베트남기업에게 위임하거 나 베트남기업을 고용한 경우를 포함한다.

④ 외국법인 또는 외국인으로서, 베트남법인이나 개인을 통하여 협상을 진행하거나 계약을 체결하고 실질적으로 그 계약을 체결하는 경우

⑤ 외국법인 또는 외국인으로서, 베트남 상대방에게 판매할 재화를 구매하기 위하여 베트남시장에서 수출, 수입 또는 판매 권리를 행사하는 경우

Case 외국인계약자세 과세대상

(1) 외국법인 X는 베트남법인 A로부터 의류를 구매하는 계약을 체결하고 A에게 의류를 베트남법인 B에게 현지 수출 및 수입의 방식으로 운반하여 줄 것을 요청한다. X는 X와 B 간의 계약에 따라 X가 B에게 의류를 판매하여 베트남에서 소득을 번다. 이 경우, X는 외국인계약자세 과세대상이다. B사는 X를 대신하여 원천징수할 의무가 있다.

(2) 외국법인 Y는 베트남법인 C와 의류 가공계약을 체결하고, 그 의류를 추가가공하기 위하여 C에게 현지 수출 및 수입의 방식으로 베트남법인 D에게 운송하도록 요청한다. 이 경우, Y는 외국인계약자세 과세대상이다. D는 Y를 대신하여 원천징수할 의무가 있다.

(3) 외국법인 Z는 베트남법인 E와 의류 가공 또는 구매 계약을 체결하고(Z은 E에게 원재료를 제공), 추가가공을 위하여 베트남법인 G에게 현지 수출 및 수입의 방식으로 의류를 운송할 것을 E에게 요청한다. G는 추가가공을 하여 Z에게 재화를 수출하며 Z은 가공계약에 따라 G에게 가공임을 지급한다. 이 경우, Z사는 외국인계약자세의 과세대상이 아니다.

(4) 외국법인 A는 베트남법인 B에게 재화를 운송하여 관련용역(운송, 판매, 마케팅 및 광고)을 수행하도록 권한을 부여하지만, A는 B에게 운송된 재화의 실제 소유자이며 A는 B에게 운송된 재화나 용역에 대한 비용, 품질에 대한 책임을 지거나, 또는 A가 재화판매나 용역제공의 가격을 결정한다. 이 경우, A는 외국인계약자세 과세대상이다.

1.2 외국인계약자세 과세대상이 아닌 경우

아래의 경우에는 외국인계약자세 과세대상이 아니다.(FCTc §2)

① 투자법, 석유법 또는 신용기관법에 따라 베트남에서 사업을 영위하는 외국법인 또는 외국인

② 베트남에서 다음과 같은 방식으로 수행되는 용역을 수반하지 않고 베트남법인이

나 개인에게 재화를 공급하는 외국법인 또는 외국인

- 외국의 국경에서 이전되는 재화. 판매자가 외국의 국경까지 수출 및 재화에 대한 모든 책임, 비용 및 위험을 부담하며, 매수인이 외국의 국경에서 재화를 수취하고 베트남까지 운송하는데 대한 모든 책임, 비용 및 위험을 부담한다.(판매자의 부담으로 보증을 하고 외국의 국경에서 이전하는 경우를 포함)

- 베트남의 국경에서 이전되는 재화. 판매자가 베트남의 국경까지 수출 및 재화에 대한 모든 책임, 비용 및 위험을 부담하며, 매수인이 베트남의 국경에서부터 재화를 수취하고 운송하는데 대한 모든 책임, 비용 및 위험을 부담한다.(판매자의 부담으로 보증을 하고 베트남의 국경에서 이전하는 경우를 포함)

③ 베트남 밖에서 제공되고 사용되는 용역을 제공하고 소득을 버는 외국법인 또는 외국인

④ 베트남법인이나 개인에게 해외에서 다음과 같은 용역을 제공하는 외국법인 또는 외국인

- 운송수단(항공기, 항공엔진, 항공기나 선박의 부품), 기계 또는 장비(해저케이블, 통신장비 포함)의 수리. 이에는 관련 부품이나 장비를 포함한다.

- 광고 및 마케팅(인터넷 기반 광고나 마케팅 제외)

- 투자 및 무역 촉진활동

- 해외 재화판매나 용역제공의 중개

- 훈련(온라인 교육 제외)

- 국제 우편 및 통신이 베트남 밖에서 수행된 경우, 또는 외국 통신선이나 위성채널을 임차하는 경우 베트남과 다른 국가들 사이의 해당용역의 비용분담

⑤ 국제운송, 통과, 국경 이전, 저장, 제삼자 가공을 위하여 보세구역의 창고나 장소를 사용하는 외국법인 또는 외국인

(1) 베트남의 C법인은 외국의 D법인과 계약을 맺어 굴착기와 불도저를 수입하며 재화 이전은 베트남 국경에서 이루어진다. D법인은 베트남 국경의 재화이전 장소까지 모든 책임과 비용을 부담한다. C법인은 베트남 국경부터 재화의 인수와 운송에 대한 모든 책임과 비용을 부담한다. 계약에 따른 1년 보증 이외에는 D법인은 베트남에서 다른 용역을 수행하지 않는다. 이 경우, D법인의 재화판매활동은 외국인계약자세 과세대상이 아니다.

(2) 홍콩의 H법인은 홍콩항에서 베트남 A법인의 국제운송선박을 위하여 화물을 선적한다. A법인은 홍콩항에서 화물선적용역에 대하여 H법인에게 수수료를 지급한다. 이 경우, 홍콩에서 제공되고 사용되는 용역은 외국인계약자세 과세대상이 아니다.

(3) 외국법인이 베트남법인 A가 외화채권을 발행한 외국에서 A를 위하여 채권관리 및 발행, 법률자문, 채권보관, 설명회 등과 같은 전문적 인적용역을 제공한다. 외국법인이 수행하는 용역은 외국인계약자세 과세대상이 아니다.

(4) 베트남법인이 싱가포르법인 A와 계약을 체결하여, 싱가포르시장에서 제품을 광고하도록 한다. A의 광고용역은 외국인계약자세 과세대상이 아니다. A법인이 인터넷으로 베트남에 그 제품소비를 촉진하기 위한 광고를 수행하는 경우에도 광고용역소득은 외국인계약자세 과세대상이 아니다.

(5) 베트남법인이 태국에서 태국법인을 고용하는 계약을 체결하여, 베트남법인의 제품을 태국시장이나 다른 외국시장에서 판매하기 위한 중개용역을 수행하도록 한다. 태국법인의 중개용역은 외국인계약자세 과세대상이 아니다. 베트남법인이 태국에서 태국법인을 고용하는 계약을 체결하여 베트남에서 베트남법인의 부동산을 양도하기 위한 중개용역을 수행하도록 한다면, 그러한 중개용역은 외국인계약자세 과세대상이다.

(6) 베트남법인 A는 싱가포르대학 B와 계약을 체결하여, 싱가포르의 B대학에서 베트남법인 A의 종업원들이 훈련을 받도록 한다. B대학의 훈련용역은 외국인계약자세 과세대상이 아니다. A법인이 B대학과 계약을 체결하여 종업원들을 인터넷을 통하여 베트남에서 훈련시키기로 하였다면, B대학의 온라인훈련용역은 외국인계약자세 과세대상이다.

1.3 외국인계약자세의 유형

외국인 계약자나 하청계약자는 그 자격에 따라 법인세, 소득세나 부가가치세의 명목으로 외국인계약자세를 납부한다.(FCTc §5)

구 분	조세 유형
법인에 해당하는 외국인 계약자나 하청계약자	부가가치세 및 법인세
개인에 해당하는 외국인 계약자나 하청계약자	소득세 및 부가가치세

② 외국인계약자세의 납세자

2.1 외국인계약자세의 납세자

베트남법인이나 개인과 계약 체결하거나 또는 베트남에서 사업을 수행하는 다른 외국법인이나 외국인과 하도급계약을 체결한 베트남에서 사업을 수행하는 외국인 계약자나 하청계약자는 외국인계약자세를 납부하여야 한다.(CITc §2 ②, FCTc §4 ① No.1) 이 경우, 외국인 계약자나 하청계약자는 법인세법이나 소득세법에 따라 등록된 국내사업장이나 거주자에 해당하여야 한다. 베트남이 체결한 조세조약의 규정이 국내사업장과 거주자를 달리 규정하는 경우, 그 규정이 우선한다.(FCTc §4 ① No.2)

2.2 법인이나 개인사업자의 원천징수의무

(1) 외국법인 사업소득에 대한 원천징수의무

베트남법에 따라 설립되어 활동하는 법인, 베트남법에 따라 사업활동을 등록한 법인, 기타 법인 및 개인사업자가 계약 또는 하도급계약에 따라 용역이나 재화에 수반되는 용역을 구매하거나 베트남에서 창출되는 소득을 지급하는 경우, 현지수입방식으로 재화를 구매하는 경우, 베트남에서 외국법인이나 외국인을 대신하여 용역을 제공하는 경우, 베트남법인 등은 외국인 계약자나 하청계약자에게 대가를 지급하기 전에 부가가치세와 법인세를 원천징수할 의무가 있다. 이 경우, 베트남법인 등은 다음을 포함한다.(CITd §2 ②, FCTc §4 ②)

① 회사법, 투자법 및 협동조합법에 따라 설립된 영리법인
② 영리활동을 하는 정치단체, 사회정치단체, 사회단체, 사회전문가단체, 군대, 비영리법인 및 기타 인적단체

③ 석유법에 따라 활동하는 석유가스계약자

④ 베트남에서 영업허가를 받은 외국법인의 지점

⑤ 베트남에서 영업허가를 받은 외국법인 또는 외국법인의 대리인

⑥ 직영 또는 파트너십으로 베트남 국내외 영업허가를 받은 외국항공사의 지점이나 대리인

⑦ 외국선사의 대리인, 또는 외국의 선적, 창고 및 운송회사의 대리인으로 운송용역을 제공하는 법인이나 개인

⑧ 증권투자펀드나 외국법인이 증권투자계좌를 개설하는 증권회사, 증권발행법인, 펀드관리회사 및 상업은행

⑨ 베트남의 기타 인적단체

⑩ 베트남의 개인 제조업자 및 사업자

(2) 외국법인 양도소득에 대한 원천징수의무

베트남에서 사업을 수행하거나 베트남에서 소득을 창출하지만 투자법이나 회사법에 따라 사업활동을 하지 않는 외국법인이 자본을 양도하는 경우, 양수인은 양도인을 대신하여 외국인계약자세로 법인세를 원천징수할 의무가 있다. 양수인 또한 투자법이나 회사법에 따라 활동하지 않는 외국법인인 경우 그 외국법인이 투자하는 베트남법에 따라 설립된 법인이 양도인 및 양수인을 대신하여 법인세를 원천징수할 의무가 있다. 이 경우, 법인세의 신고 및 납부는 조세관리법의 규정에 따라 이루어진다.(CITc §14 ② c)

③ 부가가치세 및 법인세·소득세 과세대상

3.1 부가가치세 과세대상 거래

다음과 같은 거래에 대하여 부가가치세분 외국인계약자세를 과세한다.(FCTc §6)

① 외국인 계약자나 하청계약자가 계약에 따라 공급하는 부가가치세 과세대상 용역 또는 재화에 수반하는 용역으로 베트남 내에서 생산, 사용 또는 소비되는 것(외국

인계약자세 과세대상이 아닌 경우 제외)

- 외국인 계약자나 하청계약자가 계약에 따라 베트남 내에서 공급하는 부가가치세 과세대상 용역 또는 재화에 수반하는 용역으로 베트남 내에서 소비되는 것

- 외국인 계약자나 하청계약자가 계약에 따라 베트남 밖에서 공급하는 부가가치세 과세대상 용역 또는 재화에 수반하는 용역으로 베트남 내에서 소비되는 것

② 베트남 영토에서 재화를 이전하고 수령하는 형태의 계약에 따라 재화가 공급되는 경우, 또는 베트남에서 이루어지는 용역을 수반하는 재화의 공급이 할부, 시험사용, 보증, 수리, 대체, 무상용역인 경우, 수입시점에는 재화의 가격에 부가가치세를 과세하며 외국인계약자세는 용역에 대하여 과세된다. 재화의 가격과 수반하는 용역(무상용역 포함)의 가격을 구분할 수 없는 경우 외국인계약자세는 계약금액 전부에 대하여 과세된다.

> **Case** 부가가치세 과세대상 거래
>
> 베트남법인 A는 외국법인 B와 계약을 체결하여 시멘트공장건설을 위하여 기계장치를 매입하기로 한다. 계약금액 총액은 USD 1억불이며, 8천만불은 기계장치에 해당하고 2천만불은 설치와 보증수리에 대한 대가이다. B의 부가가치세분 외국인계약자세 납부의무는 다음과 같이 구분된다.
> - 용역에 대한 부가가치세는 2천만불을 기준으로 계산된다.
> - 용역대가와 기계장치대가를 구분할 수 없는 경우, 부가가치세는 계약금액 총액 1억불을 기준으로 계산한다.

3.2 법인세 또는 소득세 과세대상 소득

다음과 같은 소득에 대하여 법인세분 또는 소득세분 외국인계약자세를 과세한다.(FCTc §7)

① 외국인 계약자 또는 하청계약자의 법인세 과세대상 소득으로, 계약에 따라 베트남 내에서 재화의 공급이나 판매, 용역이나 재화에 수반하는 용역의 제공으로 받는 소득

② 베트남 영토에서 재화의 인도나 수령이 이루어지는 방식으로 재화가 공급되는 경

우(외국인계약자세 과세대상이 아닌 경우 제외), 마케팅, 판촉활동, 판매후 서비스, 할부, 시험사용, 보증, 수리, 대체, 재화공급에 수반하는 기타용역 등 베트남 내에서 수행되는 용역을 수반하는 재화공급의 경우, 법인세 과세소득은 재화 및 용역의 가액을 모두 포함한다.

③ 외국인 계약자나 하청계약자가 계약에 따라 베트남에서 받은 다음과 같은 소득. 이 경우, 사업장소를 불문한다.

- 베트남 내 자산의 소유권이나 사용권, 베트남 내의 영업계약이나 프로젝트 참여권 양도소득

- 지적재산권, 기술 및 소프트웨어 권리의 사용 또는 양도로 인한 소득(저작권 및 영업권, 산업재산권의 사용 또는 양도 대가 포함). 저작권, 영업권, 산업재산권 등의 관련법에 따른 권리를 말한다.

- 자산의 양도소득 또는 청산소득

- 대여금 이자소득(대여금의 담보여부나 대여자의 이자소득 여부는 따지지 않으며, 이자에는 베트남 당사자가 계약에 따라 부담하는 수수료 포함), 예금 이자소득 및 이자에 부수하는 상금(외국인의 예금 이자소득, 베트남 내 외교사절, 국제기구 대표부, 비정부기구의 예금 이자소득은 제외), 지연지급 이자소득, 채권의 이자 및 할인액(면세대상 채권은 제외), 예금증서 이자

- 증권 양도소득

- 계약위반 당사자로부터 받은 배상이나 보상

- 법인세법의 규정에 따른 기타소득

| Case | 법인세나 소득세 과세대상 소득 |

베트남법인 A는 외국법인 B와 계약을 체결하여 시멘트공장 건설을 위한 기계장치를 매입한다. 계약금액은 1억불(부가가치세 제외)로 기계장치 대가 8천만불과 설치 및 보증 대가 2천만불로 구분된다. B사의 외국인계약자세 납부의무는 다음과 같다.
- 외국인계약자세는 기계장치(8천만불) 및 설치용역(2천만불)로 구분하여 세율을 적용한다.
- 계약서에서 기계장치대가와 용역대가를 구분하지 않는 경우, 외국인계약자세는 계약금액의 총액(1억불)을 기준으로 계산한다.

4 외국인계약자세 과세표준 신고방법

외국인계약자세는 과세표준신고방법, 원천징수방법 또는 혼합방법으로 신고할 수 있다.

4.1 과세표준 신고방법

외국인 계약자 또는 하청계약자가 아래와 같은 요건에 해당하는 경우 과세표준 신고방법으로 외국인계약자세를 신고하고 납부할 수 있다.(FCTc §8) 과세표준 신고방법이란 부가가치세법에 따른 세액공제방법으로 부가가치세를 납부하고, 법인세법에 따른 과세표준 계산방법으로 법인세를 신고하는 것을 말한다.

① 베트남 국내사업장이 있거나 거주자에 해당하는 경우
② 계약 또는 하청계약에 따라 베트남에서 사업활동을 183일 이상 수행하는 경우. 이 경우, 사업활동기간은 계약의 시행일부터 기산한다.
③ 베트남 회계기준을 적용하고 사업자등록을 하여 관할세무서에서 사업자등록번호를 부여받은 경우

4.2 과세표준의 계산

(1) 부가가치세

부가가치세법의 세액공제방법에 따라 과세표준을 계산한다.(FCTc §9)

(2) 법인세

법인세법의 과세표준 계산방법에 따라 과세표준을 계산한다.(FCTc §10)

⑤ 외국인계약자세 원천징수방법

외국인 계약자나 하청계약자가 과세표준 신고방법의 요건에 해당하지 않는 경우, 베트남의 상대방은 외국인 계약자나 하청계약자를 대리하여 외국인계약자세를 납부하여야 한다. 원천징수방법이란 외국인 계약자나 하청계약자에게 지급하는 대가의 일정률을 부가가치세나 법인세로 납부하는 것을 말한다.

5.1 부가가치세액의 계산

일반적으로 부가가치세는 지급대가에 일정세율을 곱하여 산출한다. 원천징수방법에 따라 부가가치세를 납부하는 외국인 계약자나 하청계약자는 계약을 수행하기 위하여 매입하는 재화나 용역의 매입세액을 공제할 수 없다.(FCTc §12)

$$부가가치세액 \ = \ 지급대가 \ \times \ 부가가치세율$$

(1) 지급 대가

'지급대가'란 외국인 계약자 등이 수취하는 용역 또는 재화에 부수하는 용역의 대가로 조세나 비용을 포함한 총액을 말한다. 특별한 경우 지급대가는 다음과 같이 결정된다.(FCTc §12 ①)

① 지급대가가 부가가치세를 제외한 금액인 경우

계약 등에 따라 외국인 계약자 등이 수취하는 지급대가가 부가가치세를 제외한 금액인 경우, 부가가치세를 부과하는 지급대가는 다음과 같이 부가가치세 포함금액으로 환산한다.(FCTc §12 ① b.1)

$$원천징수 \ 지급 \ 대가 \ = \ \frac{부가가치세 \ 제외 \ 금액}{1 - 부가가치세 \ 세율}$$

외국인 계약자 A는 베트남 상대방을 위하여 시멘트 제조공장 Z의 공사감독용역을 제공한다. 부가가치세를 제외한 계약금액은 300,000불이다. 한편, 베트남 상대방은 A를 위한 숙소와 사무실을 제공하며 그 가액은 40,000불에 해당한다. 계약에 따라 베트남 상대방은 A를 대신하여 부가가치세를 납부할 의무가 있다. A의 수입금액은 다음과 같이 계산된다.

$$\text{원천징수대상 지급대가} = \frac{300{,}000 + 40{,}000}{(1 - 5\%)} = \text{USD } 357{,}894.73$$

② 외국인 계약자가 혼합방법으로 부가가치세를 납부하는 경우

외국인 계약자가 베트남 상대방과 체결한 계약에 명시된 작업의 일부를 계약에서 특정한 베트남 또는 외국인 하청계약자에게 하청하면서 과세표준 신고방법 또는 혼합방법으로 부가가치세를 납부하는 경우, 외국인 계약자의 수입금액에는 베트남 또는 외국인 하청계약자가 수행한 작업의 가액은 포함되지 않는다.(FCTc §12 ① b.2 No.1)

외국인 계약자가 계약을 수행하기 위하여 베트남 공급자로부터 원자재나 기계장치를 매입하는 경우, 계약에 따른 작업이 아닌 내부사용을 위하여 재화나 용역을 매입하는 경우, 그 재화나 용역의 가액은 외국인 계약자의 수입금액을 결정할 때 공제되지 않는다.(FCTc §12 ① b.2 No.2)

외국인 계약자 A는 베트남 상대방과 시멘트공장을 건설하여 주기로 계약을 체결한다. 계약금액은 총 1천만불(부가세 포함금액)이다. 계약에 따라, A는 계약에서 특정한 1백만불(부가세 제외금액) 상당의 공사일부를 하청계약자 B에게 하청한다. 또한, 공장건설 중에 A는 공사에 쓰기 위한 자재 벽돌, 시멘트 및 모래를 매입하며, 계약을 수행하기 위한 전문가를 위하여 문구, 승용차렌트 및 호텔숙박과 같은 재화와 용역을 매입한다. 이 경우 수입금액은 다음과 같이 계산한다.

$$\text{수입금액} = 10{,}000{,}000 - 1{,}000{,}000 = \text{USD } 9{,}000{,}000$$

외국인 계약자의 수입금액에서 전문가를 위하여 지출한 문구, 승용차렌트 및 호텍숙박과 같은 재화와 용역의 지출금액을 차감하지 않는다.

③ 베트남 상대방이 외국인 계약자를 대리하여 신고서 제출

외국인 하청계약자와 계약을 체결한 외국인 계약자가 원천징수방법으로 부가세를 납부하는 경우, 베트남 상대방이 계약에 따라 외국인 계약자 등에게 지급한 수입금액에 부가가치세율을 적용하여 원천징수하고 외국인 계약자나 하청계약자를 대리하여 신고서를 제출한다. 베트남 상대방이 부가가치세를 납부하고 신고서를 제출하는 경우, 외국인 하청계약자는 수취한 대가에 대하여 부가가치세를 신고납부할 의무가 없다.(FCTc §12 ① b.3)

④ 임대의 경우

기계장치나 자동차 임대의 경우 수입금액은 임대료 총액을 말한다. 기계장치나 자동차 임대 수입금액에 임대인이 직접 지급하는 자동차보험료, 수리 및 등록비용, 기계장치 시운전이나 운송 비용들을 포함하고 비용에 대한 증빙이 있는 경우, 수입금액은 그러한 비용을 제외한 금액으로 한다.(FCTc §12 ① b.4)

⑤ 국제 선·하적, 창고 및 배달 용역

베트남에서 국외로 운송하는 재화의 선·하적이나 보관 용역의 경우(발송인 또는 수취인 중 누가 대가를 지급하는지 여부와 상관없이), 수입금액은 항공 또는 해상 운송회사에게 지급하는 국제운송료를 제외한 외국인 계약자가 수취하는 지급대가 총액을 말한다.(FCTc §12 ① b.5)

베트남에서 국외로 배달하는 배달용역의 경우(발송인 또는 수취인 중 누가 대가를 지급하는지 여부와 상관없이), 수입금액은 외국인 계약자가 수취하는 지급대가의 총액을 말한다.(FCTc §12 ① b.6)

Case 국제 선·하적, 창고 및 배달 용역

(1) 외국법인 A는 국제소포운송용역을 제공한다. A법인의 수입금액은 다음과 같이 결정된다. 이 경우, 외국 발송인 또는 베트남 수취인이 요금을 지불하는지 여부는 관련이 없다.
   • 외국에서 베트남까지의 배달용역은 부가가치세 과세대상이 아니다.
   • 베트남에서 외국까지의 배달용역의 경우 A법인이 수취하는 대가의 총액이 수입금액이다.

---

(2) 베트남법인 B는 국제소포배달용역을 제공한다. B법인은 용역을 수행하기 위하여 국외에서 C법인에게 일정수수료를 지급한다. 이 경우, C법인의 부가가치세는 다음 과 같이 결정된다. 이 경우, 외국 발송인 또는 베트남 수취인이 요금을 지불하는지 여부는 관련이 없다.
- 외국에서 베트남까지의 배달용역의 경우 C법인이 수취하는 수입금액은 부가가치 세 과세대상이 아니다.
- 베트남에서 외국까지의 배달용역의 경우 C법인이 수취하는 대가의 총액이 수입 금액이다. 이 경우, B법인은 원천징수의무를 부담한다.

(2) 부가가치세율

일반적으로 다음과 같은 부가가치세율이 수입금액에 대하여 적용된다.(FCTc §12 ② a)

사업의 종류	부가가치세율
1. 용역, 기계장치리스, 원자재나 기계장치의 공급을 포함하지 않는 건설이나 설치	5%
2. 생산, 운송, 재화에 수반되는 용역, 원자재나 기계장치의 공급을 포함하는 건설이나 설치	3%
3. 위 이외의 다른 사업활동	2%

혼합활동의 경우 다음과 같이 부가가치세율을 적용한다.(FCTc §12 ② b)

ⓐ 여러 사업활동에 해당하는 계약이나 하청계약의 경우 또는 계약가액의 일부가 부 가가치세 과세대상이 아닌 경우, 수행된 각 사업활동의 수입금액에 대하여 해당 부가가치세율을 적용한다. 각 사업활동의 수입금액을 구분할 수 없는 경우 수입 금액이 큰 사업활동에 대한 부가가치세율을 총수입금액에 대하여 적용한다. 또 한, 원자재나 기계장치를 포함하는 건설이나 설치 활동의 경우 각 사업활동의 가 액이 구분되는 경우 수입단계에서 부가가치세를 납부하여 공제대상이 되는 원자 재나 기계장치에 대하여는 부가가치세를 납부하지 않는다. 이 경우, 원자재 등의 가액을 제외한 나머지 계약금액에 대하여 그 사업활동에 대한 부가가치세율을 적 용한다. 각 사업활동의 가액을 구분할 수 없는 경우 전체 계약금액(수입한 원자재 등의 금액을 포함)에 3%의 부가가치세율을 적용한다. 외국인계약자가 원자재 등 을 포함한 공사계약의 전부나 일부를 하청계약자에게 하청하고 나머지 부분만을

수행하는 경우, 5%의 부가가치세율을 적용한다.

ⓑ 베트남에서 수행되는 용역을 수반하는 기계장치 공급의 경우, 기계장치와 용역의 가액을 구분할 수 있다면 각 부분에 대한 부가가치세율을 적용한다. 기계장치와 용역의 가액을 구분할 수 없다면 3%의 부가가치세율을 적용한다.

> **Case** 부가가치세율의 적용
>
> 《사례 1》외국인계약자 A는 공사금액 7천5백만불(부가가치세 포함금액)의 발전소를 건설하기로 베트남 상대방과 계약한다.
>
> (1) 계약에서 각 사업활동은 다음과 같이 구분된다.
>   - 공급되는 기계장치의 가액은 5천만불이며, 그 중 부가가치세 과세대상 기계장치의 가액은 3천만불이고, 부가가치세 과세대상이 아닌 기계장치는 1천5백만불이며, 보증용역의 대가가 5백만불이다.
>   - 설계용역의 대가는 5백만불이다.
>   - 기타 설치 및 건설 용역의 대가는 1천5백만불이다.
>   - 감독 및 설치자문의 대가는 3백만불이다.
>   - 기술훈련 및 시운전의 대가는 2백만불이다.
>   수입통관을 할 때 부가가치세를 납부한 기계장치의 가액은 3천만불이고, 부가가치세는 납부하지 않은 기계장치의 가액은 1천5백만불이다. A의 부가가치세 납부의무는 공사 및 건설 용역 등에 대하여만 발생한다. 보증, 설계, 감독 및 자문, 기술훈련, 시운전 용역대가는 1천5백만불이고 이에 대하여 5%의 부가가치세율을 적용한다. 건설 및 설치 대가는 1천5백만불이고 이에 대하여 3%의 부가가치세율을 적용한다. 수입된 기계장치에 대하여는 부가가치세를 과세하지 않는다.
>
> (2) 계약에서 각 사업활동의 가치를 구분하지 않으며, 계약금액에 기계장치, 설계, 감독, 설치자문, 기술훈련, 시운전을 포함한다고 규정한다. 수입통관에서 부가가치세를 납부한 기계장치를 공사에 사용한다는 증빙이 없다면 A의 부가가치세는 계약금액의 총액 7천5백만불을 기준으로 계산하며 3%의 부가가치세율을 적용한다.
>
> (3) 외국인계약자 A는 원자재를 포함한 작업 일부를 하청계약자에게 위탁하며, A는 감독용역 등과 같은 용역만을 수행한다. 이 경우 해당 수입금액에 대하여 5%의 부가가치세율을 적용한다.
>
> 《사례 2》베트남 회계기준을 사용하지 않는 한국계약자 H는 베트남 B법인과 계약을 체결하여 설치 및 시운전 용역을 수반하는 기계장치를 공급하기로 하며 그 가액은 1천만불이다. 계약에서 기계장치와 부수용역을 구분할 수 없으므로, 3%의 부가가치세율을 적용한다.

(3) 석유가스탐사 등을 위한 재화 및 용역에 대한 원천징수

석유가스 탐사, 개발 및 추출을 위한 재화나 용역을 제공하는 외국인 계약자나 하청계약자에 대하여 아래와 같은 부가가치세율을 적용한다. 이 경우, 외국인 계약자나 하청계약자는 사업자등록증을 발급받기 전에 발생하는 매입부가가치세를 공제할 수 없다.(FCTc §12 ③)

ⓐ 위와 같은 재화나 용역을 제공하는 외국인 계약자나 하청계약자가 과세표준 신고 방법의 요건에 해당하지 않는 경우, 베트남 상대방은 대가를 지급하기 전에 외국인 계약자 등을 대신하여 부가가치세를 징수하여야 한다. 징수세액은 외국인계약자가 공급하는 재화나 용역에 적용되는 부가가치세율을 지급대가에 곱하여 산출한다.(FCTc §12 ③ a)

ⓑ 외국인 계약자나 하청계약자가 과세표준 신고방법의 요건을 모두 충족하거나 국내사업장에 해당하고, 원가회계기준에 따라 기장을 하는 경우 다음과 같이 처리한다.(FCTc §12 ③ b)

- 외국인 계약자등이 과세표준을 신고할 수 있는 사업자등록증을 발급받지 않은 경우, 베트남 상대방은 외국인 계약자 등에게 대가를 지급할 때 외국인 계약자 등을 대리하여 부가가치세를 원천징수하여야 한다. 원천징수세액은 외국인계약자가 공급하는 재화나 용역에 적용되는 부가가치세율을 지급대가에 곱하여 산출한다.

- 외국인 계약자등이 과세표준을 신고할 수 있는 사업자등록증을 발급받은 경우, 외국인 계약자등은 베트남 상대방에게 해당 과세기간에 발생한 매출계산서를 교부하며, 베트남 상대방은 외국인 계약자 등을 대리하여 부가가치세를 원천징수하고 매입세액을 공제받을 수 있다.

> **Case** 석유가스탐사 등을 위한 재화 및 용역의 부가가치세 원천징수
>
> 2015년 1월 외국인 계약자 A는 계약금액 1백만불의 석유가스 탐사용역계약을 베트남 상대방과 채결한다. A는 사업자등록증을 발급받지 않았으며, 계약을 수행하기 위해 매입한 재화 및 용역의 매입부가가치세는 5백불이다. 2015.3.15. 베트남 상대방은 외국인 계약자에게 100,000불을 지급하며(부가세 제외금액), 베트남 상대방은 A를 대신하여 부가가치세 10,000불(100,000×10%)을 원천징수하여야 한다.

2015.5.1. A는 사업자등록을 하고 사업자등록증을 받았다. 2015년 5월 베트남 상대방은 A에게 200,000불을 지급한다.(부가세 제외금액) 이 경우, 5월에 발생한 A의 매출부가세는 20,000불(200,000×10%)이다.

2015.5.1.부터 5.30.까지 A의 매입부가세는 2,000불이다.(A가 사업자등록을 한 기간에 발생한 부가세) A는 2015년 5월에 발생한 매입계산서를 베트남 상대방에게 교부하며 베트남 상대방은 A를 대리하여 부가가치세를 납부한다. 2015년 5월의 과세기간에 대하여 외국인 계약자가 납부하여야 하는 부가가치세는 18,000불(20,000 - 2000)이다. A는 2015.5.1. 이전에 발생한 매입부가세 5,000불을 공제할 수 없다.

5.2 법인세액의 계산

일반적으로 법인세는 수입금액에 법인세율을 곱하여 산출한다.(FCTc §13)

$$법인세액 = 수입금액 \times 법인세율$$

(1) 법인세 과세대상 수입금액

법인세 과세대상 수입금액이란 외국인 계약자나 하청계약자가 수취하는 대가총액에서 부가가치세를 제외한 것으로 법인세를 포함한 금액을 말한다. 수입금액은 또한 베트남 상대방이 외국인 계약자나 하청계약자를 대신하여 지급한 비용을 포함한다. 구체적으로 수입금액은 다음과 같이 산출된다.(FCTc §13 ① a)

① 수입금액이 법인세를 제외한 금액인 경우

계약에 따라 외국인 계약자 등이 수취하는 수입금액이 외국인 계약자 등이 납부할 법인세를 제외한 금액인 경우, 수입금액은 다음 계산식에 따라 산출된다.(FCTc §13 ① b.1)

$$원천징수\ 수입금액 = \frac{법인세\ 제외\ 수입금액}{1 - 법인세율}$$

수입금액이 법인세를 제외한 금액인 경우

외국인 계약자 A는 베트남 상대방을 위하여 시멘트공장의 공사감독용역을 제공한다. 부가세와 법인세를 제외한 공사금액은 285,000불이다. 또한, 베트남 상대방은 A사의 감독직원을 위하여 숙박과 사무실을 제공하며 그 원가는 38,000불이다.(부가세 및 법인세 제외금액) 외국인 계약자의 법인세를 징수하기 위한 수입금액은 다음과 같이 산출된다.

$$\text{원천징수 수입금액} = \frac{285,000 + 38,000}{(1-5\%)} = 340,000\text{불}$$

② 외국인 계약자가 혼합방법에 따라 부가가치세를 납부하는 경우

베트남 또는 외국인 하청계약자와 계약을 체결한 외국인 계약자가 과세표준 신고 방법으로 법인세를 납부하거나, 외국인 계약자가 베트남 상대방과 계약한 용역의 일부를 하청계약자에게 위탁하는 경우(그 용역의 범위 및 하청계약자가 당초 계약서에 특정된 경우로 한정), 외국인 계약자의 수입금액에는 베트남 또는 외국인 하청계약자가 수행한 용역의 대가를 포함하지 않는다.(FCTc §13 ① b.2 No.1)

외국인 계약자가 계약을 이행하기 위하여 베트남 공급자로부터 용품, 원자재 또는 기계장치를 매입하는 경우, 계약용역이 아닌 내부사용목적으로 재화나 용역을 매입하면 그 재화나 용역의 가액은 외국인 계약자의 수입금액을 결정할 때 공제되지 않는다.(FCTc §13 ① b.2 No.2)

외국인 계약자가 혼합방법에 따라 부가가치세를 납부하는 경우

외국인 계약자 A는 계약금액 9백만불(부가세 제외금액)의 시멘트공장을 건설하여 주기로 베트남 상대방과 계약을 체결한다. 계약에 따라 A는 계약용역의 일부를 하청계약자 B에게 1백만불(부가세 제외금액)에 위탁한다. 또한 공장건설 기간 중에 A는 공장을 짓기 위한 벽돌, 시멘트, 모래와 같은 원자재와 직원들이 사용하는 문구, 차량렌트 및 호텔 숙박과 같은 재화나 용역을 매입한다. 이 경우, A의 수입금액은 다음과 같이 산출된다.

$$\text{수입금액} = 9,000,000 - 1,000,000 = \text{USD } 8,000,000$$

A는 수입금액에서 직원들이 내부적으로 사용하는 재화나 용역의 대가를 공제할 수 없다.

③ 베트남 당사자가 외국인 계약자를 대리하여 신고서를 제출

외국인 하청계약자와 계약을 체결한 외국인 계약자가 원천징수방법으로 법인세를 납부하는 경우, 베트남 상대방이 계약에 따라 외국인 계약자 등에게 지급한 수입금액에 법인세율을 적용하여 원천징수하고 외국인 계약자나 하청계약자를 대리하여 신고서를 제출한다. 베트남 상대방이 법인세를 납부하고 신고서를 제출하는 경우, 외국인 하청계약자는 수취한 대가에 대하여 법인세를 신고납부할 의무가 없다.(FCTc §13 ① b.3)

④ 임대의 경우

기계장치나 자동차 임대의 경우 수입금액은 임대료 총액을 말한다. 기계장치나 자동차 임대 수입금액에 임대인이 직접 지급하는 자동차보험료, 수리 및 등록비용, 기계장치 시운전이나 운송 비용들을 포함하고 비용에 대한 증빙이 있는 경우, 수입금액은 그러한 비용을 제외한 금액으로 한다.(FCTc §13 ① b.4)

⑤ 국제 운송

외국항공사의 수입금액은 승객, 화물 등의 운송으로 베트남 내에서 창출되는 항공권 판매, 화물운송 등의 수입금액(국가나 공공단체 등을 위하여 징수하는 금액 제외)을 말한다.(FCTc §13 ① b.5)

외국해운사의 수입금액은 승객이나 화물 등을 베트남 항구에서 외국으로 운송하거나 베트남 항구들 간에 운송하면서 수취하는 대가의 총액을 말한다.(여정의 중간에 이루어지는 운송도 포함) 법인세 계산을 위해 산출하는 운송료는 외국해운사가 베트남 항구에서 법인세 산출을 위해 이미 포함한 운송료와 베트남 항구에서 중간기착지로 화물을 운송하기 위하여 베트남 운송기업에게 지급한 운송료를 제외한다.(FCTc §13 ① b.6)

> **Case** 국제 운송
>
> 《사례 1》 외국항공사 A는 2013년 1분기 100,000불의 수입금액을 벌었으며 이는 승객 항공권 판매 85,000불, 화물운송료 10,000불, 기내물품판매 5,000불, 공항이용료 등 공과금 1,000불, 항공권반환수수료 2,000불을 포함한다. 이 경우, 2013년 1기 수입금액은 다음과 같이 계산된다.
> • 수입금액 = 100,000 − (1,000 + 2,000) = USD 97,000

《사례 2》A법인은 외국해운사 X의 대리인이다. 운송대리계약에 따라 A법인은 X사를 대리하여 국제운송화물을 받아 선하증권을 발급하고 운송료를 수취할 수 있다. 베트남 B법인은 A를 통하여 X사에게 화물을 베트남에서 미국으로 운송하도록 하고 100,000불을 운송료로 지불한다. A법인은 베트남법인 또는 외국법인의 선박으로 하여금 20,000불에 베트남에서 싱가포르로 화물을 운송하게 하고 싱가포르에서 X사의 선박으로 미국까지 화물을 운송한다. 외국해운사 X의 수입금액은 다음과 같이 계산된다.

• 수입금액 = 100,000 – 20,000 = USD 80,000

⑥ 국제 선·하적, 창고 및 배달 용역

베트남에서 국외로 운송하는 재화의 선·하적이나 보관 용역의 경우(발송인 또는 수취인 중 누가 대가를 지급하는지 여부와 상관없이), 수입금액은 항공 또는 해상 운송회사에게 지급하는 국제운송료를 제외한 외국인 계약자가 수취하는 지급대가 총액을 말한다.(FCTc §13 ① b.7)

베트남에서 국외로 배달하는 배달용역의 경우(발송인 또는 수취인 중 누가 대가를 지급하는지 여부와 상관없이), 수입금액은 외국인 계약자가 수취하는 지급대가의 총액을 말한다.(FCTc §13 ① b.8)

Case 국제 선·하적, 창고 및 배달 용역

(1) 외국법인 A는 국제소포운송용역을 제공한다. A법인의 수입금액은 다음과 같이 결정된다. 이 경우, 외국 발송인 또는 베트남 수취인 중 누가 요금을 지불하는지 여부는 관련이 없다.
   • 외국에서 베트남까지의 배달용역은 법인세 과세대상이 아니다.
   • 베트남에서 외국까지의 배달용역의 경우 A법인이 수취하는 대가의 총액이 수입금액이다.

(2) 베트남법인 B는 국제소포배달용역을 제공한다. B법인은 용역을 수행하기 위하여 국외에서 C법인에게 일정수수료를 지급한다. 이 경우, C법인의 법인세는 다음과 같이 결정된다. 이 경우, 외국 발송인 또는 베트남 수취인 중 누가 요금을 지불하는지 여부는 관련이 없다.
   • 외국에서 베트남까지의 배달용역의 경우 C법인이 수취하는 수입금액은 법인세 과세대상이 아니다.
   • 베트남에서 외국까지의 배달용역의 경우 C법인이 수취하는 대가의 총액이 수입금액이다. 이 경우, B법인은 원천징수의무를 부담한다.

⑦ 국채의 경우

국채투자의 경우 수입금액은 투자자가 보유하는 국채의 만기일에 따라 다음과 같이 계산된다.(FCTc §13 ① b.12)

> 수입금액 = (국채 액면가액 - 만기일의 국채 가중평균 매입가격)

투자자가 보유하는 국채의 만기일 가중평균 매입가격은 다음과 같이 3단계로 계산된다.

1. 만기일에 투자자가 보유하는 국채의 개수를 결정
2. 만기일에 보유하는 국채의 개수, 취득시기 및 취득가액을 선입선출법에 따라 결정
3. 다음 계산식에 따라 가중평균 매입가격을 계산
   $\sum${(매입시부터 만기까지 보유하는 국채의 개수 × 매입시 매입가격) ÷ 만기에 보유하는 국채의 개수}

Case 국채

2015.1.1. 액면가액 100,000동, 만기 6개월인 국채가 1개당 89,000동에 발행되었다. 발행 즉시 국채는 상장되어 증시에서 거래된다. 투자자 A는 2015년 1월 1일부터 7월 1일(만기)까지 다음과 같이 거래를 하였다.

거래일	매입/매출	개 수	가 격
2015.1.2.	매입	100	90,000
2015.2.1.	매입	100	92,000
2015.3.1.	매출	70	93,000
2015.4.1.	매입	40	94,000
2015.5.1.	매출	20	95,000

(1단계) 만기일에 투자자 A가 보유하는 국채의 개수를 결정 : (100 + 100 + 40) - (70 +20) = 150개

(2단계) 선입선출법에 따라 판매한 국채수를 차감하고 만기일에 투자자 A가 보유하는 국채의 개수, 취득시기 및 취득가액을 결정 : 만기일에 150개로 다음과 같음
- 10개 90,000동에 2015.1.2. 매입
- 100개 92,000동에 2015.2.1. 매입

- 40개 94,000동에 2015.4.1. 매입

(3단계) 다음 계산식에 따라 가중평균 매입가격을 계산
- 가중평균 매입가격 : [(40×94,000+100×92,000+10×90,000)÷150] = 92,400동
- 만기일에 투자자가 수취한 국채의 수입금액 : (100,000－92,400)×150 = 1,140,000동

⑧ 기타 특별한 경우

ⓐ 재보험의 경우 수입금액은 다음과 같이 결정된다.(FCTc §13 ① b.9)
- 재보험을 국외로 인도하는 경우 수입금액은 재보험의 인도로 외국인 계약자가 수취하는 수수료(계약에 따라 고객에게 전가하는 재보험수수료 및 면책비용 포함)를 말한다.
- 국외에서 재보험을 인수하는 경우 수입금액은 외국인 계약자가 수취하는 재보험 인수 수수료를 말한다.

ⓑ 증권이나 예금증서의 양도의 경우 수입금액은 양도일 현재 증권이나 예금증서의 양도로 수취하는 대가의 총액을 말한다.(FCTc §13 ① b.10)

ⓒ 이자율스왑거래의 수입금액은 외국인 계약자가 1역년 동안 수취하는 미수이자와 지급이자의 차액을 말한다. 역년에 의한 과세연도의 결정은 법인세법 및 조세관리법의 규정을 준용한다.(FCTc §13 ① b.11)

> **Case** 대여금 거래
>
> A은행은 연 5.2%의 이자율로 1천만불의 대여금을 제공한다. 계약기간은 3년으로 2012.2.1.부터 2015.1.31.이다. 이자의 지급기일은 6개월로, 매 6개월마다 이루어진다. 대여금계약에 근거하여 A은행은 외국은행 B와 이자율스왑계약을 다음과 같이 체결한다.
> - 계약기간은 3년으로 2012.2.1.부터 2015.1.31.이다. 이자지급은 매 6개월마다 이루어진다.
> - A가 B에게 지급하는 변동이자율은 Libor+0.25%이다. B가 A에게 지급하여야 하는 고정이자율은 5.2%이다. 이는 변동이자율이 고정이자율보다 높은 경우 B는 5.2%와 Libor+0.25%의 차이에 상당하는 이자금액을 A로부터 받아야 한다는 의미이다. 반대로 변동이자율이 고정이자율보다 낮은 경우 B는 고정이자율과 변동이자율의 차이에 상당하는 이자금액을 A에게 지급하여야 한다. Libor의 변동에 따라 A가 B로부터 수취하거나 지급하는 이자금액은 다음과 같다.

기 간	Libor	A⇒B	B⇒A	상계 후 이자율 A	상계 후 이자율 B	소득($1,000) A	소득($1,000) B
2012.2.1.~2012.7.31.	4,80	5,05	5,20		0,15	–	15
2012.8.1.~2013.1.31.	5,00	5,25	5,20	0,05		5	
2013.2.1.~2013.7.31.	4,90	5,15	5,20		0,05		5
2013.8.1.~2014.1.31.	4,95	5,20	5,20	0,00		–	–
2014.2.1.~2014.7.31	4,90	5,15	5,20		0,05		5
2014.8.1.~2015.1.31.	5,05	5,30	5,20	0,10		10	

B의 수입금액은 다음과 같다.

- 2012년 : (15,000 – 5,000) = USD 10,000
- 2013년 : (5,000 – 0) = USD 5,000
- 2014년 : B의 수입금액은 없으며 5,000불을 지급하여야 함
- 2015년 : 계약에 따라 A와 B의 상계지급은 없음

(2) 법인세율

일반적으로, 다음과 같은 법인세율을 수입금액에 적용한다.(FCTc §13 ② a)

사업활동 유형	법인세율
1. 증권이나 예탁증서의 양도, 해외 재보험, 재보험 인수수수료	0.1%
2. 도매 ; 재화, 원자재, 기구 및 기계장치의 판매나 공급, 베트남에서 용역에 수반한 재화 등의 판매나 공급(현지 수출이나 수입 방식의 재화공급 및 도착조건부 재화공급을 포함하며, 외국 법인이나 개인을 위한 재화의 가공은 제외)	1%
3. 파생금융상품 용역	
4. 항공기, 항공기 엔진이나 부품 및 선박의 리스	
5. 건설 및 설치(원자재, 기계장치 포함 또는 제외)	2%
6. 기타 생산업, 운송(항공 및 해상 포함)	
7. 용역, 보험, 기계장치 리스, 시추장비 리스	
8. 대여금 이자	5%
9. 음식점, 호텔 및 카지노 관리용역	
10. 저작권 소득	10%

다음과 같은 특별한 경우에는 주의를 요한다.(FCTc §12 ② b)

① 계약에 여러 사업활동들을 포함하는 경우

계약이나 하청계약에 여러 사업활동들을 포함하는 경우 법인세액을 결정하기 위하여 적용하는 법인세율은 각 사업활동의 수입금액을 기준으로 적용한다. 사업활동을 구분할 수 없는 경우, 그 사업활동들에 적용되는 법인세율 중 가장 높은 법인세율을 전체 계약금액에 적용하는데, 특히 건설작업에 부수되는 원자재나 기계장치를 포함하는 건설이나 설치활동의 경우 그러하다. 계약서에서 각 사업활동의 가액을 구분할 수 있는 경우 각 사업활동의 수입금액에 해당 법인세율을 적용한다. 계약서에서 각 사업활동의 가액이 구분되지 않는 경우, 총 계약금액에 2%의 법인세율을 적용한다. 외국인계약자가 하청계약자에게 원자재나 기계장치를 포함하는 작업의 전부 또는 일부를 위탁하고 외국인계약자는 계약에 따른 다른 용역만 수행하는 경우, 용역에 적용하는 5%의 법인세율을 그 수입금액에 적용한다.(FCTc §12 ② b.1)

> **Case** 계약에 여러 사업활동들을 포함하는 경우
>
> 외국인계약자 A는 7천5백만불(부가세 제외 법인세 포함) 계약금액의 발전소를 건설하여 주기로 베트남 당사자와 계약을 체결한다.
> (1) 계약에서 각 사업활동을 다음과 같이 구분할 수 있는 경우
>   - 건설을 위하여 제공되는 기계장치 : 5천만불. 그 중 기계장치는 4천5백만불이며 보증용역은 5백만불
>   - 기계장치 및 기타 설계 : 5백만불
>   - 건설사무실, 기타 부수용역, 건설 및 설치 용역 : 1천5백만불
>   - 감독용역, 설치지휘 : 3백만불
>   - 기술훈련, 시운전 : 2백만불
>
>   법인세율은 다음과 같이 적용된다. 기계장치 4천5백만불에 대하여 1%, 건설 및 설치 1천5백만불에 대하여 2%, 나머지 용역 1천5백만불에 대하여 5%
> (2) 계약에서 각 사업활동을 구분할 수 없는 경우 : 전체 계약금액 7천5백만불에 대하여 2% 법인세율을 적용
> (3) 외국인계약자 A가 원재료를 포함하는 작업의 일부를 하청계약자에게 위탁하고, 외국인계약자는 용역부분을 수행하는 경우 : 용역부분에 5%의 법인세율을 적용한다.

② 기계장치에 수반되는 용역의 제공

베트남에서 수행되는 용역을 수반하는 기계장치의 공급계약의 경우, 기계장치의 가액과 용역의 가액을 구분할 수 있다면 각 사업활동의 가액에 해당 법인세율을 적용한다. 구분할 수 없는 경우에는 수입금액에 2%의 법인세율을 적용한다.(FCTc §12 ② b.2)

> **Case** 기계장치에 수반되는 용역의 제공
>
> 외국인계약자 A는 7천만불의 기계장치를 설치하여 주기로 하고 베트남 당사자와 계약을 체결한다. 계약금액은 다음과 같이 구분된다.
> - 기계장치 : 6천만불
> - 기계장치 설계 및 기타 설계 : 5백만불
> - 감독 및 설치지휘 : 3백만불
> - 기술훈련 및 시운전 : 2백만불
>
> 기계장치와 용역의 가액을 구분할 수 있는 경우, 도매에 적용하는 1%의 법인세율을 기계장치의 가액에 적용하고 용역에 적용하는 5%를 용역의 가액에 적용한다.
> 기계장치와 용역의 가액을 구분할 수 없는 경우, 2%의 법인세율을 전체 계약금액에 적용한다.

(3) 보상이나 배상

거래상대방의 계약위반으로 수취하는 보상의 경우 보상금액이 손해가액을 초과하는 때에는 그 초과금액에 대하여 법인세를 과세한다. 손실보상소득의 경우, 외국인계약자는 수입금액에 법인세율을 적용하여 법인세를 신고하거나, 또는 법인세법에 따른 일반 법인세율을 적용하는 과세표준 신고방법에 따라 법인세를 신고할 수 있다.(FCTc §13 ③)

⑥ 혼합방법

(1) 혼합방법의 의미

혼합방법이란 부가가치세법에 따른 세액공제방법으로 부가가치세를 납부하고, 원천징수방법에 따른 법인세율을 수입금액에 곱하여 법인세를 납부하는 방법을 말한다. 외국인 계약자나 하청계약자가 과세표준 신고방법의 2가지 요건(국내사업장 또는 183일 요건)을 모두 충족하고 원가회계기준에 따라 기장하는 경우 관할세무서에 혼합방법에 따라 외국인계약자세를 납부한다는 신청을 할 수 있다.(FCTc §14)

(2) 과세표준의 계산

① 부가가치세

부가가치세는 부가가치세법에 따라 계산한다.(FCTc §15)

② 법인세

법인세는 원천징수방법에 따라 계산된다.(FCTc §16)

제6장 이전 가격

① 정상거래원칙과 특수관계기업

1.1 정상거래원칙(Arm's Length Principle)

특수관계인과 거래를 하는 납세자는 이전가격을 신고하여야 하고, 독립거래와 동일한 거래가 되기 위해서 특수관계로 인하여 납세부담을 줄이는 요소를 제거해야 한다.(TPd §3 ①)

'관계거래'란 제조와 영업과정에서 특수관계인들 간의 거래를 말하며, 이에는 매입, 판매, 교환, 고용 및 임대, 기계장치 및 재화·용역의 이전과 배치 ; 대여, 차입, 금융용역, 재정보증 및 기타 파생상품 ; 유형자산과 무형자산과 같은 자산의 구입, 판매, 교환, 사용 및 임대, 이전 및 인적자원의 활용의 협력을 포함한다.(TPd §4 ③) '정상거래'란 특수관계가 없는 제삼자들 간의 거래를 말한다.(TPd §4 ④)

과세당국은 납세부담을 줄이는 특수관계 거래가격을 부인하기 위하여 정상거래원칙을 적용하여 관계거래에 대해서 관리하고 확인하고 조사한다. 이를 위하여 이전가격 원칙에 따라 납세의무를 정확하게 확정해서 이전가격을 조정하여야 한다.(TPd §3 ②)

정상거래원칙은 베트남에서 유효한 조세조약에 따라 특수관계가 없는 제삼자들의 거래에 적용되는 방법과 같은 방식으로 적용되어야 한다.(TPd §3 ③) '정상거래원칙' 이란 납세자의 사업활동을 분석하기 위하여 사용하는 원칙으로, 같거나 비슷한 조건에서 이루어지는 거래를 기준으로 관계거래의 성격을 정의하고, 상업적, 경제적, 재무적 특성의 관점에서 관계거래가 독립거래와 같은지 아니만 관계거래의 영향을 받았는지를 확인하며, 그러한 특수관계가 납세자의 납세부담에 영향을 미치는지 여부를 확인한다. 정상거래원칙은 같거나 비슷한 환경의 독립거래와 비교하기 위하여 관계거래 정보와 실제 기초하며, 특수관계인들 간의 계약에 있는 거래형식에 영향을 받지 않는다. 관계거래에 존재하는 상업적, 경제적, 재무적 특성을 같거나 비슷한 조

건의 독립거래와 비교한다.(TPd §4 ⑧)

1.2 특수관계인의 정의

특수관계인이란 어느 법인이 다른 법인의 직간접적으로 경영, 지배나 지분에 참여하는 경우에 다음과 같은 조건을 충족하는 것을 말한다.(TPd §5 ① · ②)

① **지분소유 관계**

ⓐ 한 기업이 다른 기업의 지분을 25% 이상 직간접적으로 소유한 경우

ⓑ 두 기업이 제삼자의 기업에 의해 25% 이상 직간접적으로 소유된 경우

ⓒ 한 기업이 다른 기업의 최대주주이면서 다른 기업의 지분을 10% 이상 직간접적으로 소유하는 경우

② **실효지배 관계**

ⓐ 한 기업이 다른 기업에 지급보증하거나 대출하는 금액이 다른 기업 자본금의 25% 이상이고 장기차입금의 50% 이상인 경우

ⓑ 한 기업이 다른 기업의 대표이사를 선임하거나 이사회 구성원 50% 이상을 선임하여 재무정책과 사업활동을 결정하는 이사회 구성원이 결정되는 경우

ⓒ 제삼자에 의해서 두 기업들의 50% 이상의 이사회 구성원을 지정하거나 재무정책과 사업활동을 결정하는 이사회 구성원이 결정되는 경우

ⓓ 개인이나 그의 특수관계인들이 두 기업들의 인사, 재무, 사업활동을 관리하거나 지배하는 경우

ⓔ 두 기업들이 거래를 하거나, 외국기업이나 개인의 본사와 국내사업장이 거래를 하거나, 국내사업장들 간에 거래를 하는 경우

ⓕ 하나 또는 많은 기업들이 지분참여나 경영에 직접 관여하는 한 개인의 지배하에 있는 경우

ⓖ 한 기업이 다른 기업의 사업활동을 실질적으로 관리하거나 지배하는 경우

② 비교대상

2.1 비교대상의 선정

(1) 내부, 외부, 외국의 비교대상

내부비교대상의 선정은 납세자와 제삼자 사이의 거래이면서 비교가능성이 있어야 하며, 가격, 이익률 및 이익분할에 있어 중요한 차이가 있어서는 안 된다. 내부비교 대상이 없는 경우, 외부비교대상이 검토된다.(TPd §6 ② a No.1) 비교대상을 선정할 때 아래의 순서에 따라 선택한다.(TPd §9 ③)

> 1. 납세자의 내부비교대상 거래
> 2. 납세자의 국가나 지역 안에 있는 비교대상
> 3. 같거나 비슷한 경제수준의 다른 지역의 비교대상. 다른 지리적 시장에서 활동하는 해외 비교대상의 경우 비교가능성 분석과 양적, 질적 차이에 대한 분석이 필요하다.
>   (TPd §6 ③ e, §7 ②)

(2) 신뢰성과 비교시점(Reliability and timely manner)

비교대상의 재무자료가 세무신고와 평가목적에 사용되기 위해서는 신뢰성이 보장 되어야 하고 회계, 통계, 세무의 규정에 부합하여야 한다. 비교대상들의 거래시기는 특수관계인의 거래시기 또는 회계연도와 일치하여야 하지만, 비교대상 연도를 확대 하여야 하는 특별한 사정이 있는 경우에는 예외로 한다. 관련자료는 거래시기에 가 격수준을 비교하고 계산하기 위한 기준에 맞추어 구성되어야 한다. 이익률과 이익분 할에 대한 비교가능성 분석자료는 연속되는 3개 과세연도분을 수집하여야 한다. 비 율 또는 비교비율의 소수점의 경우 둘째자리까지 반올림을 한다. 관련자료에서 얻은 상대값이 절대값 기준으로 표시되지 않거나 반올림되지 않은 경우 자료의 출처를 명 확히 밝히는 경우 인정된다.(TPd §6 ② b)

(3) 비교대상의 선정(Selection of comperables)

비교대상의 숫자는 아래와 같이 비교가능성 분석과 중요한 차이의 조정을 거쳐 정해진다. 납세자가 관계거래와 독립거래를 하고 두 거래의 차이가 없는 경우 1개의 비교대상을 선정할 수 있고, 비교대상 독립거래들의 중요한 차이를 조정하기 위한 자료와 정보가 충분하지 않는 경우에는 3개의 비교대상을 선정할 수 있으며, 비교대상 독립거래들 사이에 존재하는 중요한 차이를 제거하기 위한 자료와 정보가 거의 없는 경우에는 5개 이상의 비교대상을 선정할 수 있다.(TPd §6 ② c No.1) '중요한 차이'란 거래 당사자들의 가격이나 소득에 의미 있고 중요한 영향을 미치는 자료나 정보의 차이를 말한다.(TPd §4 ⑥)

선정된 비교대상들의 신뢰성이 떨어지면 통계적 방법으로 정상가격범위를 산정한다. 이 경우, 정상가격범위의 중위값을 정상가격으로 본다.(TPd §6 ② c No.2)

독특하고 특별한 성격이 있는 관계거래로 인해 독립된 비교대상을 찾기가 쉽지 않을 때에는 비교대상을 찾기 위해서 산업분야, 지리적 시장과 비교시기의 범위를 넓혀야 한다. 이 경우, 비교대상범위를 납세자가 포함된 산업분류와 가장 비교가능성이 높은 산업분류에서 비교대상을 동일시장에서 선정하고, 유사한 산업조건과 경제수준의 국가의 시장으로 확대한다.(TPd §6 ② d No.1)

비교대상의 범위를 다른 지리적 시장으로 확대할 경우 비교대상의 질적, 양적 분석이 필요하고 중요한 차이를 조정하여야 하며, 이전연도의 비교대상들로부터 수집한 자료와 정보를 기간차이에 따른 조정을 거쳐 사용하기도 한다.(TPd §6 ② d No.2)

납세자의 회계연도와 비교하기 위하여 비교대상도 같은 회계연도의 자료와 정보를 수집하여야 한다.(TPd §6 ② d No.3)

2.2 데이터베이스의 사용

(1) 납세자가 사용하는 데이터베이스

납세자는 이전가격분석에서 다음과 같은 데이터베이스를 사용한다.(TPd §9 ①)

ⓐ 정보제공회사가 제공하는 상용데이터베이스로 공개적으로 공표, 유지, 갱신, 관리되고 사용되는 정보원천으로부터 수집된 회사의 재무정보와 회사자료

ⓑ 주식시장에서 공표되고 공개되는 회사 정보와 자료

ⓒ 국내와 국외의 재화·용역 시장에서 공개되는 자료와 정보

ⓓ 정부부처나 다른 공공정보원천으로부터 공개되는 정보

(2) 과세당국이 사용하는 데이터베이스

이전가격 관리를 위해서 과세당국은 다음과 같은 데이터베이스를 사용할 수 있다.(TPd §9 ②)

ⓐ 납세자가 사용하는 데이터베이스(TPd §9 ①)

ⓑ 체약국의 권한있는 과세당국과 교환된 자료와 정보. '체약당사자의 권한있는 과세당국'은 베트남과 조세조약을 체결한 당사국의 과세당국을 의미한다.(TPd §4 ②) '조세조약'이란 베트남과 상대방 체약국 사이에 체결된 이중과세 방지와 조세회피 방지를 위한 조약으로, 베트남에서 현재 효력이 발생된 조약을 말한다.(TPd §4 ①)

ⓒ 정부부처에 의해 만들어져 과세당국이 이용가능한 정보

ⓓ 과세당국이 보유한 데이타베이스. 이는 조세관리법에 따라 과세당국이 구축-관리하는 자료와 정보를 말한다. 이 데이터베이스는 납세자의 납세의무를 결정하기 위한 것으로 과세당국이 다양한 경로를 통해서 수집-분석-저장-갱신한다. 이에는 해외 과세당국과의 정보교환에 의해 수집된 것을 포함한다.(TPd §4 ⑦) 납세자가 세법규정을 위반할 경우 과세당국은 보유하는 데이터베이스를 이전가격의 위험을 관리하고 과세하는 데 사용할 수 있다.(TPd §12 ③)

③ 비교가능성 분석

비교가능성 분석에서 관계거래와 독립거래에 대해 비교가능성을 확인하여야 하고 당사자들 간의 가격이나 소득에 영향을 미치는 중요한 차이가 없어야 한다. 가격이나 소득에 영향을 미치는 중요한 차이가 있는 경우, 비교가능성 요소와 적정한 이전가격방법에 따라 중요한 차이를 분석, 결정, 조정, 제거하여야 한다.(TPd §6 ②)

3.1 비교가능성 분석요소

비교가능성분석에서 선택된 비교대상들에 대해 비교가능성 요소들의 중요한 차이를 비교하고 검토하고 조정한다. 비교가능성 분석요소에는 재화·용역의 특성, 기능, 자산, 사업위험, 거래가 일어나는 계약조건과 경제적 조건 등이 있다.(TPd §6 ③ a)

기능, 자산 및 위험의 분석에서 자산, 자본 및 비용의 사용과 관련된 중요기능을 결정하여야 하는데, 이는 인적자원의 활용, 특수관계인 간 비용배분, 사업거래 수익성과 관련된 위험이나 자산이나 자본투자의 위험을 포함한다. 특수관계기업 간 수행되는 실제사업활동에서 발생되는 위험의 결정이나 조정에 있어 기능분석을 고려하여야 한다.(TPd §6 ③ b)

무형자산에 대한 비교가능성 요소의 분석에서 당사자들 간 계약에 따라 발생하는 경제적 이익과 실제로 경제적 이익을 창출하는 계약 이외의 관계들을 검토하고 분석하여야 한다. 무형자산의 분석에서 자산의 소유권, 무형자산으로 얻는 예상이익, 무형자산 사용권의 지리적 제한, 무형자산의 사용연한, 경제적 이익을 창출하는 권리와의 관계, 무형자산 개발 참여권의 배분 및 무형자산의 개발, 개선, 보호 및 사용의 전과정에 각 관계기업의 실제사업위험을 통제하는 기능 및 능력을 고려하여야 한다. (TPd §6 ③ c)

경제적 조건의 분석에서 지리적 위치, 특정기능 같은 요소들에 기인한 비용절감, 납세자가 활동하는 시장의 발전수준 및 산업의 경제적 상황을 고려하여야 한다.(TPd §6 ③ d)

이러한 분석결과에 따라 구체적인 이전가격방법에 맞는 비교대상을 선정할 수 있다.(TPd §6 ③ e)

(1) 재화·용역의 특성(TPc §2 ③ a)

재화·용역의 특성은 가격에 영향을 미치는 요소로 정의할 수 있다. 유형자산의 경우 물리적 특성, 형태, 품질, 재화의 상표권, 신뢰성, 공급되는 물량과 이용가능성, 용역의 경우 특성, 복잡성, 전문성과 용역의 범위, 무형자산의 경우 거래의 형태, 자산의 형태와 유형, 보호의 정도와 기간, 이전시점, 이전권한, 자산사용의 예상이익을 들 수 있다.

무형자산의 경우, 특성 및 당사자들 간 이익배분가능성은 법적 소유권뿐 아니라 특수관계인들 간의 무형자산 개발, 개선, 유지 및 보호의 모든 과정에 대한 위험관리를 위해서 위험요소 및 재무능력의 관리활동을 고려해야 한다. 무형자산의 특성에는 독점성, 법적 보호기간, 특허에 의해 설정된 권리, 보호기간, 개발, 개선, 갱신 권한, 무형자산의 예상이익 등이 포함된다.

무형자산 특성의 분석은 거래과정에서 배정되고 사용된 무형자산 결정 ; 무형자산의 개발, 개선, 유지, 보호 및 사용의 경제적 중요성 ; 무형자산의 법적 소유권에 대한 계약, 계약상 조건이나 등록 및 기타 계약상 합의 ; 무형자산의 사용기능 및 무형자산 개발, 개선, 유지, 보호 및 사용의 위험관리기능의 수행 당사자 ; 계약조건 및 당사자들의 실제 이행상황 ; 당사자들의 법적 소유권이나 기타 계약조건 등에 따른 무형자산 개발, 개선, 유지, 보호 및 사용의 실제 관계거래 ; 당사자들의 기여도와 기능, 자산 및 위험에 따른 적절한 거래가격 산정을 포함한다.

(2) 기능, 자산 및 위험(TPc §2 ③ b)

각 당사자가 수행하는 기능, 기회비용과 관련된 위험, 납세자의 산업분야나 지리적 위치에 따른 경제적 조건을 분석하여 그러한 기능, 자산 및 위험을 기반으로 납세자가 사업활동으로 수익을 창출할 가능성을 결정한다.

사용자산 및 부담위험을 고려하여 납세자가 수행한 기능으로 이익을 창출할 가능성에 대한 분석결과는 다음과 같이 정의된다.

① 다국적기업그룹의 가치사슬(Value chain)에서 분석대상기업의 주요기능은 위탁연구용역 수행, 연구개발 및 제품디자인 ; 제조 또는 하청제조, 계약제조, 가공, 조립, 장비설치 ; 원재료 매매관리 및 기타 매매활동 ; 도매, 제한위험의 도매, 판매대리, 소매와 유통 ; 법무, 재무와 회계, 채권회수, 직원교육과 관리 등의 지원용역 ; 운송, 보관 용역 공급 ; 마케팅, 광고, 시장 조사 활동 등의 브랜드 개발 및 다른 기능 이행 등이 포함된다.

② 기업의 주요자산은 무형자산 및 유형자산을 포함하며, 무형자산은 기술노하우, 저작권, 영업노하우, 제조노하우, 발명특허 등을 말한다. 사업 및 마케팅활동과 관련된 무형자산에는 브랜드, 브랜드 신설 및 구축, 거래처명단, 고객 관리 및 관

계 등이 포함된다. 유형자산에는 공장 및 기계장치, 이들 자산으로 창출하는 금융 자산, 권리 및 경제적 이익을 포함한다.

③ 기업의 주요위험은 시장 침투, 확장 또는 유지의 사업전략수행에 따른 전략위험 또는 시장위험 ; 기반시설위험 및 재고위험 ; 신용위험 및 대손위험 등의 금융위험, 환율위험 ; 가격 및 지급조건 등의 사업거래위험 ; 제품 디자인, 개발 및 제조, 품질 관리와 보증 등의 제품위험 ; 자본투자 및 고객감소 등의 사업위험, 천재지변의 위험을 포함한다. 다국적기업그룹의 가치사슬에서 분석대상의 사업위험분석은 중요한 위험을 식별하고 위험을 관리하며 위험이 발생할 때 처리하기 위한 것이다.

(3) 계약 조건(TPc §2 ③ c)

거래의 계약조건에는 거래수량, 거래조건 및 제품유통 관련 조건 ; 지급 기한, 조건 및 결제방식 ; 판매제품의 보증, 대체, 개선, 수정 또는 조정의 조건 ; 품질통제, 사용자 주의, 광고판촉활동의 지원 및 자문과 같은 조건 등이 포함한다.

계약서, 문서 또는 동의서의 계약조건이 특수관계기업 간의 실제를 적절히 반영하지 않은 경우 비교가능성 분석은 당사자들의 사업실제에 대한 경제적 특징, 성격 및 위험을 식별하기 위하여 실제내용이나 또는 재무자료를 토대로 이루어져야 한다.

특수관계기업들이 기술지원, 다국적기업그룹의 동반효과, 사업노하우의 공유, 파견 또는 이중계약 직원의 사용으로 인한 매출 또는 비용을 인식하지 않기 위하여 계약서 등을 작성하지 않는 경우, 비교가능성 분석에서 이 거래의 성격 및 가치, 이 거래로 창출되는 소득 및 각 당사자의 기여도를 결정하여야 한다. 이는 같거나 비슷한 조건에서 독립기업들이 받아들일 수 있는 사업판단과 비교하는 기초가 된다.

(4) 경제적 조건(TPc §2 ③ d)

거래 당시의 경제적 조건 및 시장상황은 당사자들의 가격, 이익수준 및 이익분할 비율에 영향을 미친다.

경제적 조건에는 거래규모, 제품의 제조·소비시장의 지리적 위치, 소매·도매나 독점판매의 시장수준, 판매제품의 경쟁력, 매입자 및 판매자의 상대적 경쟁수준, 대체재 가능성 ; 일반시장의 수요공급수준 및 특정지역의 수요공급수준 ; 소비자 매입력 ; 조세지원정책 등 제품원가에 영향을 미치는 경제적 요소 ; 정부의 시장규제 ; 제조, 토지, 노동 및 자본 원가 ; 납세자의 가격, 이익률 및 이익분할비율에 영향을 미치는 사업주기 및 요소(지리적 원가절감, 지리적 시장 등) 등이 있다.

납세자 및 비교대상이 동일한 국가나 지역에 소재하지 않거나 동일한 시장에 재화·용역을 공급하지 않는 경우, 경제적 조건의 분석에서 인건비, 재료비, 운송비, 토지임차료, 교육비, 보조금, 조세지원정책, 기반시설사용료, 시장 성장수준 등 경쟁에 영향을 미치는 상대적 이점 및 지리적 원가절감을 고려하여야 한다.

3.2 비교가능성 분석 절차

(1) 비교가능성 분석 절차

비교가능성분석은 다음과 같은 절차로 이루어진다.(TPd §6 ④, TPc §2 ④)

① 납세자가 수행한 관계거래들을 수집하여 거래의 특성 결정

② 아래 절차에 따라 비교가능성 분석 및 비교대상 검색·선정

ⓐ 비교가능성의 범위, 대상 및 요소를 식별. 이에는 비교 시점과 기간, 기능, 자산, 위험에 대한 정보 ; 제품특성 ; 계약의 조건 ; 거래의 경제적 조건 ; 정상가격산출을 하게 되는 특수관계인을 선택하기 위해 당사자들의 업종, 시장, 사업환경, 재화·용역거래 및 자산의 분석을 포함한다.

ⓑ 비교대상의 검색 및 평가. 정상거래원칙에 따라 비교대상들의 신뢰성과 독립성을 바탕으로 내부비교대상을 우선 검토하고, 검색기준을 설정하고 유사한 비교대상을 검색하기 위해 데이터베이스를 사용한다. 분석정보 및 비교대상 자료에 따라 검토대상 특수관계인의 사업과 위험과 일치하는 적절한 이전가격방법을 선택한다.

ⓒ 양적, 질적 분석의 기준으로 선정한 비교대상의 유사성 및 신뢰성의 수준 검토. 유사성 수준을 확인하기 위하여 선정된 비교대상의 경제적, 산업적 재무적 정보를 비교하고, 중요한 차이를 식별하고 그 차이를 조정한다. 유사한 비교대상의 재무자료를 기준으로 납세자의 거래가격이나 소득을 조정한다.

③ 비교가능성 분석결과에 따라 납세자의 거래가격이나 소득의 수준을 확인하여 납세자의 적정 납부세액을 결정한다.

(2) 거래의 구분과 통합

관계거래와 독립거래를 비교하는 경우, 개별거래를 개별 비교대상거래와 비교하여야 한다. 특정거래를 비교할 수 없어서 거래를 통합하여야 하는 경우, 사업의 실질과 특성이 보장되어야 하고, 적절한 이전가격방법을 관계거래를 평가하는 데 사용하여야 한다.(TPd §6 ② a No.2)

(3) 양적차이와 질적 차이(TPc §2 ③ dd)

납세자와 비슷한 비교대상을 찾고 선택하기 위한 양적, 질적 기준에 따라 이루어지는 비교가능성 분석은 납세자의 가격, 이익률, 또는 이익분할비율을 납세자와 비슷한 비교대상을 찾는 데 도움을 준다.

양적분석기준에는 매출규모, 자산, 운전자본, 재고, 수출비중 등과 같은 재무지표 ; 무형자산가치, 연구개발원가 등의 무형자산지표 및 기타 양적차이들이 있다.

해당 사업기간에 대하여 납세자와 비교대상을 비교하는 경우 양적, 질적 차이는 가격, 이익률 및 이익분할비율에 중대한 영향을 미친다. 납세자와 비슷한 비교대상을 탐색하고 선택하기 위하여 이러한 차이를 고려하여야 한다.

중요한 차이를 유발하는 양적, 질적 차이에 따라 비교대상의 거래가격이나 이익률 차이를 납세자가 조정하지 않는 경우, 납세자는 신뢰성과 유사성을 높여서 정상가격 범위를 산정하기 위하여 비교대상을 다시 탐색하여 선택하여야 한다.

(4) 사실관계에 따른 분석

관계거래에서 법적 효력이 있는 합의, 문서 및 계약에 기술되는 거래의 성격은 당사자들의 실제거래를 비교해야 한다. 납세자가 서면계약 없이 관계거래를 하거나, 정상거래원칙에 맞지 않는 관계거래를 하는 경우 관계거래를 제삼자들 거래의 성격에 따라 새롭게 구성하여야 하는데, 즉 관계기업들이 관계거래로 납세자로부터 수입이나 소득을 수취하는 거래에서 관계기업들은 재화·용역의 거래에 대한 위험을 보유하고 통제하여야 한다. 또한, 관계기업들과 거래를 하면서 비용을 쓰는 납세자는 정상거래원칙에 따라 직접 경제적 이익을 수취하거나 매출이나 사업가치의 증가를 보아야 한다.(TPd §6 ①)

특수관계거래의 계약 등에 기술된 거래가 실제로 이루어졌는지 아래와 같은 방법으로 검토하고 비교하여야 한다.(TPc §2 ①)

1. 계약당사자들의 의무, 이해관계 및 책임을 결정하기 위하여 특수관계인과의 계약서 (부록 및 수정계약서 포함) 등에 명시된 납세자의 정보를 수집하고 관계거래의 성격 및 상업적 재무적 관계를 판단
2. 납세자의 실제 사업활동 및 기능에 대해 분석. 계약서 등에 기술된 것과 실제거래를 비교, 독립기업들의 사업활동 및 사업관계를 기초로 특수관계기업들의 계약서 등의 사실관계를 분석 ; 비교가능성 요소 분석. 특수관계거래의 실제가 계약서 등에 기술된 내용과 다른 경우 실제로 이루어진 관계거래에서 수집한 정보를 기초로 비교가능성 분석 및 이전가격방법 선정. 실제 이루어진 관계거래가 독립거래의 사업활동과 다른 경우 정상거래원칙 및 실질과세원칙에 따라 당사자들의 관계거래를 다시 판단. 관계거래나 위험배분이 독립기업의 경제적, 재무적, 상업적 관계와 다른 경우 다시 판단하여 비교가능성 분석 및 이전가격방법 선택
3. 실제 관계거래는 계약서 등에 기술된 납세자의 관계거래와 같거나 비슷한 독립기업 들이 수행하는 사업거래를 비교. 비교가능성 분석에서 특수관계기업의 실제 거래 및 부담위험이 서면계약에 우선한다.

(5) 가격 조정

선정된 비교대상과 이전가격방법에 따라 조정된 납세자의 가격이나 소득을 적용하여 납세자의 법인세를 결정한다. 다만, 감액조정을 할 수 없다.(TPd §6 ② dd) 이 경우 납세자의 가격이나 소득은 비교가능성 분석에 따라 선정된 비교대상의 가격이나 소득을 기준으로 조정된다.(TPc §3 ③ a)

조정된 가격이나 소득을 반영하여 납세자의 과세소득을 계산하며, 다만 이러한 조정으로 납세자의 과세소득을 감액하지 않는다. 납세자가 이전가격조정을 하지 않는 경우에는 가산세를 납부하여야 한다.(TPc §3 ③ c)

(6) 정상가격범위

'정상가격범위'란 데이터베이스에 따라 과세당국이나 납세자가 선택한 비교대상들의 가격이나 소득의 범위를 말한다. 정상가격범위의 값들은 같거나 비슷한 수준의 비교가능성 및 신뢰성이 있다. 필요한 경우 일반적이고 전형적인 성격의 거래에서 비교대상의 신뢰성을 증가시키기 위해 통계방법을 사용할 수 있다.(TPd §4 ⑨) 가격이나 소득의 조정을 위한 정상가격범위는 아래와 같다.(TPc §2 ②)

ⓐ 신뢰할 만한 자료가 없거나 중요한 차이를 조정하지 못하는 경우 정상가격범위의 결정을 위해 사분위범위를 사용한다. 사분위값은 비교대상 가격이나 소득의 낮은 값부터 높은 값까지 나열하여 사등분하여 설정한다. 사분위범위에 의해 결정되는 정상가격범위는 1사분위 값부터 3사분위 값이며, 2사분위 값을 중위값으로 한다.

ⓑ 이전가격, 과세소득 및 법인세를 산출하기 위한 납세자의 정상가격조정은 다음과 같이 한다.

• 신뢰성이 있고, 비교가능성 차이가 없거나 그 차이를 제거하기 위한 충분한 자료가 있는 비교대상이 있는 경우. 납세자의 거래가격이 비교대상의 정상가격범위 내에 있는 경우 가격조정을 하지 않으며, 정상가격범위를 벗어나는 경우 정상가격범위의 중앙값을 기준으로 조정한다. 다만, 과세소득의 감액조정은 할 수 없다.

• 중요한 차이를 전부 제거할 수 있는 비교대상이 없는 경우 5개 이상이 비교대상을 선정하여야 한다. 납세자의 거래가격이 비교대상의 정상가격범위 내에 있는 경우 가격조정을 하지 않으며, 정상가격범위를 벗어나는 경우 정상가격범위의 중앙값을 기준으로 조정한다. 다만, 과세소득의 감액조정은 할 수 없다.

3.3 중요한 차이의 조정

비교대상을 선정하고 비교하기 위하여 비교대상의 재무자료의 중요한 양적, 질적 차이를 조정하여야 한다. 양적 차이란 사업주기, 사업수행기간 및 특정 산업분야나 수행기능에서 재무지표의 차이를 말하며, 질적 차이란 특정 이전가격방법에 따른 정보의 차이를 말한다.(TPd §6 ③ dd No.1)

중요한 정보의 차이에는 제품사양, 계약기간, 기능, 자산과 사업위험의 차이, 납세자 및 비교대상의 경제환경과 사업활동의 차이, 투자정책의 차이 및 서로 다른 시장

의 매출원가 차이 등이 있다.(TPd §6 ③ dd No.2)

양적, 질적 차이는 이전가격방법에 영향을 주는 비교가능성 평가요소와 관련하여 검토되고 조정되어야 한다.(TPd §6 ③ dd No.2)

④ 이전가격방법

관계거래의 가격을 결정하기 위한 이전가격방법은 정상거래원칙, 거래특성 및 납세자의 활동기능에 따라 선택하며 전체 사업기간을 통하여 일관되게 적용한다. 이전가격방법은 다음과 같다.(TPd §7)

4.1 전통적 방법

① 비교가능제삼자가격법

비교가능제삼자가격법은 시장에서 일반적으로 거래되거나 국내 또는 국제시장에서 가격이 형성된 제품, 유형자산 또는 용역, 무형자산의 사용대가, 대여금 이자, 계약기간과 조건이 비슷한 유사제품의 독립거래가 있는 경우 적용될 수 있다.(TPd §7 ① a)

비교가능제삼자가격법은 재화가격에 영향을 주는 차이가 없는 제품의 경우 적용할 수 있다. 제품가격에 중요한 차이가 존재하는 경우, 이러한 차이를 제거할 수 있어야 한다. 제품가격에 영향을 주는 요소에는 제품의 특성, 질, 브랜드 및 상표, 거래량과 규모, 제품인도기간, 대금결제일 등이 있다.(TPd §7 ① b)

관계거래의 제품가격을 정상가격 또는 정상가격범위로 조정하여야 한다. 기계나 장비를 특수관계인으로부터 매입하는 납세자의 경우, 새 기계나 장비는 제삼자들로부터 매입한 증빙을 제시하여야 하며, 중고 기계 또는 장비는 매입당시 수취한 영수증과 감가상각명세 등을 제시하여야 한다.(TPd §7 ① c)

비교가능제삼자가격법에 따른 정상가격으로 과세소득을 조정하여야 하며, 다만 과세소득을 감액할 수 없다.(TPd §7 ① d)

② 재판매가격법

특수관계인에게 공급받은 재화·용역의 매입가격은 제삼자에 재판매한 재화·용역의 판매가격에서 매출총이익과 수입관세, 보험료, 국제운송료 등을 차감한 금액이다. 납세자의 매출총이익률은 비교대상 매출총이익률과 비교하여 산정되며, 이는 납세자의 판매가격(순매출)에 비교대상의 매출총이익률을 곱하여 산정된다. 비교대상의 매출총이익률이란 비교대상 매출총이익률의 정상가격범위를 말한다.(TPd §7 ② c No.2)

재판매가격법은 납세자가 제삼자에게 특수관계인으로부터 매입한 제품을 판매하며 판매 제품과 관련된 무형자산이 없고, 특수관계인이 소유하는 제품 관련 무형자산을 개발, 증진, 유지, 보호하는데 참여하지 않고, 제품가치를 증진시키기 위한 제품의 특성을 변화시키는 조립, 가공을 수행하지 않는 경우 적용된다. 납세자가 브랜드나 상표와 같은 가치있는 무형자산, 거래처명단, 유통경로, 로고 및 판촉, 마케팅, 시장조사활동과 같은 마케팅무형자산을 소유하는 유통업체인 경우 재판매가격법을 적용하기 어렵다.(TPc §3 ① a)

재판매가격법에서 몇 가지 차이조정을 할 수 있는데, 판매대리점, 독점대리점, 마케팅 수행 유통대리점의 일반관리비에 중요한 영향을 미치는 차이, 재화의 소비시장의 성숙도 차이, 소매나 도매의 차이, 공급사슬 안에서 납세자가 수행하는 기능의 차이가 그것이다.(TPc §3 ② a)

③ 원가가산법

특수관계인에게 판매되는 재화·용역의 가격은 납세자의 제삼자 매출원가에 정상원가가산율을 가산하여 계산한다. 납세자의 원가대비 수익률을 비교대상을 기준으로 산정하는데, 납세자가 지급하는 매출원가에 비교대상의 원가가산율을 곱하여 산정한다. 비교대상의 원가가산율은 비교대상의 매출원가 기준 총수익의 비율로 계산된다.(TPd §7 ② c No.3)

원가가산법은 납세자가 제품관련 무형자산을 소유하지 않고 계약, 주문, 임가공 등의 방식으로 제조기능을 수행하면서 제한적 위험을 부담하는 경우, 특수관계인에게 연구개발용역을 제공하면서 제한적 위험을 부담하는 경우에 적용한다. 납세자가 제품연구개발, 브랜드 및 시장전략의 기획, 판매보증활동을 적극적으로 수행하는 경

우 원가가산법을 적용할 수 없다.(TPc §3 ① b)

원가가산율에 중요한 영향을 미치는 차이를 조정하여야 하는데, 이에는 그룹내부용역의 제공자 또는 모기업에서 지정한 하청제조업자로 활동하는 경우, 제품인도기간, 품질관리원가, 창고보관, 결제방식 및 회계처리방식 등의 차이가 있다.(TPc §3 ② b)

4.2 이익 방법

납세자와 비교대상의 이익률을 비교하는 이익방법은 비교가능제삼자가격법을 사용하기 위한 정보가 부족한 경우, 납세자와 같거나 비슷한 조건의 재화거래를 비교하는 것이 가능하지 않은 경우, 적절한 비교대상을 선정하기 위하여 거래를 통합하는 경우, 납세자가 거래사슬에 대하여 자율성을 상실하였거나 특이한 관계거래를 수행하는 경우에 적용할 수 있다.(TPd §7 ② a)

이익방법은 기능, 자산과 위험의 차이가 어느 정도 있는 경우에도 적용할 수 있다. 중요한 차이가 있는 경우에는 중요한 차이를 제거하여야 한다. 이익률에 중요한 영향을 미치는 것에는 주요 기능수행의 결정 및 통제 권한, 산업의 특성, 회계방법과 원가구조, 경제적 환경, 다국적기업들의 상업적 또는 재무적 관계, 기술지원 및 영업비밀, 이중고용직원 활용 등이 있다. 납세자가 일상적 사업기능을 수행하거나, 전략적 의사결정을 수행하지 않고 재고위험이나 시장위험과 같은 위험에 노출되지 않으며, 무형자산을 활용한 매출 또는 원가가 발생하지 않는 등 저부가가치거래를 하는 경우 손실을 계상하여서는 안 된다.(TPd §7 ② b)

이익방법에서 비교대상들의 정상 매출총이익 또는 순이익을 지표로 적용한다. 어떤 수익지표를 사용할지는 거래의 성격과 경제적 조건, 납세자의 기능 및 회계방법에 따라 달라진다. 매출, 비용 또는 자산을 포함하는 수익지표의 결정은 당사자가 결정하는 관계거래가격 또는 당사자의 통제에 영향을 받지 않는 회계자료에 기초하여야 한다.(TPd §7 ② c)

① 거래순이익률법

납세자의 매출, 원가 또는 자산에 대한 이자조세전이익률(거래순이익률)은 비교대상의 거래순이익률에 따라 조정된다. 거래순이익률에서 재무활동으로 인한 수익과 비용의 차이는 제거한다. 정상 거래순이익률이란 비교대상 거래순이익률의 정상가

격범위 내의 값을 말한다.(TPd §7 ② c No.4)

다음과 같은 경우 거래순이익률법을 적용한다.(TPc §3 ③ b)

> 1. 제조, 도매 또는 용역제공의 경우 : 세전 이익을 매출(또는 순매출), 매출원가(또는 총원가) 또는 자산(또는 고정자산)으로 나누어 순이익률지표를 산출한다. 세전이익에 사업과 관련되는 이자비용 및 감가상각비를 포함하여 계산할 수 있다. 납세자 및 비교대상의 순이익에서 사업과 관련되지 않은 금융활동의 수익과 비용의 차액을 차감한다. 비교가능성 분석을 위하여 재무상태표의 재무지표를 사용하는 경우, 기초금액 및 기말금액의 평균값을 사용한다.
> 2. 은행, 증권사(펀드관리회사 포함), 금융 분야의 경우 : 해당 금융기관의 회계기준 및 세법규정에 따라 순이익률을 산정한다.

② 이익분할법

이익분할법은 납세자가 독점적 환경의 거래, 신제품 제조, 특허기술사용, 그룹의 가치사슬에 독점적 참여, 여러 관련거래나 여러 금융시장에 연계된 복잡한 금융거래, 무형자산의 개발, 증진, 유지, 보호 및 사용에 참여, 전자상거래에 참여, 그룹동반 상승효과로 부가가치창출, 전통적 접근방법이 적용되지 않는 경우에 적용할 수 있다.(TPd §7 ③ a)

이익분할법은 납세자와 거래 상대방의 관계거래로 발생하는 합산이익을 배분하는 방법이다.(TPd §7 ③ b)

관계거래의 합산이익에 기초하여 납세자의 이익을 배분하며, 이에는 관계거래에 참여하는 당사자들이 수취하여야 할 정상이익을 포함한다. 납세자는 정상이익에 더하여 추가이익을 수취할 수 있다. 정상이익은 거래순이익률법에 따라 계산된다. 추가이익은 관계거래에 참여하는 당사자들의 매출, 비용, 자산 또는 직원과 같은 기준에 따라 계산된다.(TPd §7 ③ c)

납세자의 조정된 정상소득에 따라 과세소득을 계산한다. 다만, 과세소득을 감액할 수 없다.(TPd §7 ③ d)

5 관계거래 비용의 결정

(1) 사업과 관련 없는 특수관계 지급비용

정상거래원칙에 위배되거나 납세자의 매출이나 소득에 기여하지 않는 아래와 같은 특수관계 지급비용을 법인세 목적상 비용에 산입하지 않는다.(TPd §8 ①)

① 납세자가 영위하는 사업활동과 관련되지 않은 특수관계인에게 지급하는 경우

② 사업활동과 관련되는 특수관계인에게 지급하였으나 특수관계인의 자산, 종업원수, 사업기능에 비추어 볼 때 과다하게 지급하는 경우

③ 특수관계인이 납세자에게 제공하는 재화 또는 용역에 대하여 권한이 없는 다른 특수관계인에게 지급하는 경우

④ 법인세를 과세하지 않는 국가 또는 지역에 소재한 특수관계인에게 지급하는 경우, 또는 납세자의 사업활동에 기여하지 않는 특수관계인에 지급하는 경우

(2) 특수관계 용역제공

① 공제하는 비용

납세자가 지급하는 용역대가의 경우, 해당용역이 상업적, 재무적, 경제적 가치가 있고 납세자의 사업활동에 직접적으로 사용되며, 특수관계인이 제공하는 용역을 제삼자로부터 동일하게 제공받고 대가를 지급할 수 있는 때에는 그 대가를 비용으로 산입한다. 이 경우, 특수관계기업들 간의 비슷한 용역거래에 대하여 일관성 있는 용역원가 배분방법을 적용하여야 한다. 납세자는 계약서, 증빙서류, 배부방법 및 배부기준, 특수관계기업들의 가격정책을 제출하여야 한다.(TPd §8 ② a No.1)

특별한 기능을 수행하는 센터와 회사가치를 증진시키는 동반상승효과와 관련되는 경우, 납세자는 이로 인한 가치총액과 이익배분비율을 산정하여야 한다.(TPd §8 ② a No.2)

② 공제하지 않는 비용

다른 관계회사에게만 오로지 혜택을 주는 경우, 납세자의 주주들에게 혜택을 주는 경우, 여러 관계회사들에게 제공되는 용역으로 납세자에게 제공된 부가가치를 특정

할 수 없는 경우, 다국적기업그룹의 구성원으로서 납세자가 누리는 혜택 또는 제삼자가 제공하는 용역에 특별한 부가가치를 더하지 않고 특수관계인을 통하여 제공받는 경우에는 그 용역대가를 비용으로 산입하지 않는다.(TPd §8 ② b)

(3) 특수관계 차입금 이자

납세기간에 과세소득에서 공제할 수 있는 납세자의 특수관계 차입금 이자는 '사업활동 순이익'의 20%를 초과할 수 없다. 사업활동 순이익이란 해당 과세기간의 영업이익에 이자비용과 감가상각비를 가산한 금액을 말한다. 이러한 규정은 금융기관 관련법과 보험사업법이 적용되는 납세자에게는 적용하지 않는다.(TPd §8 ③ No.1 · No.2)

납세자는 납세기간에 발생하는 특수관계 차입금 이자를 신고하여야 한다.(TPd §8 ③ No.3)

6 이전가격보고서

6.1 이전가격보고서 제출 의무

특수관계거래를 하는 납세자는 이전가격을 산정하여 신고하여야 하며, 이 경우 추가적 의무를 부담하지 않는다. 과세당국의 요구에 따라 납세자는 이전가격의 산정에 있어 규정을 준수하였음을 입증하여야 한다.(TPd §10 ②)

이전가격거래가 있는 납세자는 법인세 신고서에 '이전가격보고서'(TPd 서식1)를 첨부하여 제출하여야 한다.(TPd §10 ③)

6.2 이전가격보고서의 작성

(1) 법인세신고 전 이전가격보고서의 작성

납세자는 다음 자료를 포함하는 이전가격보고서를 작성하여 제출하여야 한다.(TPd §10 ④) 납세자가 추가적인 보고서를 만들거나 과세당국에 보고된 정보에 오류를 발견할 때에는 추가하거나 수정한 보고서를 제출하여야 한다.(TPc §4 ①)

1. 개별기업보고서(TPd 서식2)
2. 전체관계회사들 정보를 포함하는 통합기업보고서(TPd 서식3)
3. 최상위 지배회사의 국가별보고서(TPd 서식4)

① 통합기업보고서(Master file)

납세자는 베트남 회계기준에 작성한 연결재무제표를 포함하는 통합기업보고서를 작성하여 제출하여야 한다. 납세자가 다국적기업그룹에 속한 자회사로 해당그룹의 연결재무제표에 포함되는 경우, 납세자는 해당 다국적기업그룹의 통합기업보고서를 제출해야 한다.(TPc §4 ② b)

② 국가별보고서(Country by Country report)

베트남 내에서 사업활동을 하는 최상위 지배회사에 해당하는 납세자가 전세계 연결매출이 18조동 이상인 경우, 이전가격보고서 및 국가별보고서를 제출하여야 한다.(TPd §10 ④ No.1) '최상위 지배회사'란 직간접으로 다국적기업을 소유하며 다른 법인에 종속되지 않는 법인을 말한다. 최상위 지배회사의 연결재무제표는 다른 법인의 회계정보에 연결되지 않는다.(TPd §4 ⑩)

해외에 최상위 지배회사가 있는 납세자의 경우 그 최상위 지배회사가 소재지국의 과세당국에 국가별보고서를 제출할 의무가 있는 경우, 그 국가별보고서의 사본을 베트남 과세당국에 제출하여야 한다. 이 경우, 국가별보고서의 양식은 최상위 지배회사 소재지국에서 제출한 신고서를 따르거나 시행령에 따른 국가별보고서의 양식에 의한다. 국가별보고서를 제출하지 아니한 경우에는 해당 납세자는 최상위 지배회사 소재지국의 법에 따라 국가별보고서를 제출하지 않아도 된다는 사유를 서면으로 제출하여야 한다.(TPd §10 ④ No.2)

납세자가 해당 과세연도에 최상위 지배회사의 국가별보고서를 제출하지 아니하는 경우, 납세자의 그 미제출사유를 이전가격보고서에 첨부하여 제출하여야 한다.(TPc §4 ② c)

(2) 과세당국 요구에 따른 이전가격보고서 등의 제출

이전가격보고서는 세무신고 전에 준비되어 보관하여야 하며, 과세당국이 요구하는 경우 제출하여야 한다. 과세당국이 이전가격검토를 하기 위하여 이전가격보고서 등을 요구하는 경우 15일 이내에 제출하여야 한다. 납세자가 작성한 이전가격보고서 등과 관련정보 및 증빙은 조세관리법의 규정에 따라 비밀이 보장된다. 납세자는 비교가능성 분석 및 관계거래가격의 결정을 위한 정보의 출처를 명시하여야 한다. 비교대상의 회계자료의 경우, 납세자는 과세당국에 스프레드시트 형식의 전산자료를 제출하여야 한다.(TPd §10 ⑤ No.2)

특수관계거래를 하는 납세자의 대리인(외부자문사, 회계법인 또는 세무사)는 세법규정을 준수하여야 하며, 그에 따른 책임을 진다.(TPd §10 ⑦)

세무조사를 하는 경우 납세자는 세무조사 전에 이전가격 관련정보와 서류를 충분하고 정확하게 제출하여야 한다. 과세당국의 요구에 따른 이전가격 서류제출 기한은 30 영업일 이내이다. 충분한 이유가 소명되는 경우 납세자는 15 영업일까지 제출기한을 연장할 수 있다.(TPd §10 ⑥)

6.3 안전항 규정

(1) 국내거래의 경우 통합기업보고서 및 국가별보고서의 제출면제

납세자의 특수관계거래 상대방이 베트남 내에서 법인세를 납부하고 납세자와 같은 법인세율을 적용받으며, 납세자와 상대방 모두 해당 과세연도에 조세특례의 대상이 아닌 경우, 해당 납세자는 통합기업보고서 및 국가별보고서의 제출의무가 면제된다. 이 경우, 이전가격보고서 및 개별기업보고서에 제출면제사유를 명시하여야 한다.(TPd §11 ①)

(2) 특별한 경우 이전가격보고서의 제출면제

납세자는 아래의 경우 이전가격보고서의 제출이 면제된다.(TPd §11 ②)

① 소규모 거래

해당 과세기간 동안 납세자의 매출액이 500억동 미만이고 관계거래금액이 300억

동 미만인 경우(TPd §11 ② a)

② 이전가격사전합의를 체결한 경우

납세자가 이전가격사전합의를 체결하고 매년 연례보고서를 제출한 경우. 이 경우, 이전가격사전합의 대상이 아닌 관계거래에 대해서는 이전가격 보고서를 제출하여야 한다.(TPd §11 ② b)

③ 과세당국이 정한 세전수익률을 유지하는 경우

일상적인 기능을 수행하고 무형자산과 관련된 매출 또는 비용이 발생하지 않으며 매출액이 2천억동 미만인 경우, 다음과 같은 '조세·이자 차감 전 수익률'(세전수익률, EBIT) 이상을 유지하는 경우 이전가격보고서 제출의무를 면제한다. 다음과 같은 세전수익률을 따르지 않는 경우 이전가격보고서를 제출하여야 한다.(TPd §11 ② c) 다만, 이 경우에도 이전가격보고서의 특수관계인 및 특수관계거래의 정보는 제출하여야 한다.(TPc §5 ③)

- 도매 : 세전수익률 5%
- 제조 : 세전수익률 10%
- 임가공 : 세전수익률 15%

해당 과세기간의 세전수익률이란 금융거래 수익과 비용을 제거하고 법인세 등을 차감한 순이익을 순매출액으로 나눈 비율을 말한다.(TPc §5 ①) 납세자가 하나 이상의 사업분야를 영위하는 경우 세전수익률을 다음과 같이 계산한다.(TPc §5 ②)

ⓐ 납세자가 각 사업분야의 매출 및 비용을 구분하여 기장하는 경우, 각 사업분야의 순매출에서 법인세와 이자비용을 차감하여 세전수익률을 산정

ⓑ 납세자가 각 사업분야의 매출을 구분하여 기장하지만 비용을 구분하여 기장하지 않는 경우, 각 사업분야의 매출액 기준으로 비용을 안분하여 세전수익률을 산정

ⓒ 납세자가 각 사업분야의 매출과 비용을 구분하여 기장하지 않는 경우, 과세당국이 정하는 해당 사업분야의 세전수익률(5%, 10%, 15%) 중 가장 높은 세전수익률을 적용

⑦ 이전가격 조사

(1) 이전가격 조사대상

납세자가 아래와 같은 위반행위를 하는 경우, 과세당국은 해당 과세기간의 이전가격을 결정할 수 있다.(TPd §12 ③)

1. 관계거래에 대한 이전가격보고서를 제출하지 않는 경우
2. 기한 내에 과세당국이 요구하는 이전가격보고서와 관련 자료를 제공하지 않거나 부실하게 제출한 경우
3. 비교가능성 분석, 이전가격 신고에 있어 불충분하거나 출처가 불분명한 자료를 사용하는 경우
4. 기타 이전가격규정을 위반한 경우

(2) 이전가격 조사방법

과세당국은 아래와 같은 방법으로 이전가격을 조정할 수 있다.(TPd §12 ②)

1. 납세자가 회계기준과 세법규정을 충실히 따르는 경우, 납세자가 준비한 자료를 기초로 하여 비교가능성 분석을 수행하여 이전가격 조정
2. 위 1 이외의 경우 과세당국의 데이터베이스를 사용하여 이전가격 조정

(3) 납세자 정보의 보호

과세당국은 이전가격과 관련된 납세자의 정보를 보호할 의무가 있다.(TPd §12 ④) 이전가격 조사에서 특정산업분야와 관련되는 문제가 있는 경우, 과세당국은 특정산업 규제기관, 단체나 협회에 조언을 구해야 한다. 과세당국은 조언을 주는 기업 또는 단체에 이전가격 관련서류, 정보 등을 제공한다. 조언을 제공하는 단체는 법령에 따라 정보를 보호하고 관리하여야 한다.(TPd §12 ⑤)

(4) 정보 교환

과세당국은 이전가격 조사와 관련하여 납세자나 관련국 과세당국과 아래와 같이 정보를 교환할 수 있다.(TPd §12 ⑥)

> 1. 납세자와 이전가격보고서 등의 정보를 교환할 필요가 있는 경우. 이 경우, 과세당국은 납세자에게 이전가격정보와 관련하여 면담을 요구할 수 있다.
> 2. 조세조약의 정보교환절차에 따라 상대방 체약국 과세당국과 국가별보고서 및 기타 정보를 교환하거나 협의하는 경우. 이 경우 과세당국은 정보교환을 위해 일시적으로 이전가격조사를 중단한다는 서면통지를 납세자에게 한다.
> 3. 과세당국은 이전가격서류의 비교대상자료에 대한 설명을 납세자에게 요구할 수 있다.

8 이전가격사전합의 및 관세가격사전합의

(1) 이전가격사전합의(APA)

'이전가격사전합의'란 과세당국이 납세자 또는 상대방 체약국 과세당국과 이전가격문제를 합의하여 해결하는 제도를 말한다. 납세자는 세무신고 전에 이전가격사전합의를 신청하여야 한다.(TAA §5 ⑪)

납세자의 신청으로 이전가격사전합의를 개시한다. 이전가격사전합의에는 과세당국과 납세자 간에 협의를 하는 일방적 이전가격사전합의 및 과세당국과 상대방 체약국 과세당국 간에 협의를 하는 쌍방적 이전가격사전합의가 있다.(TAA §30 ③)

이전가격사전합의를 체결하는 경우 납세자는 다음과 같은 의무를 진다.(TAA §9 ⑨, TPd §12 ⑦)

> 1. 이전가격사전합의 대상에 포함되지 않는 관계거래에 대하여 이전가격보고서 등을 제출하고 조사를 받아야 한다.
> 2. 이전가격사전합의 대상에 대한 연례보고서를 제출하여야 한다.

(2) 관세가격사전합의

관세가격사전합의란 관세가격 신고 전에 관세가격을 정하여 조사를 면제하는 제도를 말한다.(TAA §5 ⑫)

|저|자|소|개|

■ 김준석

- 세무사, 세무법인 광장리앤고 파트너
- 홍익대 세무대학원 석사
- 국세청, 삼일회계법인, 안진회계법인, 법무법인 광장
- 서강대 경제대학원 겸임교수, 개성공업지구 자문위원

■ 한경배

- 세무사, 김앤장법률사무소
- 한영회계법인, E&Y Vietnam 파견
- 국세청, 서울지방국세청 근무
- 성균관대학교 경영대학원 석사, 국립세무대학 졸업

■ 이준석

- 서울대학교 경영학과, 심리학과 졸업
- 베트남 S&S회계법인 이사
- 호치민 KOTRA 자문위원
- 베트남 세법 및 회계 사례집 공저

개정증보판 **베트남 세법**

2019년 7월 26일 초판 발행
2022년 1월 7일   2판 발행

저 자 김 준 석
        한 경 배
        이 준 석
발 행 인 이 희 태
발 행 처 **삼일인포마인**

저자협의
인지생략

서울특별시 용산구 한강대로 273 용산빌딩 4층
등록번호 : 1995. 6. 26 제3 - 633호
전   화 : (02) 3489 - 3100
F A X : (02) 3489 - 3141
I S B N : 979 - 11 - 6784 - 016 - 5   93320

♣ 파본은 교환하여 드립니다.

정가 45,000원